ऑर्गेनिक फार्मिंग

एक नई शुरूआत

मुकेश गुप्ता
परियोजना निदेशक
मोरारका फाउण्डेशन

एबीडी पब्लिशर्स
जयपुर ▪ नई दिल्ली

एबीडी पब्लिशर्स

''बोनी रेजिडेन्सी'' गेट नं. 2, तिलक पब्लिक स्कूल के पास,
विश्वैश्वरिया नगर, गोपालपुरा रोड़, जयपुर-302018
(राजस्थान) भारत
फोन : 0141-2761280, 2761381
Email: abdpublishersjpr@gmail.com

दिल्ली कार्यालय : 102, प्रथम मंजिल, 'सत्यम हाउस'
4324/3, अंसारी रोड़, दरियागंज, नई दिल्ली - 110 002
फोन : 011-45652440
website: www.oxfordbookcompany.com

संस्करण 2024

ISBN : 9788185771383

मूल्य : ₹ 1600/-

टाइपसेटिंग : बी.एस. कम्प्यूटर्स, जयपुर
मुद्रक : थॉमसन प्रेस, नई दिल्ली

प्राक्कथन

वर्तमान में भारताय कृषि संक्रमण काल से गुजर रही है। हरित क्रांति के दौर के बाद अब खेती का उत्पादन दुगना करने के लक्ष्य के साथ अब हमारी यह भी जरूरत है कि खेती का व्यवसाय लाभदायक हो और उसमें टिकाऊपन भी हो। अन्तरराष्ट्रीय प्रतिस्पर्धा के दौर में लगभग सम्पूर्ण विश्व में इस समय ओर्गेनिक फार्मिंग एक नये विकल्प के रूप में सामने आया है। ऐसे में लेखक द्वारा इस विषय पर हिन्दी भाषा में इस प्रकार की पुस्तक लिखा जाना, न सिर्फ सामयिक है, अपितु एक महत्वपूर्ण पहल भी है।

श्री मुकेश गुप्ता मोरारका फाउण्डेशन के परियोजना निदेशक के रूप में गत् कई वर्षों से खेती के विभिन्न आयामों पर गहन अध्ययन एवं फील्ड लेवल पर कार्य कर रहे हैं। ओर्गेनिक फार्मिंग के क्षेत्र में मोरारका फाउण्डेशन द्वारा नियाम के जोइन्ट कोलोब्रेशन में एक कार्यक्रम गत् तीन वर्षों से चलाया जा रहा है। ओर्गेनिक फार्मिंग पर यह संभवतः हमारे देश में पहला सुनियोजित भी प्रयास रहा है। इस पुस्तक में ओर्गेनिक फार्मिंग के सभी पहलुओं की विस्तार से व्याख्या की गई है। फील्ड लेवल रिसर्च से प्राप्त परिंणामों के आधार पर स्वयं लेखक ने अपनी टिप्पणी द्वारा इस विषय के विभिन्न आयामों को उजागर करने का एक सार्थक प्रयास किया है।

इस पुस्तक में ओर्गेनिक फार्मिंग की किसानों के स्तर पर समझ विकसित करने का प्रयास किया गया है। कृषि विज्ञान के क्षेत्र में किसानों की भाषा में लिखी गई '**ओर्गेनिक फार्मिंग–एक नई शुरूआत**' पुस्तक के प्रत्येक अध्याय का इंगलिश में सार लिखा जाना और प्रत्येक अध्याय के अन्त में किसानों के लिये अभ्यास तथा विभिन्न मीडिया रिपोर्टस् का समावेश इस पुस्तक को अपने आप में एक अनूठी पहल बना देता है।

मुझे आशा ही नहीं अपितु विश्वास है कि यह पुस्तक ओर्गेनिक फार्मिंग के विकास में एक मील का पत्थर साबित होगी। मैं श्री मुकेश गुप्ता को इस पहल के लिये बधाई देता हूँ।

शुभकामनाओं सहित

स्थान – जयपुर
दिनांक–16 जनवरी, 2002

टी.आर.वर्मा
महानिदेशक, नियाम

आभार

ओर्गेनिक फार्मिंग–एक नई शुरूआत के प्रकाशन के लिये मैं सबसे पहले मोरारका फाउण्डेशन परिवार के मुखिया श्री कमल मोरारका जी का आभारी हूँ जिनके द्वारा इस संस्था की स्थापना की गई और इस फाउण्डेशन के तत्वाधान में हमें किसान एवं खेती से जुड़े मुद्दों पर सात वर्षों से अनवरत् कार्य करने की प्रेरणा मिली है। मैं मोरारका फाउण्डेशन के अपने सभी सहयोगियों, साथियों और शुभ चिन्तकों का आभारी हूँ, जिन्होने ओर्गेनिक फार्मिंग के कॉन्सेप्ट के विकास में महत्वपूर्ण योगदान दिया। मैं विशेषकर शेखावाटी के किसानों का एवं राजस्थान के सभी जिलों के कृषकों एवं उपभोक्ताओं का भी आभारी हूँ, जिन्होने ओर्गेनिक फार्मिंग के विभिन्न आयामों की समझ विकसित करने में महत्वपूर्ण भूमिका निभाई है और कई नये विचारों को जन्म दिया है।

इस पुस्तक के लिये में राष्ट्रीय कृषि विपणन संस्थान (नियाम) एवं उसके महानिदेशक श्री टी.आर.वर्मा साहब का कृतज्ञ हूँ जिन्होने लगातार तीन वर्षों से मोरारका फाउण्डेशन को ओर्गेनिक फार्मिंग–उत्पादन एवं मार्केटिंग कार्यक्रम को जोइन्ट कोलोब्रेशन में चलाने की स्वीकृति प्रदान करी और इसके लिये वित्तीय सहयोग भी प्रदान किया।

मैं मोरारका फाउण्डेशन के कार्यकारी निदेशक श्री राजेन्द्र शर्मा जी का आभारी हूँ, जिनके मार्गदर्शन एवं प्रेरणा से संस्था ने ओर्गेनिक फार्मिंग के क्षेत्र में कई महत्वपूर्ण पहल करी है।

मैं अपने परिवार के सदस्यों, मेरी पत्नी अनीता एवं बेटियों प्राची और ईना के प्रति कृतज्ञ हूँ। मैं लगातार कई वर्षों से उनको दिये जाने वाले समय में कटौती करता रहा हूँ, लेकिन मुझे उनसे सभी प्रकार का सहयोग मिलता रहा है।

इस पुस्तक के लेखन से लेकर प्रकाशन तक मेरे सहयोगियों ने अथक परिश्रम किया है, जिनमें सुश्री मंजु झा और श्री विनोद का मैं विशेषकर आभार व्यक्त करता हूँ। अन्त में ए.बी.डी. पब्लिशर्स का आभारी हूँ, जिनके द्वारा इस पुस्तक का प्रकाशन किया गया है।

मुकेश गुप्ता
परियोजना निदेशक
मोरारका फाउण्डेशन

भूमिका

बीसवीं शताब्दी के अन्तिम दशक में आधुनिक खेती में रसायनों के उपयोग एवं उनसे होने वाले नुकसानों के बारे में आम चर्चा होने लगी। इनपुट आधारित खेती के विकास के लम्बे दौर के बाद उत्पादन में बढ़ोतरी की दर में ठहराव आने लगा। इन समस्याओं के समाधान के लिये कई नई खोज प्रारम्भ की गई। इनमें से एक विचार ओर्गेनिक फार्मिंग के रूप में हमारे सामने आया है। ओर्गेनिक फार्मिंग की क्रांति का सूत्रपात उपभोक्ताओं की बदलती जरूरतों को पूरा करने के प्रयासों का फल है, और शायद खेती में ऐसा पहली बार हुआ है। इस पद्धति में सबसे प्रमुख उपभोक्ताओं को उनकी जरूरत के अनुसार संतुष्ट करने वाले खेती के तरीकों को अपनाने पर जोर दिया जा रहा है। यह पुस्तक ओर्गेनिक फार्मिंग के बारे में उपभोक्ताओं, किसानों, वैज्ञानिकों, नीति निर्माताओं और आम लोगों को प्रारम्भिक जानकारी उपलब्ध कराने का प्रयास है।

यह पुस्तक एक नये प्रकार के फार्मेट में लिखी गई है। मूल आलेख हिन्दी में दिया गया है। हमारे देश में इस विषय पर अब तक बहुत सीमित ज्ञान है और आम लोगों को इस विषय से जोड़ने के लिये उनकी भाषा में साहित्य उपलब्ध कराये बिना उनकी भागीदारी नहीं हो सकती। प्रत्येक अध्याय के पहले अंग्रेजी में सारांश दिया गया है, ऐसा इसलिये किया गया क्योंकि इसके पहले स्वयं लेखक द्वारा लिखी गई एक अन्य पुस्तक ''वर्मीकल्चर–एक सम्पूर्ण मार्गदर्शिका'' जनवरी 2002 के लिये पाठकों से मिली प्रतिक्रिया में कई हिन्दी भाषा ठीक से न समझने वालों ने कहा कि इस प्रकार की पुस्तकों में थोड़ी बहुत अंग्रेजी होने से उनको समझने में अधिक आसानी होगी।

इस पुस्तक को लिखने का एक उद्देश्य यह भी रहा है कि किसानों को इस विषय की जानकारी के साथ, उनके द्वारा इस दिशा में आगे बढ़ने के लिये उन्हें एक सिस्टेमेटिक गाइड भी उपलब्ध कराई जाये। अतः प्रत्येक अध्याय के अन्त में अभ्यास, विवरण एवं विश्लेषण के लिये फोर्मेट दिये गये हैं। कोई भी पाठक इनकी सहायता से अपनी स्थिति का उचित विश्लेषण कर ओर्गेनिक फार्मिंग के बारे में निर्णय ले सकेंगे।

प्रत्येक अध्याय के अन्त में उससे सम्बन्धित विषयों पर देश में लिखी गई मीडिया रिपोर्टस को भी दिया गया है। ओर्गेनिक फार्मिंग कान्सेप्ट के रूप में एकदम नया विषय है। अतः लेखक का यह मानना है कि अकेले उनकी अपनी जानकारी एवं विश्लेषण को पर्याप्त न माना जाये और पाठकों को इस विषय पर अन्य प्रबुद्ध लोगों के विचारों को भी इस पुस्तक के माध्यम से जानने का अवसर मिले। अखबार में लिखी गई रिपोर्टस् को पाठकों की सुविधा के लिये रीकांस्टीटयूट किया गया है। इस प्रकार विभिन्न स्त्रोतों से प्राप्त जानकारी के आधार होने वाले निर्णय ठोस धरातल पर लिये जा सकेंगे। मात्र एक वर्ष में इस विषय पर लिखी गई अनगिनत मीडिया

रिपोर्टस्, ओर्गेनिक फार्मिंग एवं इससे जुड़े मुद्दों के महत्व को भी उजागर करती है। इस प्रस्तक को रोचक एंव इंटरएक्टिव बनाने के लिये केरीकेचर (कार्टूनस्) का सहारा लिया गया है। ओर्गेनिक फार्मिंग के कॉन्सेप्ट को कार्टून की सीरीज के रूप में दिया गया है। इसमें जो पात्र दिखाये गये हैं, उनके द्वारा कहे जा रहे शब्दों को नहीं लिखा गया है। हमें आशा है कि पाठक स्वयं इस पुस्तक में लिखे आलेख एवं उनसे प्राप्त जानकारी के आधार पर अपने शब्दों को इन पात्रों को दे सकेंगे। इस प्रकार उनको इस विषय पर एक जीवंत संवाद कायम करने का अवसर मिलेगा।

इस पुस्तक में ओर्गेनिक फार्मिंग को कुल दस विषयों में विभाजित किया गया है। कई विषयों पर सन्दर्भ जानकारी को अंग्रेजी भाषा में लिख कर लेखक ने अपनी टिप्पणी दी है। इसका मूल कारण यह है, कि अनुवाद करने में शब्दों का हेर फेर हो सकता है और नियमों में थोड़ा बहुत परिवर्तन भी अर्थ का अनर्थ कर सकता है।

यह पुस्तक ''ओर्गेनिक फार्मिंग–एक नई शुरूआत'' स्वयं लेखक, मोरारका फाउण्डेशन के कृषि वैज्ञानिकों, प्रसार कार्यकर्ताओं एवं हजारों किसानों, उपभोक्ताओं और राजकीय विभागों के अधिकारियों के ज्ञान एवं अनुभव के आधार पर लिखी गई है। इस पुस्तक में दिये गये अन्य अध्ययनों के सन्दर्भ में राष्ट्रीय कृषि विपणन संस्थान (नियाम), भारत सरकार द्वारा मोरारका फाउण्डेशन के जोइन्ट कोलोब्रेशन में चलाये जा रहे कार्यक्रम से प्राप्त कई जानकारियों का समावेश किया गया है। इस विश्लेषण से पुस्तक में दिये गये कॉन्सेप्ट को फील्ड लेवल से प्राप्त अनुभव एवं ज्ञान का आधार प्राप्त हुआ है।

ओर्गेनिक फार्मिंग आज कृषि जगत की जुबान पर नये फैशन के रूप में चढ़ता जा रहा है, लेकिन इस विषय पर वैज्ञानिक साहित्य की उपलब्धता लगभग नगण्य है। अतः किसी भी जिज्ञासु की इस विषय के बारे में अधिक जानने की उत्सुकता को पूरा करने का प्रयास पाठकों को पसंद आयेगा, ऐसी आशा है।

कृषि के क्षेत्र में कार्यरत वैज्ञानिकों, किसानों, छात्रों, आम उपभोक्ताओं, व्याख्याकारों और नीति निर्माताओं के लिये यह पुस्तक इस विषय पर एक नई चर्चा एवं विचारों का आधार बनेगी, ऐसा विश्वास है।

मुकेश गुप्ता

विषय सूची

ओर्गैनिक फार्मिंग

एक नई शुरुआत

PRESENT STATUS OF AGRICULTURE

This unit briefly discusses the present status of agriculture. The main issues affecting the sustainability of agriculture can be listed as below:

NATURAL RESOURCE USE

- Increasing population and ever-growing consumption.
- Over exploitation to feed hungry and to maintain high consumption lifestyles.
- Artificial means and technology to produce more, at any cost.
- Food, nutrition and environment are still the biggest challenges facing the mankind.

MODERN AGRICULTURE

- Green revolution –inputs based agriculture was introduced.
- Ever increasing cost of cultivation in agriculture.
- Still not many technology options to increase productivity.
- Declining investments in agriculture.
- Opening markets and possibilities of competition from abroad.

USE OF CHEMICALS IN AGRICULTURE

- Ever increasing consumption of fertilizers and pesticides.
- Very low chemical fertilizer use efficiency.
- Nutrient mining and environmental pollution.
- Set back to indigenous practices for maintaining soil fertility.

युनिट 1 खेती की वर्तमान स्थिति

प्राकृतिक संसाधन : मनुष्य अपने प्रारम्भिक काल से लेकर आज तक प्राकृतिक संसाधनों–जमीन, जंगल, खेत, वनस्पति, पानी, पशुधन इत्यादि के दोहन से अपना जीवन यापन करता रहा है। लेकिन लगातार बढ़ती आबादी ने प्राकृतिक साधनों की सीमा तथा उनकी टिकाऊ क्षमता से कई गुणा अधिक उपयोग करने को मजबूर कर दिया।

पिछले 40–50 वर्षों में बढ़ती आबादी ने मानव जीवन और कृषि आधारित ग्रामीण अर्थव्यवस्था का संतुलन बिगाड़ कर रख दिया। पेट भरने के लिए परम्परागत खेती – रसायनिक खेती में तब्दील हो गई। जनवरी 2001 को नई दिल्ली में आयोजित 21 वीं सदी की पहली विज्ञान कांग्रेस में 5000 वैज्ञानिकों के सम्मेलन को संबोधित करते हुए भारत के प्रधानमंत्री ने कहा कि "**अन्न, पोषण और पर्यावरण इस देश की सबसे बड़ी समस्याएं हैं**।"

आधुनिक खेती : आज नई एवं विकसित समझी जाने वाली खेती जिसमें रसायनिक खाद, कीटनाशक दवाऐं, संकर–जैव तकनीक द्वारा परिवर्तित बीज के उपयोग को लेकर व्यापक बहस छिड़ी हुई है। विकसित देशों के एक बहुत बड़े वर्ग का यह मानना है कि तथाकथित आधुनिक तकनीक द्वारा उत्पन्न भोजन ने मानव एवं सम्पूर्ण जीवन–पर्यावरण श्रृंखला पर विपरीत प्रभाव डाला है। यह बात ठीक है कि 1960 के दशक में खाद्यान्न का बहुत बड़ा सकंट आया। उस समस्या के समाधान के लिये अपनाई गई हरित क्रांति के दौर में संकर बीज, रसायनिक खाद और सिंचाई की सुविधाओं से अन्न उत्पादन बहुत तेजी से बढ़ा और भारत अन्न उत्पादन के मामले में आत्मनिर्भर हो गया।

इसी दौर में सिंचित खेती का विकास हुआ जो कि पूंजी आधारित था। जिन लोगों के पास पूंजी थी उन्होने सिंचाई की सुविधा विकसित कर ली और संगठित प्रयासों द्वारा खेती से सम्बन्धित हर नीतिगत निर्णयों में अपने स्वयं के लाभ को बढ़ाते चले गये। लेकिन सिंचित खेती में भी आज लगातार बढ़ती हुई लागत चाहे वह बिजली, ईंधन, खाद, दवा, बीज इत्यादि की हो या अच्छी उपज होने पर बाजार में कम दाम मिलने की, इस प्रकार की खेती में भी लाभ पर एक बड़ा प्रश्नचिन्ह लग गया है। आज कई प्रकार के इनपुट काम में लेने वाले किसान भी फटेहाल हो गये हैं।

50 वर्षों के वैज्ञानिक विकास के बावजूद बारानी खेती में वर्षा पर निर्भरता, कृषि उत्पादन की विकसित तकनीकों का अभाव और लगातार घटती हुई जोत के कारण किसानों द्वारा सामान्य वर्षा की स्थिति में भी इतना अधिक नहीं उपजाया जा सका है कि यह तबका पूंजी निवेश कर सके। कम वर्षा या अकाल की स्थिति में तो कहना ही क्या है। असिंचित खेती के तहत उपजने वाले मोटे अनाज, दालें, तिलहन इत्यादि के लिये राजकीय सहायता का प्रतिशत आज भी बहुत कम है।

हरित क्रांति के दौर में नई तकनीकों से खेती में उत्पादन बढ़ गया।

गत् कुछ वर्षों से फसल चक्र में आये बदलाव के कारण भी लागत में बढ़ोतरी तथा लाभ में कमी आई है। कुछ समय पहले, बाजार मांग के आधार पर फसल चक्र निर्धारित किया गया। इस फसल चक्र को अपनाने के कारण आज किसानों को परेशानी हो रही है और दूसरी तरफ सरकार के लिये एक अतिरिक्त उपज की खरीद एवं भण्डारण की समस्या खड़ी हो गई है।

इन सब बातों को देखते हुए यह अवश्य कहा जा सकता है कि हमें शीघ्र ही खेती की लागत कम करने और खेती में मुनाफा बढ़ाने के नये प्रयास करने होंगे। इसके लिये वैज्ञानिकों के एक वर्ग द्वारा उत्पादन बढ़ाने के लिये नई तकनीक की बात की जा रही है तो दूसरी तरफ कुछ लोग पारम्परिक तकनीकों के दोहन की बात कर रहे हैं।

खुले बाजार की अवधारणा को अब करीब–करीब सभी देशों ने स्वीकार कर लिया है। भारत भी इस कतार में शामिल हो गया है। अब कल्पना कीजिए भारत में गेंहू पैदा करने की लागत लगभग 5 रूपये प्रति किलो है और अमेरिका या आस्ट्रेलिया जैसे देश में विशाल सब्सिडी के कारण यह लागत 4 रूपये प्रति किलो है। इसके ऊपर निर्यात सब्सिडी के रूप में ये देश 1–2 रूपये प्रति किलो की सब्सिडी और दे सकते है, तो उन देशों का गेंहू अन्तर्राष्ट्रीय बाजार में शायद 3 रूपये प्रति किलो में ही मिलने लगे। ऐसी स्थिति में जो किसान गेहूं उपजा रहा है वह तो बिना लागत के बारे में विचार करे शायद अपना ही गेहूं खाता रहेगा। लेकिन वह सब लोग जो कि हमारी आबादी का 40 प्रतिशत हिस्सा है, उनके लिए जब विदेशी गेहूं 3–4 रूपये प्रति किलो मिलता हो और यहां का गेहूं 5–6 रूपये किलो मिलता हो तब वे लोग कौनसा गेहूं खरीदना पसन्द करेगे, यह कहना मुश्किल नहीं है। यह नौबत आज ना सिर्फ गेहूं में है बल्कि और भी कई कृषि उत्पादों में होने वाली है। किसी भी विकसित देश की तुलना में भारत में समर्थन मूल्य प्रणाली के तहत लागत में बढ़ोतरी की तुलना में कोई बहुत अधिक मूल्य वृद्धि नहीं की गई है।

खेती में रसायन : रसायनिक खाद का उपयोग होटल में खाना खाने के समान है। घर में खाना ना बनाना हो तो बाजार में खाया जा सकता है। इसमें श्रम जरूर बचता है, लेकिन इसमें पोष्टिकता कतई नहीं होती। यही हाल रसायनों ने खेती में किया है। भारत में रसायनिक खाद के उत्पादन एवं उपयोग में जिस प्रकार वृद्धि हो रही है उसकी तुलना में शुरूआत में तो खेती की उपज भी बढ़ती रही लेकिन अब शायद ऐसा नहीं हो रहा। रसायनिक खाद बनाने वाली कम्पनियों का कारोबार तो बढ़ रहा है और इसी के साथ सरकार द्वारा दी जाने वाली सब्सिड़ी भी बढ़ती जा रही है। लेकिन हर किसान की अपनी प्राकृतिक खाद बनाने वाली जमीन लगभग जीवाणु रहित हो गई। इसी का परिणाम है, कि आज खेती किसान के लिए लाभदायक नहीं रही और हम लोग रसायन युक्त साग–सब्जी, अन्न–फल आदि खाने को मजबूर हैं। फलतः कई नई बीमारियाँ जन्म ले रही हैं, उनके उपचार हेतु नई दवाईयां और फिर उनकी घातक प्रतिकियाऐं हो रहीं हैं।

बीज
यूरिया

रसायनिक खाद के उपयोग ने पानी की खपत को बढ़ा दिया, फसलों की गुणवत्ता व रोग प्रतिरोधक क्षमता घट गई। नये नये कीटनाशकों ने फसलनाशी जीवों के साथ फसल मित्र जीवों को भी समाप्त कर दिया। धीरे–धीरे प्रकृति मित्र खेती, प्रकृति की शत्रु बन गई। यह तो हमारा सौभाग्य है कि अभी तक भी हमारे देश में इस प्रकार का विनाश बहुत अधिक नहीं हो पाया है। गरीब देश होने का शायद यही एक सबसे बड़ा फायदा हुआ है।

रसायनिक खेती ने हमारे देश में विशेषतया सिंचित खेती में पर्यावरण के प्रदूषण की समस्या को भी जन्म दिया है। कई वैज्ञानिकों के विस्तृत अध्ययन के बाद यह सामने आया है कि खेती में दी जाने वाली रसायनिक खाद का मात्र 15–20 प्रतिशत हिस्सा ही फसलों द्वारा उपयोग में लिया जाता है शेष रसायन भूमि में पानी के साथ बहकर नीचे चले जाते हैं और नीचे जाकर भूमिगत जल को भी प्रदूषित कर देते हैं। परिणामस्वरूप पानी में नाइट्रेट की मात्रा बढ़ जाती है जिससे वह पानी पीने लायक भी नहीं रहता।

खेती में रसायनों के उपयोग ने किसानों के नकद खर्चों को बढ़ा दिया है। इसका एक लाभ तो जरूर हुआ है, कि किसान भी अब लागत की गणना करना सीख गये हैं, लेकिन जब इस गणना के आधार पर उन्हें यह पता चलता है, कि उन्हें कोई मुनाफा नहीं हो रहा है तो उनमें असंतोष पैदा होता है।

जिस प्रकार रेडीमेड–फास्ट फूड की 20 रूपये की कीमत में से उसकी पैकिंग के 8 रूपये और उसके विज्ञापन के करीब 7 रूपये लगते है ठीक उसी प्रकार 100 रूपये के रसायनिक उर्वरक में से हम मात्र 15–20 रूपये की ही वसूली कर रहे हैं। खेती में रसायनों के उपयोग के लिये गुजरात का उदाहरण इस विषय को समझने में बहुत सहायक है। (स्वयं लेखक की पहली पुस्तक *वर्मीकल्चर–एक सम्पूर्ण मार्गदर्शिका* से लिया गया सारांश)

मई 2001, के फर्टिलाइजर न्यूज नामक मैगजीन में आई.सी.ए.आर. के एक प्रमुख कृषि वैज्ञानिक श्री के. पी. पटेल ने गुजरात में रसायनिक खाद के उपयोग एवं धरती में पोषक तत्वों की कमी पर एक विस्तृत विश्लेषण किया है। इस विश्लेषण के कुछ प्रमुख निष्कर्श इस प्रकार रहे–

- गुजरात राज्य में प्रतिवर्ष 112 लाख हैक्टर भूमि में से 37 प्रतिशत में अनाज (औसत उत्पादन 11.43 क्वि./है.), 26 प्रतिशत में तिलहन (औसत उत्पादन 13.13 क्वि./है.), 14 प्रतिशत में कपास (औसत उत्पादन 3.5 क्वि./है.) तथा 21 प्रतिशत में अन्य फसलें ली जाती हैं।

- वर्ष 1998–99 में औसत 93 किलो प्रति हैक्टर रसायनिक उर्वरक की खपत की तुलना में वर्ष 1999–2000 में रसायनिक उर्वरक की खपत औसत 90.6 किलो प्रति हैक्टर रही।

सस्ते आयातित खाद्य पदार्थ लोगों की पसंद बन सकते हैं।

• गुजरात प्रदेश में प्रति हैक्टर फसलों द्वारा बनास काँठा जिले में 61.60 किलो से लेकर सूरत जिले में 318 किलो तक उर्वरक सोख लिया जाता है। पूरे प्रदेश का औसत 97.70 किलो प्रति हैक्टर है। इसके तहत नाइट्रोजन, फास्फोरस, पोटाश तथा सल्फर की गणना की गई है।

• गुजरात प्रदेश में माइक्रो न्यूट्रीयेन्ट के रूप में (आयरन, मैंगनीज, बोरोन, जिंक, कॉपर, मैग्नेशियम, मोल्बिड़ेनम) की खपत सबसे कम सुरेन्द्रनगर में 255 ग्राम प्रति हैक्टर से लेकर खेड़ा जिले में 1092 ग्राम प्रति हैक्टर की है। यह माइक्रो न्यूट्रीयेन्ट की फसलों द्वारा सोखी गई मात्रा है।

• रसायनिक उर्वरकों की औसत उपयोग क्षमता (उपलब्ध किये जाने वाली मात्रा की तुलना में पौधों द्वारा सोखने वाली मात्रा का प्रतिशत) नाइट्रोजन के लिये 40 प्रतिशत, फास्फोरस के लिये 15 प्रतिशत तथा पोटाश के लिये 70 प्रतिशत मानी जाती है।

• रसायनिक उर्वरकों की औसत उपयोग क्षमता के अनुसार गुजरात में 93. किलो प्रति हैक्टर की दर से उर्वरक डाले जा रहे हैं, (जबकि वास्तव में पौधों को उपलब्ध मात्रा करीब 30–40 किलो ही रह जाती है) इसके विपरीत फसलों द्वारा उपयोग किये गये उर्वरक की मात्रा 97.70 किलो प्रति हैक्टर है।

अतः यह निश्कर्ष निकाला जा सकता है कि करीब दो तिहाई पोषक तत्व जमीन में पहले से उपलब्ध कोष में से काम में लिये जा रहे हैं और यदि यही गति रही तो कुछ ही वर्षों में हमारी धरती पूर्णतया बंजर हो सकती है।

खेती की वर्तमान दशा पर आज विस्तृत चिंतन करने की जरूरत है। मेक्रो लेवल पर किये गये अध्ययनों की बहुत सी सूचनाऐं उपलब्ध हैं, लेकिन जब तक हम माइक्रो लेवल पर आंकलन नहीं करेंगे, तब तक सुधार की योजना नहीं बना सकते। इसके लिये हमें स्वयं अपने खेत की वर्तमान स्थिति एवं गत् पाच वर्षों में आये बदलाव का विश्लेषण करना होगा। इस कार्य के लिये इस अध्याय के अन्त में एक लिखित फोर्मेट दिया गया है। हमारा मानना है कि स्वयं किसान इस आंकलन के द्वारा इस अध्याय में लिखे गये मुद्दों के बारे में स्वयं अपनी राय बना सकेंगे।

यह पुस्तक स्वयं अपना ओर्गेनिक फार्मिंग कार्यक्रम शुरू करने के लिये लिखी गई है। प्रत्येक अध्याय के अन्त में अभ्यास द्वारा जो सूचनाऐं संकलित की जायेंगी, वह ओर्गेनिक फार्मिंग सर्टिफिकेशन की प्रक्रिया प्रारम्भ करने का प्रमुख आधार होगी। इस आंकलन का एक अन्य प्रमुख लाभ यह भी होगा कि किसान एक सम्पूर्ण विश्लेषण के बाद स्वयं यह निर्णय कर सकेगा कि उसे ओर्गेनिक फार्मिंग करनी चाहिये या नहीं।

इस अध्याय के अन्त में कुछ मीडिया रिपोर्टस् को दिया गया है, यह पाठक को इस विषय पर अन्य प्रबुद्ध लोगों के विचार एवं अधिक जानकारी देने में सहायक होंगे।

An Issue Close to the Heart

Chemical residues in breast milk worry researchers. **Laurie Tarkan reports**

WITH her seven-week-old baby nursing at her breast, Dr Sandra Steingraber spoke at a conference recently in New York to address an important issue: the presence of low levels of chemical residues in breast milk.

Steingraber, an ecologist and a visiting assistant professor at Cornell University's programme on breast cancer and environmental risk factors, described breast-feeding as "a very exquisite communion between myself and my child" — but also a transfer of chemicals.

She and the other experts who gathered at the New York Academy of Medicine for the conference on 'Chemical Contaminants in Breast Milk: Impact on Children's Health', agreed that it was not known if the chemicals that turned up in human breast milk were harmful, and they did not want to make women afraid to breast-feed.

Many studies show that breast-fed babies are healthier and do better developmentally than those who are given formula. "We are making a very clear and unequivocal affirmation that those of us in the medical community are all absolutely convinced that breast milk is without question the very best form of nutrition for human infants," said Dr Philip Landrigan, director of the Center for Children's Health and the Environment at the Mount Sinai School of Medicine.

But, Landrigan said, "Because pediatricians and others are so anxious to promote breast-feeding, they've been reluctant to confront the fact that breast milk is not as good as it could be and as it used to be. It has become very clear to the medical community that over the past 25 to 30 years, a number of toxic chemicals have found their way into breast milk — PCBs, DDT, solvents and heavy metals."

People absorb environmental chemicals from polluted air and contaminated foods — fish and animal products in particular. Because chemicals like polychlorinated biphenyls (PCBs), dioxin and dichlorodiphenyl dichloroethene (DDE), a breakdown product of DDT, are fat soluble, they are not readily excreted from the body. Instead, they attach to fat cells, where they may stay for a lifetime. But if a woman breast-feeds her child, these fat cells are activated to produce milk. The contaminants, clinging to the fat, go directly into the milk.

A woman can shift 20 per cent of her total body burden of contaminants into her infant in the first six months of breast-feeding, Steingraber said. But few studies have examined whether the breast milk of the average American woman contains high enough levels of contaminants to harm infants.

"We do know that for women with PCBs at the high end of the range in the American population, their babies have reduced IQ, and loss of some psychological and verbal skills," Landrigan said. "We do know that babies are vulnerable. We know that very complex processes of growth and development are occurring which create opportunity for damage."

The few studies on the long-term effects of pollutants in breast milk that have been done, however, show conflicting results. Experts agree that more research is needed. "The United States should be embarrassed by the lack of research in this country on this critically important issue," said Dr Gina Solomon, a senior scientist at the Natural Resources Defence Council, based in San Francisco. "In comparison, some European countries have systematic monitoring year after year of levels of contaminants in breast milk."

At the conference, Dr Peter Scheidt said the National Institutes of Health was starting a large study to examine the effects of many types of environmental exposures on children, including contaminants in breast milk. The study, which will include 100,000 babies enrolled while they are still in the womb, is expected to be started soon.

On a positive note, Solomon reported that levels of PCBs, DDT and dioxins in breast milk have gone down in Western countries, largely because of bans or strict regulatory controls on these chemicals. But, she said, a relatively new type of contaminant, polybrominated diphenyl ethers (PBDEs), which are used as flame retardants in computers, furniture, upholstery, plastic casings and other consumer products, are increasing exponentially in breast milk. Levels are still low now, but if the use of PBDEs are not limited, levels are expected to rise to potentially dangerous levels, Solomon said.

Another researcher reported that some studies showed that women who had high levels of DDE, the DDT breakdown product, had more difficulty breast-feeding than others.

"We did see a strong effect of DDE, with women who had the least amount of DDE breast-feeding for 36 weeks on average compared to nine weeks in the highest group," said Dr. Walter Rogan, epidemiologist at the National Institutes for Environmental Health Sciences.

Since contaminants accumulate over a lifetime, experts say that pregnant and lactating women should limit their exposure. For instance, women should not have lead paint removed from their homes while they are pregnant or breast-feeding. They should not eat fish or seafood from contaminated waterways, like the Hudson River or New York Harbor, because the fish probably contain PCBs. Pesticides and fumes from nail polish remover, paint, paint remover, dry cleaners, gasoline and other chemicals should be avoided, the authorities caution.

Pregnant or breast-feeding women may also want to avoid buying new wall-to-wall carpet or synthetic wood furniture because the products emit gasses that may be absorbed.

(The New York Times News Service)

With that fruit bite, you could be licking pesticide

Chandrika Mago

BANGALORE: Sometimes, there may be just no escape. You could be taking in harmful pesticides each time you eat fruits and vegetables. In fact, you probably are.

Samples picked up in and around Bangalore of vegetables like cucumber, capsicum, cabbage, chilli, cauliflower, potato, tomato, brinjal and okra showed three-fifths of them had pesticide residues. In one-fifth of the cases, these were above the maximum residue level. Two-fifths of the fruits sampled also had residues, 11 per cent of these being above the maximum residue level. As an article in a recent issue of the Indian Council of Agricultural Research's journal, *Indian Farming*, put it, almost all classes of food items contain residues primarily because of disproportionate and improper use of pesticides. In Himachal Pradesh, a tonne of fungicide is allegedly sprayed for every 1,000 tonnes of apple produced in the state every year.

Pesticide residues in vegetables, wrote Bhanu Pratap Singh and R S Chauhan in the article, are of importance because these are directly sold in the market after treatment with pesticides to fetch a good price. Leafy vegetables and garden fruits fall in the duo's list of "most persistently and highly contaminated foodstuff".

Scientists say that if potentially harmful pesticide residues have reached deep into the fruits and vegetables, no amount of washing will get them out. But if they haven't become "systemic in nature", there are various options and precautions.

In fruits, peeling the skin is a time-honoured, and pretty effective, solution. In many households, the practice is to wash raw fruits and vegetables with water. It works only partly, says M D Awasthi, chief of the soil science and agricultural chemistry division at the Indian Institute of Horticultural Research. A simple wash just cleans away dirt and foreign material, and about a fourth of the pesticide residue.

TACKLING THE THREAT

- Samples picked up in and around Bangalore, of vegetables like cucumber, capsicum, cabbage, potato and tomato showed three-fifths of them had pesticide residues
- If potentially harmful pesticide residues have reached deep into the fruits and vegetables, no amount of washing will get them out
- In fruits, peeling the skin is a time- honoured, and pretty effective, solution
- The practice of washing raw fruits and vegetables with water works only partly
- Much more effective is to put liquid soap in water, build a lather and soak fruits and vegetables in it for a while, washing them later in plain water.

Much more effective, says Awasthi, is to put liquid soap in water, build a lather and soak fruits and vegetables in it for a while, washing them later in plain water. This should get rid of compounds which have strong sticking properties, cleaning up three-fifths of the residues. Each process has its pass percentage listed out by Awasthi. Steam cooking, he says, could have its hazards — pesticides would stay right there, in the water. Boiling is good, capable of 100 per cent success in removing residues — but not if you then proceed to cook vegetables in the same water.

About 13 per cent of all pesticides are used on fruits and vegetables and often, the short gap between their use and the harvest does not allow them to dissipate. Some caution here could do wonders.

Applying pesticides as recommended is a basic principle. The farmer can do his bit, harvesting after suitable, specified waiting periods which allow the pesticide to degrade to safe levels. Up the chain, post-harvest use of pesticides should be avoided. And, in homes, the Awasthi recipe is detergent solution and water. If this doesn't happen, the consequences could be scary, with pesticides nibbling away at immunity and possibly wreaking havoc — causing irreversible damage to nerves, spinal cord disorders, behavioural changes, cancer, and more.

Tuesday, May 22, 2001

Mango, the king of fruits comes dressed in a poison coat

T LIVE CORRESPONDENT

...ERY TIME the smell of ripe ...goes wafts by, tempting you ...ig out, desist. Mango lovers ...y not live to see a hundred. ...at is because the fruits flood- ...e the market are artificially ...pened with a chemical known ...cause cancer.

The culprit here is calcium ...rbide, a chemical used to has- ...n the ripening process by arti- ...ially increasing the tempera- ...e on the skin of the fruit.

Here is how it ends up in your ...mmy. Mangoes are brought to ...ipur by road from the south- ...n states, mainly Andhra ...adesh and Karnataka. These

mangoes are packed for transportation while they still are in a semi-ripe stage.

"Since the journey of mangoes from the South to Jaipur takes more 2-3 days, en route they are wrapped in a paper and calcium carbide is sprayed on them, so that they are fully ripe when they reach Jaipur," says Naraindass Bikanerwala, a local fruit wholesaler.

Calcium carbide helps in hastening the ripening process because the acetylene gas it produces changes the colour of the fruit and simultaneously causes enzyme action that breaks down the glucose in the fruit, quickening the ripening.

Studies have revealed that calcium carbide when used for ripening fruits may have a carcinogenic effect. According to the Ministry of Agriculture, while calcium carbide is generally used for gas welding (because of the intense heat the chemical generates), its use for ripening fruit is banned.

Even more deadly chemical concoctions coat other vegetables. If you think the seasonal favourite okra is looking exceptionally green, it is because of malathion. "Entire bundles of okra are dipped in malathion to give them a better colour," says Dr J P Dabas of the Pusa Agricultural Institute. "Malathion is a common pesticide but once sprayed, the fruits and vegetables should not be consumed for at least seven days," he adds.

The potency of malathion can be understood more clearly knowing the fact that its consumption is the favourite means of committing suicide among farmers.

However, wholesale fruit merchants are flouting the ban. "The fruits are transported raw because if we let them ripen on the tree and then transport them, most of the fruits would rot on the way. Then there are no storage facilities either so they have to be ripened before they land in Jaipur and sold the same day," explains a fruit dealer.

According to Bikanerwala, every day more than 15-20 trucks carrying nearly 60 tonnes of mangoes are off-loaded in the Jaipur market. Retailers pick them up the same day.

Deputy Director (Horticulture) of State Institute of Agriculture Management H P Raizada, however, rules out the possibility of ill effects due to artificial ripening of mangoes. "Carbides are used to ripen mangoes the world over. This is the standard practice and has been followed for years. Besides, there are no statistics to prove that it causes cancer," he said.

Raizada, however, suggests that the use of chemicals could end, if alternative sources for ripening fruits are used. "The fruits can be smoked. This would obviate the need for chemicals." he said.

प्रतिबंध कीटनाशकों पर

कीटनाशकों के उपयोग का मूल उद्देश्य कीट-व्याधियों को नष्ट करना है, परन्तु एक अन्तराल के बाद ये हमारे लिए हानिकर साबित हो सकते हैं। इनके अनियंत्रित उपयोग से जैविक असन्तुलन भी धीरे-धीरे बढ़ रहा है। हमारे देश में तथा अन्यत्र हुए अनुसंधानों से यह तथ्य प्रकाश में आए हैं कि कुछ रसायन मनुष्य तथा प्रकृति को समान रूप से हानि पहुंचा सकते हैं। अतएव ऐसे हानिकारक कृषि रसायनों पर रोक लगाना अनिवार्य हो गया है। यही कारण है कि समय-समय पर दुनियाभर में कृषि रसायनों को प्रतिबंधित किया जाता रहा है।

हमारे देश में कृषि रसायनों का पंजीयन, उनके प्रयोग की सीमाओं का निर्धारण तथा उन पर रोक 'कीटनाशक अधिनियम 1968' के अंतर्गत बनाए विधानों द्वारा की जाती है। वर्तमान समय में भारत शासन के पौध संरक्षण सलाहकार के पत्रांक 8-9/ 97 सरक्यूलर ii दिनांक 16-07-1998 के अनुसार हमारे देश में 147 कृषि रसायनों का पंजीकरण किया गया है। इसके अलावा [1 अप्रेल 1997 तक] 20 कृषि रसायनो पर रोक लगा दी गई है अथवा उनका प्रयोग न करने की अनुशंसा की गई है; 13 कृषि रसायन ऐसे भी हैं जिन पर आंशिक प्रतिबंध लगाए गए हैं और 18 कृषि रसायनों का पंजीयन नहीं किया गया है।

जिन रसायनों का पंजीयन नहीं किया गया है, उनमें एजिनफॉस इथाइल, एजिनफॉस मिथाइल, कैलशियम आर्सीनेट, डाइक्रोटोफास, लेड आर्सीनेट, लेप्टोफास, मेविन फास, 2, 4, 5- टी थायोडेमेटान [डाइसल्फोटान] इत्यादि सम्मिलित हैं। प्रतिबंध में मुख्य रूप से क्लोरीन युक्त हाइड्रोकार्बन वर्ग के कीटनाशकों जैसे एण्डरिन, डाएल्ड्रिन, एल्ड्रिन, हेप्टाक्लोर, क्लोरडेन, डी.डी.टी., बी.एच.सी. कार्बनिक फॉस्फोरस समूह का कीटनाशक इथाइल पेराथियान, कुछ फफूंदनाशक जैसे केप्टाफाल, पेन्टाक्लोरोनाइट्रोबेन्जीन [पी.सी.एन.बी.] का उपयोग वर्जित किया गया है। इसके अतिरिक्त खरपतवारनाशकों, मकड़ीनाशकों एवं कुछ अन्य रसायनों को भी प्रतिबंध में शामिल किया गया है। कृषि रसायनों पर प्रतिबंध में अलग-अलग प्रकार की व्यवस्थाएं की गई हैं। कुछ रसायनों का निर्माण तथा उपयोग पूर्णतः वर्जित कर दिया गया है। ऐसे रसायनों में एण्डरिन, बी.एच.सी., हेप्टाक्लोर, क्लोरडेन, इथाइल पेराथियान, एल्ड्रिन, पी.सी.एन.बी. पेन्टाक्लोरोफिनाल, टॉक्साफीन इत्यादि शामिल हैं। लेकिन कुछ रसायन ऐसे भी हैं जिन पर ये प्रतिबंध आंशिक तौर पर लागू होंगे, इन्हें किसी विशेष परिस्थितियों में आवश्यक हिदायतों के साथ प्रयोग किया जा सकेगा अथवा उन्हें किसी फसल/ परिस्थिति विशेष के लिए प्रतिबंधित किया गया है। ऐसे रसायनों में डाइएल्ड्रिन तथा सोडियम साइनाइड का उपयोग भारत शासन के पौध संरक्षण सलाहकार की अनुशंसा पर क्रमशः टिड्डी दल तथा कपास की गठानों के धूमिकरण में किया जा सकेगा। डी.डी.टी. का उपयोग सामान्यतः पूरी तरह बन्द कर दिया गया है लेकिन जन स्वास्थ्य के हित की विशेष स्थितियों में इसे राज्य सरकारों अथवा भारत शासन द्वारा उपयुक्त मार्गदर्शन के साथ प्रयोग किया जा सकेगा। इसका विनिर्माण भारत शासन के अधीनस्थ काम कर रही मेसर्स हिन्दुस्तान इनसेक्टीसाइड लिमिटेड कम्पनी ही कर सकेगी। मधुमक्खी के लिए उपयोग किए जाने वाले क्लोरबेन्जीलेट नामक रसायन को मधुमक्खीपालक केवल विशेष परिस्थितियों में शासकीय या अर्धशासकीय संस्थाओं के माध्यम से आयात कर सकेंगे। केप्टाफाल नामक फफूंदनाशक का उपयोग केवल बीजोपचार के लिए ही किया जा सकेगा। सामान्य तौर पर अनाज भंडारण के लिए घरों में उपयोग की जाने वाली इथिलीन डाइब्रोमाइड [ई.डी.बी.] का मुक्त प्रयोग अब भारत सरकार के संस्थानों एवं वेयरहाउस द्वारा विशेषज्ञों की देखरेख में किया जा सकेगा। इसी प्रकार की व्यवस्था एल्युमीनियम फास्फाइड की 10, 20, 30 या 50 गोलियों की एल्युमीनियम ट्यूब पैकिंग के लिए की गई है। लेकिन प्लास्टिक की जालीदार पैकिंग में बंद 3 ग्राम की एल्युमीनियम फॉस्फाइड की टिकिया या छिद्रयुक्त [पोरस] कागज की थैली [पाउच] में बंद एल्युमीनियम फॉस्फाइड चूर्ण [पाउडर] का विक्रय चूहों के बिलों में उपयोग के लिए स्वतंत्र रूप से किया जा सकता है।

प्रतिबंध के कारण

इन रसायनों के उपयोग पर रोक लगाए जाने के अनेक कारण हैं। डी.डी.टी. और बी.एच.सी. के विषाक्त प्रभाव से काफी लोग परिचित हैं। लगभग तीन-चार दशक तक क्लोरीनयुक्त हाइड्रोकार्बन वर्ग के इन दोनों कीटनाशकों का उपयोग काफी ज्यादा किया गया, किन्तु जब इनके विष का हानिकारक असर जमीन, पानी, हवा, मनुष्य, पशु व अन्य जीव-जंतुओं में देखा गया तब विदेशों में इनके निर्माण और उपयोग को प्रतिबंधित कर दिया गया। ये और इसी वर्ग के अन्य कीटनाशकों की खास विशेषता यह है कि अन्य पौध-संरक्षण रसायनों की अपेक्षा ये सस्ते हैं और इनका कीटनाशक असर काफी समय तक रहता है। इनका यही गुण मनुष्य, पशु-पक्षी व पर्यावरण के लिए अवगुण बन गया है। ये प्राणी या पौधों के अन्दर जाकर भी विघटित नहीं होते हैं और उसी हानिकारक रूप में थोड़ी-थोड़ी मात्रा में एकत्र होकर एक खास स्तर तक पहुंचकर अनेक रोगों व असामान्यताओं [विकृतियों] का कारण बनते हैं। ये भूमि द्वारा हमारे जलस्रोतों में पहुंचकर उन्हें प्रदूषित कर देते हैं तथा मनुष्य एवं पशुओं में उनके आहार के माध्यम से भी पहुंच जाते हैं। इनका विषैला प्रभाव पशुओं तथा मां के दूध में भी पाया गया है। प्रतिबंधित किए गए अन्य सभी रसायन सामान्य रूप से हमारे लिए अत्यधिक विषैले हैं। इनका असर काफी लम्बे समय तक रहता है। यही कारण है कि इनके अवशेष आहार- कड़ियों [फूड चेन] में भी नष्ट नहीं होते हैं। पौधों से पशु-पक्षियों व मछलियों द्वारा या फिर सीधे ही मानव शृंखला में आकर ये हृदय, गुर्दे, त्वचा, एलर्जी व श्वास रोग जैसे अनेक प्रकार के रोगों का कारण बनते हैं। कुछ रसायनों से कैंसर तक होने का खतरा रहता है। कृषि रसायनों पर प्रतिबंध लगाए जाने के इसके अलावा भी कई कारण हैं- जैसे कीट व्याधियों में इन रसायनों के लिए प्रतिरोधक क्षमता उत्पन्न होना, इनके प्राकृतिक शत्रुओं का नष्ट होना आदि।

प्रतिबंध व हमारा दायित्व

कृषि रसायनों और उनके खतरों को देखते हुए प्राकृतिक खेती एवं कीट- व्याधियों के लिए समेकित प्रबंधन व्यवस्था अपनाना जरूरी हो गया है। समेकित प्रबंधन व्यवस्था में प्राकृतिक उपायों, यांत्रिक क्रियाओं, जैविक कारकों इत्यादि को ऐसे अनुपात में जोड़ा जाता है कि कृषि रसायनों से होने वाली जनहानि को न्यूनतम बिन्दु तक लाया जा सके। [स्रोत फीचर्स]

– सतीश परसाई

THE FOOD WE EAT TO SUSTAIN OURSELVES COULD WELL BE LEADING US TO AN EARLY DEATH. IF IT'S THE UNSAFE DRINKING WATER YOU AVOID, YOUR 'SAFE' SOFT DRINK COULD HAVE ORIGINATED IN A BOREWELL. THE CHOCOLATE THAT'S MORE HYGIENIC THAN THE EXPOSED MITHAI COULD BE ENDANGERING YOU WITH ITS HIGH NICKEL CONTENT. **PUSHPA GIRIMAJI** TAKES A LOOK AT THE VERY REAL DANGER POSED BY EVERY MOUTHFUL THAT WE CONSUME.

पत्रिका — राज्य-पंच —

'जहर' देकर 'अमृत' पाने की कवायद

– कृष्ण कुमार आशु –

श्रीगंगानगर। पशुपालन को मानव जीवन का अंग बनाते समय यह बात ध्यान में रखी गई थी कि जो पशु दूध नहीं देना चाहता, उसका दूध जबरन नहीं उतारा जाए और जब भी दूध दूहें, लगभग आधा दूध बछड़े के लिए छोड़ दिया जाना चाहिए। मगर बढ़ती व्यावसायिकता और मानव के स्वार्थीपन के कारण यह मान्यता गौण हो गई है। अब तो पशुपालक दूध दूहते समय उसके थनों से दूध की आखिरी बूंद तक निचोड़ लेने को तत्पर रहते हैं। यही नहीं, जिन पशुओं [गाय-भैंस] के दूध नहीं उतरता, उनका दूध उतारने के लिए भी वे येन-केन प्रयास करते हैं। इसके लिए वे गैर कानूनी प्रयोग अपनाने में भी नहीं हिचकिचाते और पशुओं को 'जहर' देकर उनसे 'अमृत' हासिल करने का प्रयास करते हैं। दुधारू पशुओं का दूध जबरन उतारने के लिए उपयोग किए जाने वाले उपायों में 'आक्सीटोसिन' इन्जेक्शन का उपयोग भी शामिल है, जो है तो प्रतिबन्धित पर इसका उपयोग लगातार बढ़ता जा रहा है।

यही नहीं 'आक्सीटोसिन' का टीका दवा विक्रेताओं के अलावा अब तो गांव-गांव में किराने की दुकानों पर भी मिल जाता है। इसे लगाने के लिए भी किसी पशु चिकित्सक की आवश्यकता नहीं होती, पशुपालक स्वयं और यहां तक कि 10-12 वर्ष के बच्चे भी अपने पशुओं को यह टीका आसानी से लगा देते हैं। लगातार प्रयासों के बावजूद पशुपालन विभाग इस प्रतिबन्धित टीके का प्रचलन रोकने में विफल रहा है।

'आक्सीटोसिन' से पशुओं को होने वाले नुकसान और उस दूध से मानव स्वास्थ्य पर दुष्प्रभाव के मद्देनजर पशु क्रूरता निवारण अधिनियम 1960 की धारा 12 के अनुसार 'आक्सीटोसिन' इन्जेक्शन का उपयोग गायों व भैंसों के लिए प्रतिबन्धित किया गया है। 'आक्सीटोसिन' का उपयोग अत्यन्त आवश्यक होने पर किसी पंजीकृत चिकित्सक की सिफारिश पर ही किया जाना चाहिए। बिना लाइसेंस यह इन्जेक्शन रखना या बेचना कानूनन अपराध है और उल्लंघन करने वाले को एक हजार रुपए जुर्माना या दो वर्ष के कठोर कारावास अथवा दोनों सजाएं एक साथ हो सकती हैं। इस इन्जेक्शन पर प्रतिबन्ध लगे लगभग चार वर्ष बीत जाने के बावजूद पशुपालकों पर इसका रत्ती भर भी असर नहीं हुआ। सीमावर्ती क्षेत्र के बीकानेर सम्भाग में यह इन्जेक्शन पंजाब-हरियाणा से लाया जाता है। इस धन्धे में लगे कुछ लोग 20 से 25 रुपए प्रति सैकड़ा की दर से यह इन्जेक्शन पंजाब-हरियाणा से यहां लाते हैं और किराने वालों और खल-बिनौला आदि पशु आहार बेचने वाले दुकानदारों को 30 से 40 रुपए की दर से बेचते हैं। दुकानदार भी 50 पैसे से एक रुपए प्रति इंजेक्शन खुलेआम बेचते हैं, कई पशुपालक तो थोक में ही यह इन्जेक्शन ले जाते हैं। औषधि निरीक्षक ग्रामीण क्षेत्र की इन किराने की दुकानों पर जांच के लिए कभी जाते ही नहीं।

दवा विक्रेताओं ने भले ही 'आक्सीटोसिन' रखना कम कर दिया है मगर किराना, मनिहारी और खल-बिनौला आदि की दुकानों पर बड़ी मात्रा में ये इन्जेक्शन मिल जाते हैं। जिस पशु के थनों में दूध नहीं उतरता, पशुपालक आमतौर पर उसे यह इन्जेक्शन लगा देते हैं। 'आक्सीटोसिन' के उपयोग से पशु का शरीर शिथिल पड़ जाता है और दूध उसके थनों में उतर आता है जिसे पशुपालक बड़े आराम से दुह लेते हैं। पशु चिकित्सकों के अनुसार 'आक्सीटोसिन' से पशुओं के गर्भाशय में संकुचन के कारण ब्याने [प्रसूति] के समय होने वाले कष्ट का अहसास होता है। चिकित्सकों के अनुसार यह पशु के प्रजनन अंगों को समय से पूर्व ही निष्क्रिय कर देता है और इससे गाय-भैंस की प्राकृतिक दुग्धावस्था दस वर्ष से कम होकर तीन वर्ष रह जाती है। इससे पशु के दुबारा गर्भवती नहीं हो पाने का खतरा भी रहता है। अगर गाय-भैंस गर्भवती हो भी जाए तो गर्भपात की प्रबल आशंका रहती है। जेर गिराने के लिए इस इंजेक्शन का उपयोग किया जाता है तो गाय-भैंस के बहुत ज्यादा जोर लगाने पर बच्चेदानी बाहर आने की आशंका रहती है। यही नहीं 'आक्सीटोसिन' के उपयोग के बाद उतरे दूध में भी इस इन्जेक्शन का दुष्प्रभाव पडता है।

यहां के एक पशु चिकित्सक डॉ. जुगल किशोर अरोड़ा का कहना है कि लगातार 'आक्सीटोसिन' दुग्ध का सेवन करने से पुरुषों में हारमोन असन्तुलित हो जाते हैं और उनके नपुंसक होने का खतरा रहता है। इससे छोटी आंत का कैंसर हो सकता है और गुर्दों को नुकसान भी। महिलाओं में बच्चेदानी का मुंह समय से पूर्व खुलने और मासिक धर्म सम्बन्धी व्याधियां उत्पन्न होने की आशंका रहती है। सूत्रों के अनुसार 'आक्सीटोसिन' का उपयोग ग्रामीण क्षेत्र में सर्वाधिक है। खासतौर से पशुपालन व्यवसाय से जुड़े लोग अपने फायदे के लिए इस इन्जेक्शन का अन्धाधुन्ध उपयोग करते हैं। यह स्थिति पूरे राज्य के ग्रामीण क्षेत्रों में बरकरार है।

दिलचस्प बात तो यह है कि 'आक्सीटोसिन' का स्टॉक रखने और उनकी बिक्री करने वालों के खिलाफ कार्रवाई का पशुपालन विभाग को कोई अधिकार नहीं है। इस विभाग के अधिकारी सलाह देने के अलावा कोई विशेष कार्रवाई नहीं कर सकते। पुलिस भी इस 'गोरखधन्धे से जुड़े लोगों को सीधे दबोचने में हिचकिचाती है क्योंकि इस प्रतिबन्धित इन्जेक्शन का 'स्टॉक' रखने वालों के खिलाफ औषधि निरीक्षक ही कार्रवाई कर सकता है।' पुलिस अधिकारी मानते हैं कि अगर कोई पशु के इन्जेक्शन लगा रहा हो तो रंगे हाथ पकड़ने पर उसके खिलाफ पशु क्रूरता अधिनियम में कार्रवाई की जा सकती है, मगर बेचने वालों को पकड़ने का काम औषधि निरीक्षक की रिपोर्ट पर ही हो सकता है। उधर, औषधि निरीक्षक इस मामले की तरफ ज्यादा ध्यान नहीं देते। सीमावर्ती क्षेत्र श्रीगंगानगर जिले में 'आक्सीटोसिन' बनाने वाली एक फैक्ट्री का भंडाफोड़ दो वर्ष पूर्व किया गया था। इसके बावजूद न तो 'आक्सीटोसिन' का उपयोग रुक पाया और न ही इसकी आमद पर कोई असर पड़ा। 'आक्सीटोसिन' का उपयोग करने वाले एक पशुपालक ने स्पष्ट कहा कि हमने 15-20 हजार रुपए लगाकर भैंसें खरीदी हैं और अगर वे दूध नहीं दें तो अपना व्यापार चलाने के लिए उन्हें यह 'टीके' लगाने ही पड़ते हैं। जिला पशुपालन अधिकारी डा. रणजीत सिंह स्वीकारते हैं कि हर जगह 'आक्सीटोसिन' का उपयोग धड़ल्ले से हो रहा है और इसके दुष्प्रभाव भी आवारा व नाकारा पशुओं की बढ़ती संख्या के रूप में सामने आ रहे हैं क्योंकि इस इन्जेक्शन के लगातार उपयोग से कुछ वर्षों में पशु दूध देना कम करते-करते बंद कर देते हैं और फिर पशुपालक गायों को बेचने की कोशिश करते हैं, नहीं बिकने पर बेसहारा छोड़ देते हैं। उन्होंने कहा कि इसके लिए पशु चिकित्सक गांवों में जाकर समझाते तो हैं, मगर अभी पशुपालकों व ग्रामीणों में इतनी जागृति नहीं आई है कि वे 'आक्सीटोसिन' के दुष्प्रभाव समझ सकें। उन्होंने उम्मीद जताई है कि धीरे-धीरे लोग इस दिशा में वस्तुस्थिति समझेंगे।

अभ्यास, विवरण एवं विश्लेषण–1

1. आधारभूत सूचनाएं (BASIC INFORMATION)

गांव (VILLAGE) : ....

किसी समूह के सदस्य हैं तो लिखें (MEMBERS OF ANY GROUP) ....

....

परिवार प्रमुख का नाम (HEAD OF THE FAMILY) : ....

श्रेणीः अजा/अजजा/अपिव/अन्य (CATEGORY) : ....

परिवार में सदस्यों की संख्या (NUMBERS OF FAMILY MEMBERS) : ....

खेती की गतिविधि के लिये जिम्मेदार व्यक्ति का नाम (PERSON RESPONSIBLE FOR FARM OPERATIONS)

....

कुल भूमि एवं विवरण (TOTAL LAND & TYPE) : ....

....

....

सिंचित भूमि एवं सिचाई का स्त्रोत (IRRIGATED LAND & SOURCE OF IRRIGATION) ....

....

....

असिंचित भूमि एवं विवरण (UNIRRIGATED LAND & TYPE) : ....

....

....

बंजर एवं अनुपयोगी भूमि (NON PRODUCTIVE LAND) : ....

....

....

खेत पर उपलब्ध अन्य साधन एवं सुविधाएं (FACILITIES AVAILABLE AT THE FARM) : ....

....

....

....

2. पशुधन विवरण

पशु (NUMBER OF ANIMALS AND THEIR DETAILS) : ....

....

उत्पादन (MAIN OUTPUTS) ....

कचरा एवं गोबर/प्रतिदिन (WASTE & DUNG AVAILABLE PER DAY) : ....

....

कचरा एवं गोबर का वर्तमान उपयोग (PRESENT USE OF WASTE MATERIAL & DUNG)

थेपड़ी (मात्रा) (DUNG CAKE AS FUEL) ....

खाद (COMPOST MAKING) : ....

....

3. अन्य गतिविधियां (OTHER ACTIVITIES AT FARM) ....

....

....

....

....

....

4. कुल आमदनी (TOTAL INCOME)

असिंचित (FROM UNIRRIGATED AGRICULTURE) ....

....

सिंचित (FROM IRRIGATED AGRICULTURE) : ....

....

पशुपालन (FROM ANIMAL HUSBANDRY ACTIVITIES) : ....

....

वानिकी एतं उद्यानिकी (FROM FORESTRY AND HORTICULTURE) ....

....

अन्य (OTHER ACTIVITIES) : ....

....

....

कुल कृषि एवं अन्य (TOTAL FROM AGRICULTURE & OTHER SOURCES) : ....

....

5. अन्य आमदनी सम्बन्धित सूचनाऐं (IMPORTANT ISSUES IN INCOME PROFILE)

....

....

....

....

....

....

....

....

....

....

....

....

....

....

....

अपने खेत तक पहुंचने का लोकेशन प्लान बनाऐं (LOCATION PLAN)

अपने खेत का विभिन्न उपयोग एवं साधन सुविधाऐं दिखाते हुए नजरी नक्शा बनाऐं

(MAP SHOWING DIFFERENT USES & FACILITIES)

क्या आप अपनी खेती में किसी प्रकार की समस्याओं को अनुभव कर रहें हैं। निम्न बिन्दुओं पर अपनी स्थिति का विश्लेषण कर अपने विचार लिखें। (KINDLY COMMENT ON FOLLOWING ISSUES IN AGRICULTURE, SPECIFIC TO YOUR OWN FARM)

- उत्पादन में कमी (DECREASE IN PRODUCTION) ....

....

....

....

- भूमि की उपजाऊ शक्ति में कमी (DECREASING SOIL FERTILITY) ....

....

....

....

....

- रसायनिक खाद की लागत की समस्या (COST OF FERTILIZERS) ....

....

....

....

....

- देशी खाद की उपलब्धता की समस्या (NON AVAILABILITY OF COMPOST) ....

....

....

....

....

- मजदूरों की समस्या (LABOUR PROBLEM) ....

....

....

....

....

....

- सिंचाई के पानी की कमी की समस्या (PROBLEM OF IRRIGATION WATER) ....

....

....

....

....

• तकनीकी ज्ञान न मिलने की समस्या (LACK OF TECHNICAL ADVICE) ....

....

....

....

....

• उपज का उचित भाव न मिलने की समस्या (NON REMUNERATIVE PRICES OF AGRICULTURE PRODUCE) ....

....

....

....

• खेती के लिए आवश्यक आदानों के न मिलने की समस्या (NON AVAILABILITY OF INPUTS)

....

....

....

....

• खेती की उपज की गुणवत्ता की समस्या (PROBLEMS WITH THE QUALITY OF FARM PRODUCE)

....

....

....

....

• नई फसलों की जानकारी ना होने की समस्या (LACK OF KNOWLEDGE ABOUT NEW CROPS)

....

....

....

....

• अन्य समस्याऐं (OTHER PROBLEMS) ....

....

....

....

....

....

....

....

....

....

फसलों का विवरण (CROP DETAILS FOR LAST CROP CYCLE)

फसल का नाम (CROP)	क्षेत्रफल (बीघा) (AREA)	उत्पादन / बीघा (PRODUCTION)	रासायनिक उर्वरक उपयोग (CHEMICAL FERTILIZER USED)	अन्य खाद (OTHER MANURE USED)	फार्म वेस्ट मात्रा (FARM WASTE PRODUCTION)

अन्य फसल विवरण एवं लागत अनुमान (OTHER DETAILS OF CROPS AND THEIR ESTIMATED COST OF PRODUCTION) : ....

....

....

....

....

....

....

....

....

....

....

....

....

....

....

....

ORGANIC FARMING CONTEXT

This unit will initiate the reader into the underlying approach of organic farming. This is completely a consumer led initiative and should lead to his empowerment.

- Increasing concern for the quality of food and its impact on health. Quality conscious consumers are willing to pay a premium for quality.
- Many farmers are considering natural farming as an option for sustainable agriculture. Small, poor & marginal farmers, who have never used modern inputs automatically qualify to become organic producers.
- Increasing cash expenses in agriculture have enabled farmers to calculate the cost of production, return on investment etc. New options are now evaluated on economic basis.
- Many individual and group initiatives have proved economic viability of organic farming. A high level committee was formed by the Government. In tenth plan substantial budget provisions are likely to be made.
- NIAM has started to organize series of awareness and orientation workshops in collaboration with NGO's.
- Organic farming will provide absolute independence to the farmers for their input requirement and new relationship with farm labour.

युनिट 2 ओर्गेनिक फार्मिंग

खेती–भोजन पदार्थों की क्वालिटी : गत् कई वर्षों से यह लगातार सुनने में आ रहा है कि आजकल भोजन में कोई स्वाद ही नहीं है। समाचार माध्यमों से यह भी सुनने में आ रहा है कि भोजन पदार्थों में प्रदूषण चिंताजनक स्तर तक बढ़ गया है। बी.एच.सी. तथा डी.डी.टी. के उपयोग पर रोक लगा देने के बावजूद ये घातक रसायन मानव की भोजन श्रृंखला द्वारा माता के दूध तक को भी दुषित करने में पीछे नहीं रहे हैं। करीब–करीब सभी बड़े शहरों के समीप बहुत बड़ी मात्रा में सीवेज का पानी खेती के उपयोग में लिया जा रहा है। चिकित्सकों द्वारा कहा जा रहा है कि गत् 10 वर्षों में जितनी अधिक पेट की बीमारियां बढ़ी हैं वह हमारे भोजन पदार्थों की गुणवत्ता में बदलाव का ही परिणाम है।

हमारे देश में एक समय यह कहा जाता था कि "जैसा खाये अन्न वैसा होये मन"। शायद यह बात अन्न के स्त्रोत एवं उसकी गुणवत्ता के लिए ही कही जाती रही हो। जयपुर शहर में एक अध्ययन के अन्तर्गत 100 महिलाओं से बाजार में उपलब्ध भोजन पदार्थों की गुणवत्ता के बारे में उनके विचार जाने गये। इस अध्ययन के परिणाम बहुत चौंकाने वाले साबित हुए हैं। कुछ महत्वपूर्ण एवं विचारणीय बिन्दु निम्न प्रकार हैं :-

- **आजकल सब्जियां बिल्कुल बेस्वाद हैं, चाहे सीजन की हों या बिना सीजन की।**
- **पहले बाजार से सब्जी लाने के बाद कई दिनों तक बिना फ्रिज के आसानी से काम में ले ली जाती थी, अब सब्जी फ्रिज में भी बहुत जल्दी खराब होने लगी हैं। पत्ते वाली सब्जियां तो 24 घंटे तक भी नहीं रह पाती।**
- **कई सब्जियों विशेषकर पालक, धनिया, मैथी, पौदिना के स्वाद में कड़वापन आ गया है।**
- **कई प्रकार की सब्जियां जैसे–टमाटर, बैंगन, गोभी, मटर इत्यादि देखने में तो पहले से बेहतर है लेकिन स्वाद के मामले में बिल्कुल बेकार है।**
- **पहले के गेहूं की रोटी नरम व आसानी से पचने वाली थी, अब रोटी चीठी होती है, कब्ज करती है और पोष्टिक भी नहीं है।**
- **दालों की कीमत कई गुणा बढ़ गई, लेकिन स्वाद में कमी हो गई है।**
- **पहले खाना सीधे–सादे तरीके से बनाया करते थे और सभी चाव से खाते थे, अब लम्बी प्रकिया और कई प्रकार के मसालों का उपयोग करने के बावजूद स्वाद नहीं आता।**

आज लोग पेट की बीमारी एवं भूख न लगने की समस्या से ग्रसित है।

ठीक इसी प्रकार की चर्चा जब हमने कृषि प्रसंस्करण उद्योग के प्रतिनिधियों से की तो उनका कहना था कि "आजकल खेती की उपज ही ऐसी हो गई है कि बिना किसी मिलावट के बनाये भोजन पदार्थों का स्वाद भी मिलावटी जैसा हो गया है।" भोजन पदार्थों के व्यवसाय में लगे हुए कई आड़तियों तथा व्यापारियों का कहना था कि "आज उनके यहां अच्छी गुणवत्ता का माल लेने आने वाले ग्राहकों की संख्या तो लगातार बढ़ रही है लेकिन अच्छा माल खेतों से ही नहीं आता है।"

ओर्गेनिक फार्मिंग की अवधारणा : आधुनिक तकनीक के नाम पर हो रहे नुकसान से चिंतित समाज के एक बड़े वर्ग द्वारा अब खेती की प्रचलित विधियों पर प्रश्न चिन्ह लगा दिया गया है। इसके परिणामस्वरूप कई देशों में अब पूर्णरूपेण प्राकृतिक तरीकों से उपजे भोजन पदार्थों के प्रति एक विशेष आकर्षण पैदा हुआ है। कुछ लोग इस प्राकृतिक खेती को जैविक खेती भी कहते हैं। इस प्रकार की खेती में किसान द्वारा बिना किसी बाहरी तत्व के उपयोग (रसायनिक खाद, कीटनाशक इत्यादि) से भोजन पदार्थ पैदा किये जाने लगे हैं। इस तकनीक के प्रचलन में आने से उत्पादन की मात्रा यदि घटती भी है तो किसानों को उचित लाभ दिलाये जाने के लिए लोग इस प्रकार के भोजन पदार्थों की कुछ अधिक कीमत भी दे रहे हैं।

गत् 50 वर्षों में आधुनिक खेती के नाम पर बहुत बड़े पैमाने पर बड़े किसानों द्वारा ही लाभ उठाया गया है। छोटे किसानों तक आधुनिक खेती (संकर बीज, रसायनिक खाद, कीटनाशक दवाऐं इत्यादि) पहुंच ही नहीं पाई हैं। आज तक इस विफलता को लेकर हम परेशान रहे हैं लेकिन आज प्राकृतिक/जैविक खेती के प्रति बढ़ते आकर्षण ने इस वर्ग को लाभ ले सकने वालों की पहली पंक्ति में खड़ा कर दिया है। छोटी जोत होने के कारण आधुनिक खेती के किसी भी तौर तरीके को न अपना सकना आज एक नये अवसर के रूप में सामने आया है। जिसका यदि हमने समय रहते फायदा नहीं उठाया तो फिर हमें पिछड़ने से कोई नहीं रोक सकेगा।

गत् कुछ वर्षों में सभी स्तर पर खेती में एक बहुत बड़ा बदलाव आया है। पहले खेती में लगने वाली कुल लागत का 70–80 प्रतिशत किसान के अपने घर से लगता था और उसका केश के रूप में मूल्यांकन करना मुश्किल था। अब धीरे धीरे मेकेनाइजेशन, संकर बीज, रसायनिक खाद, दवाओं और सिंचाई के लिये केश खर्च होने लगा है। इससे किसानों के लिये खेती की लागत निकालना आसान हो गया और अब यह उनके द्वारा किये जाने वाले निर्णयों में प्रमुख भूमिका निभाता है। कुल मिलाकर आज सभी किसान खेती की लागत को कम करने के लिये चिन्तित हैं। ओर्गेनिक खेती जिसे जैविक खेती भी कहा जाता है की पहचान टिकाऊ खेती के रूप में भी हो रही है। **करीब–करीब सभी वैज्ञानिक भी अब यह मानने लगे हैं कि ओर्गेनिक खेती अपनाने से लागत मे कमी आयेगी और यही एकमात्र टिकाऊ खेती का तरीक हो सकता है।**

जन प्रतिनिधि भी खेती की लागत को लेकर चिंतित हैं।

अन्तरराष्ट्रीय स्तर पर प्राकृतिक/जैविक खेती की करीब–करीब हर परिभाषा के तहत हर शर्त को हमारे देश के छोटे किसानों की वर्तमान एवं प्रचलित पद्धतियां पूरा करती हैं। बड़े किसानों के लिये विकसित की गई आधुनिक तकनीकों में तो इतने बड़े एवं व्यापक बदलाव की जरूरत है कि प्राकृतिक/जैविक कृषि की परिभाषा के तहत उत्पादन करने लायक स्थिति लाना आसान नहीं है और यदि प्रयास किये भी जायें तो भी कम से कम 2–5 वर्ष लगना सामान्य बात है।

आज तक स्वयं अपनी आवश्यकताओं को पूरा करने के लिये की जा रही खेती में बहुत थोड़े परिवर्तनों द्वारा अन्तर्राष्ट्रीय स्तर पर स्वीकार्य प्राकृतिक–जैविक उपज पैदा की जा सकती है। इन परिवर्तनों में प्रक्रियाओं का महत्वपूर्ण स्थान है और यदि हम इस प्रकार का बदलाव तुरन्त लाने में सफल हो गये तो अन्तर्राष्ट्रीय स्तर पर विपणन द्वारा हम किसानों को मिलने वाले मूल्य में बहुत आसानी से बढ़ोतरी करा सकेंगे और इसका लाभ छोटे किसानों को ही मिलेगा। कुछ प्रमुख उपज जैसे गेहूं एवं चावल को छोड़कर करीब करीब सभी प्रकार के अनाज, दालें और तिलहनों को अधिकतर परम्परागत खेती से ही उपजाया जा रहा है।

मसालों की उत्पादन स्थिति भी कुछ इसी प्रकार की है। शुरूआत में हम यदि सिर्फ उन्हीं किसानों को शामिल करें जो कि बिना किसी प्रकार के रसायनिक खाद एवं कीटनाशकों के उपयोग से फसलें पैदा कर रहें हैं तो भी एक बहुत बड़ी मात्रा में प्राकृतिक रूप से उत्पन्न पदार्थ हमें मिल सकते हैं। एकदम से निर्यात की जा सकने वाली स्थिति में पहुंचना शायद थोड़ा मुश्किल होगा लेकिन हमारे देश में भी आज भोजन पदार्थों की गुणवत्ता के प्रति बहुत बड़ा वर्ग जागरूक है। यह वर्ग इस प्रकार की उपज के लिए अतिरिक्त कीमत चुकाने को भी तैयार है। जरूरत सिर्फ इस बात की है कि हम संगठित प्रयासों द्वारा प्राकृतिक खेती के तरीकों एवं उपज का मानकीकरण एवं प्रमाणीकरण करें तथा ब्रान्ड नेम के आधार पर विक्रय करने की सुविधाओं का विकास करें।

बीज के चयन, खाद, कटाई, ग्रेडिंग इत्यादि के कई आसान तरीकों को अपना कर किसान बिना किसी प्रकार की लागत में बढ़ोतरी करके कई गुना अधिक लाभ प्राप्त कर सकते हैं। इस ध्येय को प्राप्त करने के लिये मोरारका फाउण्डेशन द्वारा केन्द्र एवं राज्य सरकार के कृषि विभाग तथा कई राष्ट्रीय संस्थाओं जिनमें राष्ट्रीय कृषि विपणन संस्था, जयपुर प्रमुख है, द्वारा एक विस्तृत कार्यक्रम खेती में गुणवत्ता बढ़ाने तथा ओर्गेनिक फूड की मार्केटिंग का लिया जा रहा है। इस कार्यक्रम के तहत करीब 1000 किसानों एवं गृहणियों के सर्वे के दौरान कुछ प्रमुख निष्कर्ष इस प्रकार रहे (स्वयं लेखक द्वारा लिखी गई पुस्तक *'वर्मीकल्चर–एक सम्पूर्ण मार्गदर्शिका'* से लिया गया सारांश) :–

- **90 प्रतिशत से अधिक लोगों का मानना था कि रसायनों के उपयोग ने खेती की लागत को कई गुणा बढ़ा दिया और भोजन पदार्थों की गुणवत्ता को कम कर दिया है।**

- **78 प्रतिशत लोग प्राकृतिक खेती के बारे में जानते हैं और उसे ही सफल भविष्य की कुंजी मानते हैं।**

- **75 प्रतिशत ग्रहणियों ने प्राकृतिक रूप से उपजाये हुए भोजन पदार्थों में सबसे पहले अनाज एवं दालों की मांग की है।**

- **100 प्रतिशत उपभोक्ताओं ने प्राकृतिक रूप से उपजे भोजन पदार्थों की अधिक कीमत देने के लिये अपनी स्वीकृति दी है।**

- **85 प्रतिशत किसानों एवं उपभोक्ताओं ने प्राकृतिक रूप से उपजे भोजन पदार्थों के मानकीकरण एवं प्रमाणीकरण की जरूरत बताई है।**

- **60 प्रतिशत से अधिक ग्रहणियों ने प्रमाणीकरण के लिये किसी सरकारी एजेंसी में अधिक विश्वास व्यक्त किया है।**

- **सभी व्यापारियों का कहना है कि यदि प्रमाणित उपज मिल सके तो किसानों को भी अधिक दाम मिल सकते हैं।**

ओर्गेनिक फार्मिंग–एक प्रयोग : मोरारका फाउण्डेशन ने गत् 5 वर्षों में हजारों किसानों को ओर्गेनिक फार्मिंग अपनाने की सलाह दी। पूर्णतया वैज्ञानिक आधार पर की गई ओर्गेनिक फार्मिंग से ना सिर्फ लागत में कमी आई अपितु आधुनिक खेती की तुलना में उत्पादन भी बढ़ा। इससे किसानों को मिलने वाले लाभ में कई गुणा बढ़ोतरी हो गई। आर्गेनिक फार्मिंग से उपजे अनाज, दालें, तिलहन, फल–सब्जी की गुणवत्ता में इतना अधिक परिवर्तन पाया गया कि इसकी उपज के दाम अधिक मिले और खाने में भी स्वाद आने लगा। आज सैंकड़ों किसानों द्वारा मोरारका फाउण्डेशन के कार्यक्षेत्र (नवलगढ़) में सफलतापूर्वक ओर्गेनिक फार्मिंग की शुरूआत की जा रही है। इस कार्यक्रम के तहत गेहूं की खेती से मिलने वाले परिणाम यहां दिये गये हैं।

नवलगढ़ पंचायत समिति जिला झुन्झुनू में वर्ष 2000–2001 में ओर्गेनिक फार्मिंग के तहत गेहूं की खेती के लिये किये गये प्रदर्शनों के परिणाम

1. गेहूँ के ओर्गेनिक फार्मिंग प्रदर्शन कार्यक्रम में शामिल कृषक परिवारों की संख्या – 50
2. कुल बुवाई क्षेत्रफल – 150.5 बीघा, (1 बीघा = 0.1 हैक्ट.)
3. आदानों की लागत में रासायनिक खाद से बचत – 14035 रूपये (रु. 93.25 प्रति बीघा)

प्राकृतिक तरीकों से खेती करने वाले किसान सबसे पहले ओर्गेनिक फार्मिंग अपना सकेंगे

4. आदानों की लागत में सिंचाई के खर्च में बचत – 3250 रूपये (रू. 50 प्रति सिंचाई, रू. 21.59 प्रति बीघा एवं औसतन 1.3 सिंचाई कम लगी)
5. दीमक की दवा के खर्च में बचत – 1500.50 रूपये (रू. 10 प्रति बीघा दवा में बचत)
6. निराई–गुड़ाई की लागत में बचत – 4515 रूपये (रू. 30 प्रति बीघा बचत)
7. आदानों की लागत में कुल बचत – 23300.50 रूपये (रू. 154.82 प्रति बीघा औसत बचत)
8. गेहूं का कुल उत्पादन – 555.75 क्विंटल (औसत 3.69 क्विं प्रति बीघा)
9. गेहूं के उत्पादन में कुल अतिरिक्त वृद्धि – 47.7 क्विंटल, औसत 0.32 क्विं प्रति बीघा (इन्हीं किसानों द्वारा अन्य खेतों की तुलना में)
10. भूसा का कुल उत्पादन हुआ – 905.5 क्विंटल, औसत 6.01 क्विं प्रति बीघा
11. भूसा के उत्पादन में कुल अतिरिक्त वृद्धि – 193.5 क्विंटल, औसत 1.28 क्विं प्रति बीघा
12. भूसा से प्राप्त अतिरिक्त आमदनी – 29025 रूपये, औसत रू. 192.85 प्रति बीघा
13. प्रति क्विंटल औसत अधिक दाम मिला – 100 रूपये
14. कुल अधिक मूल्य मिला – 50805 रूपये
15. कुल अतिरिक्त उत्पादन हुआ उसका मूल्य – 33390 रूपये
16. गेहूँ की फसल में कुल अतिरिक्त लाभ मिला – 23300.50 (आदानों की लागत) + 29025 (भूसा) + 50805 (अनाज का अधिक भाव) + 33390 (अतिरिक्त अनाज का भाव) = 136520.5 रूपये
17. वर्मीकम्पोस्ट की प्रयोग में ली गई कुल मात्रा एवं कीमत – 677.25 क्विंटल एवं रू. 27090
18. गोबर की खाद की कुल मात्रा एवं कीमत – 2257.5 क्विंटल एवं रू. 22575
19. वर्मी कम्पोस्ट व गोबर की खाद का कुल खर्चा – 27090 + 22575 = 49665 रूपये, औसत 330 रूपये प्रति बीघा

अतिरिक्त शुद्ध बचत – रू. 1,36,520 – 49655 = रू. 86,855 (रू. 577 प्रतिबीघा हैं)

ओर्गेनिक फार्मिंग–कार्य योजना : ओर्गेनिक फार्मिंग की परिकल्पना भी विदेशों से ही प्रारम्भ हुई है। यह जरूर है कि इन देशों में ओर्गेनिक फार्मिंग अपनाने पर खेती की लागत में बढ़ोतरी हो रही है और उपज में कुछ कमी भी दिखाई देती है। लेकिन हमारे देश में यह बिल्कुल विपरीत है। यहां ओर्गेनिक फार्मिंग से खेती की लागत में कमी हो रही है और उत्पादन भी बढ़ रहा है।

इसका सबसे प्रमुख कारण यह है कि हमारे यहां प्राचीन काल से ही वैज्ञानिक खेती के स्वरूप की परिकल्पना विकसित कर ली गई थी। पुराने शास्त्रों के ज्ञाता इस प्रकार की खेती को ऋषि खेती के नाम से जानते हैं। जैव विज्ञान आधारित इनपुटस् एवं गाय के द्वारा मिलने वाली हर चीज का कोई न कोई सदुपयोग खेती में हजारों साल से किया जा रहा है। इनमें से कई, उदाहरण के लिये बायोडायनेमिक पद्धति आज पूरे विश्व में लोकप्रिय हो रही है।

किसानों के लिये ऑर्गेनिक फार्मिंग आज भी आसान है।

यहां तक कि वातावरण में उपलब्ध उर्जा एवं पोषक तत्वों को हार्वेस्ट करने के तरीके भी अपनाये जाते रहे हैं। होमा फार्मिंग इसी प्रकार की एक विधि है। इसलिये हमारे लिये ओर्गेनिक फार्मिंग की शुरूआत करना बहुत आसान होगा।

राजस्थान के एक मात्र सर्टिफाइड ओर्गेनिक फार्म की कहानी बहुत रोचक है। दिल्ली से 90 किलोमीटर दूर अलवर जिले के पाटन गांव में श्री अजीत ग्रेवाल गत् 7 वर्षों से ओर्गेनिक फार्मिंग कर रहे हैं। श्री अजीत ग्रेवाल वर्ष 1992 तक टाटा कम्पनी में उच्च पद पर काम कर रहे थे। लेकिन 1993 में नौकरी छोड़कर वह फुल टाइम किसान बन गयें।

उन्होनें वर्ष 1992 में कस्तूरबा ग्राम के श्री कुट्टीमेनन की प्रेरणा से बायोडायनेमिक पद्धति से रसायन विहीन खेती प्रारम्भ की थी। एकदम बंजर भूमि, ऊंचे टीले और भुरभुरी मिट्टी वाली जमीन में उन्होंने गत् सात सालों में एक भी दाना रसायनिक खाद का तथा एक भी बूँद पेस्टीसाइडस् की काम में नही ली है। उन्होंने अपने खेत पर बायोडायनेमिक पद्धति की प्रिपरेशन 500, 501, 502, 503, 504, 505, 506 तथा 507 द्वारा खाद बनाकर काम में ली है। कीट नियंत्रण के लिये वह नीम की पत्तियां, निम्बोली इत्यादि के मिश्रण के उपयोग से बनाये कई मिश्रण काम में लेते हैं।

आज उनके खेत पर करीब 30 विभिन्न प्रकार के फल, 5000 से अधिक अन्य वृक्ष, अनाज, तिलहन, दालों इत्यादि की खेती सफलतापूर्वक की जा रही है। और तो और उन्हें अपनी उपज का दाम भी कई गुना अधिक मिलता है। इस वर्ष उनका गेहूं 15 रूपये प्रति किलो बिका है।

श्री अजीत ग्रेवाल कहते हैं कि जमीन के उपजाऊ पन को बरकरार रखने के लिये हमें उसे वापस वह सब लौटाना चाहिये जो वह हमें देती है। उनका मानना है कि गांवों से खाद्य पदार्थ शहर में आते हैं, उन्हें किसी न किसी रूप में हमें वापस गांव को लौटाना होगा, वर्मीकम्पोस्ट उनके अनुसार इसका एक तरीका हो सकता है।

उनका मानना हैं कि खेती की वर्तमान लागत (केश खर्चों) को शून्य पर लाया जा सकता है। वह इसमें 70 से 80 प्रतिशत तक कमी करने में सफल हुए हैं, वह दिन दूर नहीं जब वह अपने लक्ष्य में पूर्ण सफल हो जायें।

वैज्ञानिक आधुनिक तकनीक द्वारा टिकाऊ खेती के तरीके खोज रहे हैं।

विदेशों में जहां नई सभ्यताओं का विकास हुआ वहां खेती का विकास प्रमुखतः रसायन विज्ञान आधारित रहा है। इसलिये इन देशों में आधुनिक खेती का सीधा अर्थ रसायनिक खेती समझा गया। इन्हीं देशों में खेती में रसायन के उपयोग को कम करने के लिए नये नियम बनाये जा रहे हैं। अमेरिका, आस्ट्रेलिया, नीदरलैंड, जर्मनी इत्यादि कई ऐसे देश हैं जहां ओर्गेनिक फार्मिंग के नाम पर कई बड़े आन्दोलन खडे हो गये हैं। इन देशों में सरकारी मान्यता प्राप्त मानकीकरण एवं प्रमाणीकरण के नियम बनाये गये हैं।

भारत में भी इस दिशा में सरकार के स्तर पर सोचना प्रारम्भ कर दिया गया है। भारत सरकार के कृषि मंत्रालय द्वारा इस दिशा में नए प्रयासों की शुरूआत करने के लिए श्री कुंवर जी भाई, राजकोट की अध्यक्षता में एक ग्यारह सदस्यी समिति का गठन किया गया है। इस समिति में श्री नानाजी देशमुख, श्री टी.जी. कुट्टीमेनन्, श्री अजीत ग्रेवाल, श्री पंजाब सिंह, श्री जे.एन.एल. श्रीवास्तव जैसे सांसद, कृषक, वैज्ञानिक एवं उच्च अधिकारी हैं। इस समिति का सचिव भारत सरकार के कृषि आयुक्त को बनाया गया है। इस समिति द्वारा अपनी रिर्पोट नवम्बर 2001 में भारत सरकार को सौंप दी गई है। इस समिति के एक सदस्य ड़ा. एम. आर. मोतसरा के अनुसार भारत में दसवीं पंचवर्षीय योजना में ओर्गेनिक खेती को बढ़ावा देने के लिये कई नये कार्यक्रम प्रारम्भ किये जाने प्रस्तावित हैं। एक मोटे अनुमान के अनुसार सरकार द्वारा इस प्रकार की खेती को बढ़ावा देने के लिये करीब रू. 1000 करोड़ का आने वाले पांच वर्षों में खर्चा किया जायेगा।

विकसित देशों में आधुनिक खेती के नाम पर भारत से कई वर्षों पहले खेती में रसायनों का उपयोग प्रारम्भ हुआ था और आज उन देशों में रसायन विहीन खेती करने की ना तो तकनीकें हैं और यदि ऐसी खेती की भी जाये तो उत्पादन में इतनी कमी आ रही है कि उनके लिए इस प्रकार की खेती करना घाटे का सौदा साबित हो रहा है। ठीक इसके विपरित भारत जैसे देश में राजकीय स्तर पर किये गये समस्त प्रयासों के बावजूद रसायनों का उपयोग कुल 20–30 प्रतिशत भूमि में ही प्रारम्भ किया जा सका है। इसमें से भी अधिकतर सिंचित खेती में एवं बड़े किसानों द्वारा ही किया गया है।

छोटे किसानों द्वारा एवं असिंचित खेती में आज भी रसायनों का उपयोग नहीं किया जाता है इसलिए ओर्गेनिक फार्मिंग के नए अवसरों का लाभ लेने की सबसे उपयुक्त परिस्थितियां इन कृषकों के लिए ही साबित हो रही हैं। ओर्गेनिक फार्मिंग का एक अन्य रोचक पहलू यह भी है कि ओर्गेनिक फार्मिंग के तहत उपजाये जाने वाले भोजन पदार्थों की मांग में उपभोक्ताओं द्वारा सबसे पहले मोटे अनाज, दलहन, तिलहन एवं मसालों को प्राथमिकता दी जा रही है जो कि हमारे देश में लगभग सभी छोटे किसानों द्वारा असिंचित खेती में ही उपजाये जा रहे हैं।

ओर्गेनिक फार्मिंग के क्षेत्र में उत्पादन एवं विपणन का एक व्यापक कार्यक्रम राष्ट्रीय कृषि विपणन संस्थान, भारत सरकार द्वारा मोरारका फाउण्डेशन के सहयोग से गत् 3 वर्षों से चलाया जा रहा है। इस कार्यक्रम के तहत वर्ष 2001 में राजस्थान के 15 जिलों में ओर्गेनिक फार्मिंग के प्रचार–प्रसार की संभावनाओं का जो आंकलन किया गया है उसके अनुसार 21 वीं सदी सही मायने में भारतीय किसानों के लिए एक स्वर्ण अवसर लेकर आई है। इस कार्यक्रम से प्राप्त नतीजे इस प्रकार रहे हैं।

RESEARCH AND TRAINING PROGRAMME IN ORGANIC FOOD MARKETING-2001

TABLE-1

DEMOGRAPHIC PROFILE OF PARTICIPANTS (FARMERS) DURING RESEARCH AND TRAINING WORKSHOPS

(1 Bigha=0.16 Hectare)

S. No.	Districts	Number of Farmers Covered	Average Family Size in Numbers	Average Land Holding in Bigha	Average No. of Animals
1	Udaipur	44	4.5	20.6	7.5
2	Rajsamand	26	7.0	21.4	10.0
3	Chittorgarh	28	5.7	8.0	5.8
4	Jhunjhunu	71	8.8	20.7	5.7
5	Sikar	44	8.0	26.5	3.5
6	Churu	24	8.6	48,0	4.5
7	Alwar	76	8.2	10.8	5.0
8	Bharatpur	33	8.6	25.0	4.3
9	Sirohi	63	6.0	10.0	6.0
10	Jalore	42	8.8	43.8	6.5
11	Pali	29	6.5	32.6	5.8
12	Kota	121	5.8	26.0	7.2
13	Jhalawarh	79	8.5	17.2	8.1
14	Baran	51	7.0	27.0	7.4
15	Sawaimodhpur	48	7.0	11.1	3.1
	TOTAL	**779**	**7.4**	**23.2**	**6.0**

इस टेबल से यह स्पष्ट है कि इस अध्ययन में शामिल किये गये किसान किसी एक विशेष वर्ग के नहीं हैं। अतः इस अध्ययन से प्राप्त सूचना करीब–करीब समान रूप से सभी जगहों के लिये सही मानी जा सकती है।

RESEARCH AND TRAINING PROGRAMME IN ORGANIC FOOD MARKETING-2001

TABLE-2

INCOME PROFILE OF PARTICIPANTS (FARMERS) DURING RESEARCH AND TRAINING WORKSHOPS

(In Rs.)

S. No.	Districts	Average Annual Income from Agriculture	Average Annual Income from Animal Husbandry	Average Annual Income from Agro-Forestry, Horticulture	Average Annual Income from Other Source
1	Udaipur	24191	5916	5000	6333
2	Rajsamand	8611	4500	6630	20000
3	Chittorgarh	14000	4400	7000	15000
4	Jhunjhunu	28662	13271	4416	17600
5	Sikar	11752	4500	5315	20000
6	Churu	51666	10000	8883	17700
7	Alwar	39121	8288	1000	8500
8	Bharatpur	5236	7900	7200	15300
9	Sirohi	22582	5558	8800	12300
10	Jalore	23887	5000	11000	15950
11	Pali	52538	7923	3390	18515
12	Kota	48903	15000	5500	15500
13	Jhalawarh	41942	5853	10000	5750
14	Bara	29608	20000	1200	6000
15	Swaimadhopur	19880	3000	5000	20000
	TOTAL	**28105.00**	**8073.00**	**6009.00**	**14296.00**

इस टेबल के अनुसार किसान प्रति हैक्टर प्रति वर्ष औसत रू. 7600/- कृषि से तथा प्रति पशु रू. 1350/- कमा रहे हैं। एक प्रमुख बिन्दु किसानों के स्तर पर आमदनी के अन्य स्त्रोतों के विकास का है। अब किसानों की प्रति व्यक्ति प्रति वर्ष आय रू. 7632 प्रतिवर्ष में रू. 1931 यानि 25 प्रतिशत से अधिक अन्य स्त्रोतों से आ रही है। एग्रो फोरेस्टरी एवं होर्टीकल्चर का भी योगदान महत्वपूर्ण हो गया है।

RESEARCH AND TRAINING PROGRAMME IN ORGANIC FOOD MARKETING-2001

TABLE-3

CROPPING PATTERN OF PARTICIPANTS (FARMERS) DURING RESEARCH AND TRAINING WORKSHOPS

S. No.	Districts	Number of Farmers Covered	Number of Farmers Cultivating Cereal Crops	Number of Farmers Cultivating Pulses Crops	Number of Farmers Cultivating Oilseeds	Number of Farmers cultivating Spices	Number of Farmers Cultivating Horticulture
1	Udaipur	44	42	17	13	13	20
2	Rajsamand	26	26	09	6	-	08
3	Chittorgarh	28	28	10	21	07	08
4	Jhunjhunu	71	66	53	35	07	06
5	Sikar	44	42	28	15	-	11
6	Churu	24	21	06	-	-	05
7	Alwar	76	74	43	47	06	28
8	Bharatpur	33	33	08	33	01	12
9	Sirohi	63	55	19	38	08	32
10	Jalore	42	38	19	20	25	03
11	Pali	29	26	14	19	03	03
12	Kota	121	104	77	109	43	09
13	Jhalawarh	79	72	68	68	21	01
14	Bara	51	44	25	37	25	-
15	Swaimadhopur	48	44	22	25	02	06
	TOTAL	**779**	**715**	**418**	**486**	**161**	**152**

इस टेबल से एक बहुत महत्वपूर्ण जानकारी मिलती है। कई लोगों का ख्याल है कि हमारे यहां मोनो क्रोपिंग या रीगित फसल चक्र बड़े गैमाने पर अपना लिया गया है। लेकिन इस टेबल से ज्ञात होता है कि आज भी 20 प्रतिशत किसान होर्टीकल्चर, 20 प्रतिशत स्पाइस, 63 प्रतिशत तिलहन, 54 प्रतिशत दलहन एवं 92 प्रतिशत अनाज की फसलें ले रहे हैं। अनेक प्रकार की फसलों की खेती करने वाले कृषक आसानी से ओर्गेनिक खेती अपनाने में सफल होंगे।

RESEARCH AND TRAINING PROGRAMME IN ORGANIC FOOD MARKETING-2001

TABLE-4-A

MAIN PROBLEMS (IN PRIORITY ORDER BY MAJORITY) ENCOUNTERED BY PARTICIPANTS (FARMERS) IN PRESENT AGRICULTURE

S. No.	Districts	Non-Availability of FYM	Decreasing Soil Fertility	Reducing Production	Insufficient Irrigation Water
1	Udaipur	27	34	31	29
2	Rajsamand	16	17	19	18
3	Chittorgarh	16	15	16	20
4	Jhunjhunu	47	55	54	50
5	Sikar	33	35	32	30
6	Churu	15	15	13	14
7	Alwar	51	53	53	47
8	Bharatpur	05	06	05	05
9	Sirohi	55	59	60	50
10	Jalore	19	13	20	14
11	Pali	25	26	27	26
12	Kota	67	67	67	72
13	Jhalawarh	19	21	22	21
14	Bara	28	24	26	32
15	Swaimadhopur	22	24	21	25
	TOTAL	471	464	463	453

RESEARCH AND TRAINING PROGRAMME IN ORGANIC FOOD MARKETING-2001

TABLE-4-B

MAIN PROBLEMS (IN PRIORITY ORDER BY MAJORITY) ENCOUNTERED BY PARTICIPANTS (FARMERS) IN PRESENT AGRICULTURE

S. No.	Districts	Increasing Expenditure on Chemical Fertilizers	Lack of Technical Know-How	Non-Remunerative Prices of Agriculture Commodities	Increasing Cost of Agricultural Inputs
1	Udaipur	36	25	25	22
2	Rajsamand	16	18	11	14
3	Chittorgarh	18	22	12	09
4	Jhunjhunu	50	52	53	44
5	Sikar	30	35	32	30
6	Churu	15	12	14	13
7	Alwar	59	54	47	43
8	Bharatpur	05	04	04	04
9	Sirohi	59	44	52	46
10	Jalore	19	06	11	16
11	Pali	24	26	25	25
12	Kota	70	61	63	50
13	Jhalawarh	21	11	17	15
14	Bara	26	29	15	25
15	Swaimadhopur	24	20	11	05
	TOTAL	**442**	**419**	**392**	**356**

RESEARCH AND TRAINING PROGRAMME IN ORGANIC FOOD MARKETING-2001

TABLE-4-C

MAIN PROBLEMS (IN PRIORITY ORDER BY MAJORITY) ENCOUNTERED BY PARTICIPANTS (FARMERS) IN PRESENT AGRICULTURE

S. No.	Districts	Lack of Skill Labours	Non-Availability of Correct Information About New Crops	Decreasing Quality of Crop Output
1	Udaipur	25	18	18
2	Rajsamand	16	08	17
3	Chittorgarh	17	14	09
4	Jhunjhunu	28	55	44
5	Sikar	27	30	29
6	Churu	16	13	14
7	Alwar	31	45	44
8	Bharatpur	04	04	04
9	Sirohi	42	42	53
10	Jalore	03	07	07
11	Pali	20	27	26
12	Kota	65	43	50
13	Jhalawarh	13	05	12
14	Bara	23	24	21
15	Swaimadhopur	05	06	06
	TOTAL	**335**	**341**	**294**

टेबल 4 **A, B & C:** 60 प्रतिशत से अधिक किसानों के अनुसार खेती की प्रमुख समस्याओं में देशी खाद की अनुपलब्धता, जमीन की उर्वराशक्ति में कमी, उत्पादन में कमी एवं सिंचाई के सीमित साधन बताये गये हैं। 46 प्रतिशत से अधिक किसानों ने रसायनों की लागत में बढ़ोतरी, तकनीकी ज्ञान का अभाव, उपज का उचित दाम न मिलना तथा खेती के सभी आदानों की लागत में बढ़ोतरी को महत्वपूर्ण समस्या माना है। 38 प्रतिशत से अधिक किसानों द्वारा कुशल मजदूरों की कमी, सही सूचना का अभाव एवं फसलों की गुणवत्ता में कमी को समस्या माना गया है।

RESEARCH AND TRAINING PROGRAMME IN ORGANIC FOOD MARKETING-2001

TABLE-5

RESPONSE (WILLINGNESS TO JOIN) TO CHEMICAL FREE FARMING PROGRAMME BY PARTICIPANTS (FARMERS)

S. No.	Districts	Total Number of Farmers	Total Number of Farmers Willing to Join Chemical Free Farming Programme	Total Number of Farmers Not Willing to Join Chemical Free Farming Programme	Total Number of Farmers Yet Undecided
1	Udaipur	44	44	-	-
2	Rajsamand	26	26	-	-
3	Chittorgarh	28	28	-	-
4	Jhunjhunu	71	71	-	-
5	Sikar	44	44	-	-
6	Churu	24	24	-	-
7	Alwar	76	75	-	01
8	Bharatpur	33	33	-	-
9	Sirohi	63	62	01	-
10	Jalore	42	38	04	-
11	Pali	29	29	-	-
12	Kota	121	121	-	-
13	Jhalawarh	79	75	03	01
14	Bara	51	51	-	-
15	Swaimadhopur	48	48	-	-
	TOTAL	**779**	**769**	**08**	**02**

इस टेबल के अनुसार 98.7 प्रतिशत किसानों ने ओर्गेनिक फार्मिंग के कार्यक्रम में शामिल होने की इच्छा जताई है। यह हमारे लिये बहुत महत्वपूर्ण है कि एक नया कार्यक्रम अब पूर्णतया लाभ लेने वालों की इच्छा और आवश्यकता के अनुसार प्रारम्भ किया जा सकेगा।

RESEARCH AND TRAINING PROGRAMME IN ORGANIC FOOD MARKETING-2001

TABLE-6-A

USE OF CHEMICAL FERTILIZERS REPORTED BY PARTICIPANTS (FARMERS)

S. No.	Districts	Since Last Number of Years in Percentages			
		5 years	10 years	15 years	20 years
1	Udaipur	9%	29.5%	27.2%	25%
2	Rajsamand	4%	4%	56%	36%
3	Chittorgarh	12%	12%	40%	28%
4	Jhunjhunu	14.8%	37%	35.1%	14.8%
5	Sikar	52.7%	41.6%	-	5.5%
6	Churu	15.7%	17.5%	59.6%	3.5%
7	Alwar	22.7%	35.4%	16.4%	22.7%
8	Bharatpur	23.5%	38.2%	26.4%	17.6%
9	Sirohi	28%	40.3%	22.8%	7%
10	Jalore	2.2%	15.9%	54.5%	27.2%
11	Pali	19.5%	39%	29.2%	14.6%
12	Kota	12.1%	33.3%	26%	29.2%
13	Jhalawarh	30.5%	31.9%	27.7%	12.5%
14	Bara	6.8%	34.4%	13.7%	41.3%
15	Swaimadhopur	51.9%	19.2%	25%	1.9%
	AVERAGE	**20.36%**	**28.61%**	**32.83%**	**19.12%**

इस अध्ययन में शामिल सभी कृषक रसायनिक खादों के इस्तेमाल का अनुभव रखते हैं। इनमें से करीब 20 प्रतिशत गत् 5 वर्षों से रसायनिक उर्वरक काम में ले रहे हैं तो करीब इतने ही लोग इसे 20 वर्षों से इस्तेमाल कर रहे हैं।

RESEARCH AND TRAINING PROGRAMME IN ORGANIC FOOD MARKETING-2001

TABLE-6-B

USE OF PESTICIDES REPORTED BY PARTICIPANTS (FARMERS)

S. No	Districts	Since Last Number of Years in Percentages			
		5 years	10 years	15 years	20 years
1	Udaipur	13.6%	45.4%	22.7%	6.8%
2	Rajsamand	28%	4%	40%	8%
3	Chittorgarh	20%	40%	16%	12%
4	Jhunjhunu	37%	25.9%	27.7%	9.2%
5	Sikar	55.5%	33.3%	2.7%	8.3%
6	Churu	24.5%	8.7%	57.8%	3.5%
7	Alwar	34.10%	45.5%	8.8%	7.5%
8	Bharatpur	29.4%	44.1%	11.7%	11.7%
9	Sirohi	29.8%	36.8%	24.5%	5.2%
10	Jalore	9%	38.6%	45.4%	6.8%
11	Pali	24.3%	34.1%	19.5%	12.1%
12	Kota	45.5%	17.8%	11.3%	17.8%
13	Jhalawarh	50%	19.4%	19.4%	8.3%
14	Bara	31%	20.6%	10.3%	34.4%
15	Swaimadhopur	61.5%	21.1%	7.6%	1.9%
	AVERAGE	**32.88%**	**29.02%**	**21.69**	**10.23%**

रसायनिक खाद की तुलना में पेस्टीसाइड़ का उपयोग थोड़ा कम है। इसका सबसे अधिक यानि 33 प्रतिशत किसानों द्वारा उपयोग गत् 5 वर्षों में प्रारम्भ हुआ है।

RESEARCH AND TRAINING PROGRAMME IN ORGANIC FOOD MARKETING-2001

TABLE-7-A

EFFECT ON QUALITY OF PRODUCTION DUE TO THE USE OF CHEMICALS IN AGRICULTURE AS REPORTED BY PARTICIPANTS (FARMERS)

S. No.	Districts	Respondents Agreeing with Deterioration in Quality of Production Due to the Use of Chemicals in Agriculture (In Percentages)
1	Udaipur	93.00
2	Rajsamand	84.00
3	Chittorgarh	84.00
4	Jhunjhunu	96.80
5	Sikar	58.00
6	Churu	84.70
7	Alwar	87.60
8	Bharatpur	86.80
9	Sirohi	93.00
10	Jalore	95.50
11	Pali	81.80
12	Kota	80.90
13	Jhalawarh	83.00
14	Bara	95.40
15	Swaimadhopur	85.90
	AVERAGE	**86.02**

86 प्रतिशत किसानों का मानना है कि रसायनों के उपयोग से उनकी खेती की उपज की क्वालिटी में कमी आई है। अधिकतर किसानों ने दानों के रंग, रूप, आकार, नाप में भारी अन्तर देखा है। किसानों के लिये यह एक चिन्ता का विषय बन गया है।

RESEARCH AND TRAINING PROGRAMME IN ORGANIC FOOD MARKETING-2001

TABLE-7-B

EFFECT ON HEALTH DUE TO FOOD PRODUCTS PRODUCED BY THE USE OF CHEMICALS AS REPORTED BY PARTICIPANTS (FARMERS)

S. No.	Districts	Respondents Agreeing with Negative Effects on Health of the Consumer from the Food Produced by Using Chemicals in Agriculture (In Percentages)
1	Udaipur	77.00
2	Rajsamand	84.00
3	Chittorgarh	92.00
4	Jhunjhunu	95.30
5	Sikar	77.00
6	Churu	84.70
7	Alwar	91.00
8	Bharatpur	92.00
9	Sirohi	93.00
10	Jalore	97.70
11	Pali	75.00
12	Kota	84.00
13	Jhalawarh	83.00
14	Bara	84.00
15	Swaimadhopur	95.30
	AVERAGE	**87.00**

87 प्रतिशत किसान रसायनों से उपजे भोजन पदार्थों को खाने से स्वास्थ्य पर विपरीत असर पडने की बात से सहमत है। स्वयं उत्पादकों द्वारा यह बात स्वीकार करना अपने आप में एक बहुत बड़ी चेतावनी है।

TABLE-7-C

EFFECT ON QUALITY OF PRODUCTION DUE TO THE USE OF CONTAMINATED WATER IN AGRICULTURE AS REPORTED BY PARTICIPANTS (FARMERS)

S. No.	Districts	Respondents Agreeing with Deterioration in Quality of Production Due to the Use of Contaminated Water in Agriculture (In Percentages)
1	Udaipur	93.00
2	Rajsamand	68.00
3	Chittorgarh	80.00
4	Jhunjhunu	89.00
5	Sikar	80.50
6	Churu	91.50
7	Alwar	84.00
8	Bharatpur	86.80
9	Sirohi	96.50
10	Jalore	95.50
11	Pali	77.00
12	Kota	76.00
13	Jhalawarh	83.00
14	Bara	77.20
15	Swaimadhopur	85.90
	AVERAGE	**84.26**

84 प्रतिशत किसान प्रदुषित जल के उपयोग से भोजन पदार्थों की क्वालिटी खराब होने की बात स्वीकार करते हैं। यह दूसरी बड़ी खतरे की घंटी है।

RESEARCH AND TRAINING PROGRAMME IN ORGANIC FOOD MARKETING-2001

TABLE-7-D

EFFECT ON FERTILITY OF SOIL DUE TO THE USE OF CHEMICALS IN AGRICULTURE AS REPORTED BY PARTICIPANTS (FARMERS)

S. No.	Districts	Respondents Agreeing with Reducing Soil Fertility Due to the Use of Chemicals in Agriculture (In Percentages)
1	Udaipur	88.60
2	Rajsamand	84.00
3	Chittorgarh	96.00
4	Jhunjhunu	90.00
5	Sikar	75.00
6	Churu	93.00
7	Alwar	86.40
8	Bharatpur	89.40
9	Sirohi	94.80
10	Jalore	97.70
11	Pali	77.00
12	Kota	81.70
13	Jhalawarh	87.00
14	Bara	88.60
15	Swaimadhopur	95.30
	AVERAGE	**88.30**

88 प्रतिशत किसानों के अनुसार रसायनों के उपयोग से जमीन की अपनी उपजाऊ क्षमता में कमी आई है। किसानों द्वारा ओर्गेनिक फार्मिंग के विकल्प पर विचार किया जाना, इस बात का पक्का सबूत है।

RESEARCH AND TRAINING PROGRAMME IN ORGANIC FOOD MARKETING-2001

TABLE-8-A

AWARENESS AND SCOPE OF CHEMICAL FREE FARMING AS REPORTED BY PARTICIPANTS (FARMERS)

S. No.	Districts	Farmers practicing chemical free farming (in percentages)	Farmers agreeing with the scope of chemical free farming (in percentages)	Farmers confidant that chemical free farming will help increase production in agriculture (in percentages)
1	Udaipur	52.27	86.30	68.18
2	Rajsamand	28.00	80.00	36.00
3	Chittorgarh	76.00	80.00	32.00
4	Jhunjhunu	57.80	90.60	39.00
5	Sikar	86.00	89.00	30.50
6	Churu	79.60	47.50	49.00
7	Alwar	55.50	84.00	26.00
8	Bharatpur	63.10	68.40	52.60
9	Sirohi	60.30	91.30	20.70
10	Jalore	88.90	68.90	9.00
11	Pali	81.80	95.50	63.60
12	Kota	53.90	79.40	35.70
13	Jhalawarh	70.00	84.40	28.60
14	Bara	65.00	70.00	56.80
15	Swaimadhopur	42.20	64.00	46.90
	TOTAL	**64.00**	**78.60**	**39.60**

64 प्रतिशत किसान आज भी अपने खेत के कुछ भाग में रसायन विहीन खेती कर रहे हैं। उनमें से अधिकतर इस उपज का उपयोग स्वयं अपने लिये करते हैं। क्या यह उपभोक्ताओं के लिये सोचनीय नहीं है? 78.6 प्रतिशत किसान रसायन विहीन खेती की सफलता के प्रति आशान्वित हैं, हालांकि 39.6 प्रतिशत ही यह मानते हैं कि रसायन विहीन खेती से उत्पादन भी बढ़ जायेगा। यह बहुत ही उत्साहजनक स्थिति है।

RESEARCH AND TRAINING PROGRAMME IN ORGANIC FOOD MARKETING-2001

TABLE-8-B

AWARENESS AND SCOPE OF CHEMICAL FREE FARMING AS REPORTED BY PARTICIPANTS (FARMERS)

S. No.	Districts	Farmers agreeing with better quality of farm produce due to chemical free farming (in percentages)	Farmers agreeing with higher price (net realization) for better quality farm produce (in percentages)
1	Udaipur	77.27	90.90
2	Rajsamand	60.00	68.00
3	Chittorgarh	72.00	88.00
4	Jhunjhunu	73.40	84.30
5	Sikar	82.30	74.30
6	Churu	89.80	93.20
7	Alwar	76.50	74.00
8	Bharatpur	81.60	94.70
9	Sirohi	93.00	94.80
10	Jalore	66.60	86.60
11	Pali	79.50	86.40
12	Kota	74.60	77.00
13	Jhalawarh	84.40	77.90
14	Bara	84.00	88.00
15	Swaimadhopur	82.80	92.20
	TOTAL	**78.50**	**84.60**

78.5 प्रतिशत किसान रसायन विहीन खेती अपनाने पर फसल की क्वालिटी में सुधार होने की बात स्वीकार करते हैं और 84.6 प्रतिशत का यह भी मानना है कि अच्छी क्वालिटी की फसल के लिये अधिक दाम मिलेंगे। प्रोडयूसर का इन बातों से सहमत होना अपने आप में ओर्गेनिक फार्मिंग की शुरूआत करने के लिये अच्छा संकेत है।

RESEARCH AND TRAINING PROGRAMME IN ORGANIC FOOD MARKETING-2001

TABLE-8-C

AWARENESS AND SCOPE OF CHEMICAL FREE FARMING AS REPORTED BY PARTICIPANTS (FARMERS)

S. No.	Districts	Farmers willing to take up grading, packing & marketing on their own (in percentages)	Farmers willing to provide quality certification for chemical free farm produce (in percentages)
1	Udaipur	86.30	79.50
2	Rajsamand	40.00	72.00
3	Chittorgarh	56.00	84.00
4	Jhunjhunu	70.30	82.80
5	Sikar	82.30	68.70
6	Churu	91.50	78.00
7	Alwar	58.00	61.70
8	Bharatpur	84.20	76.30
9	Sirohi	93.00	96.50
10	Jalore	86.60	82.20
11	Pali	75.00	65.90
12	Kota	76.20	73.80
13	Jhalawarh	68.80	79.20
14	Bara	88.00	93.00
15	Swaimadhopur	81.20	79.70
	TOTAL	**75.80**	**78.20**

केमीकल फ्री/ओर्गेनिक फार्मिंग करने पर फसल की ग्रेडिंग, पैकिंग इत्यादि कार्य किसान स्वयं अपने खेत पर ही करना चाहते हैं। क्वालिटी की गारंटी के लिये किसान सर्टिफिकेशन की प्रक्रिया को अपनाने के लिये भी तैयार हैं।

RESEARCH AND TRAINING PROGRAMME IN ORGANIC FOOD MARKETING-2001

TABLE-9-A

CERTIFICATION PROCEDURES FOR CHEMICAL FREE FARMING AS REPORTED BY PARTICIPANTS (FARMERS)

S. No.	Districts	Willingness to maintain complete records for certification (in percentages)	Farmers wanting to certify quality based on records (in percentages)	Farmers wanting to certify quality based on product testing (in percentages)
1	Udaipur	88.63	86.30	75.00
2	Rajsamand	56.00	72.00	72.00
3	Chittorgarh	80.00	84.00	52.00
4	Jhunjhunu	96.80	95.30	96.80
5	Sikar	52.70	66.70	58.30
6	Churu	94.90	84.70	86.40
7	Alwar	88.90	92.40	61.70
8	Bharatpur	81.60	68.40	63.20
9	Sirohi	94.80	94.80	93.10
10	Jalore	97.70	100.00	97.70
11	Pali	56.80	59.00	59.00
12	Kota	84.90	81.70	84.90
13	Jhalawar	72.70	72.70	77.90
14	Bara	90.90	88.60	75.00
15	Swaimadhopur	84.30	84.30	82.00
	TOTAL	**81.44**	**82.06**	**75.66**

81.44 प्रतिशत किसान सर्टिफिकेशन के लिये आवश्यक रिकार्ड रखने को तैयार हैं। 82 प्रतिशत का मानना है कि रिकार्ड के आधार पर सर्टिफिकेशन क्वालिटी की पूरी गारंटी दे सकता है। 76 प्रतिशत अन्तिम उपज की जांच के आधार पर सर्टिफिकेशन को भी उचित मानते हैं।

TABLE-9-B

CERTIFICATION PROCEDURES FOR CHEMICAL FREE FARMING AS REPORTED BY PARTICIPANTS (FARMERS)

S. No.	Districts	Preference for Certifying Agency by Respondents			
		Certification by farmers themselves	Certification by traders in mandi	Certification by government agency	Certification by other agencies
1	Udaipur	27	-	6	1
2	Rajsamand	7	-	8	6
3	Chittorgarh	8	-	3	3
4	Jhunjhunu	13	2	25	17
5	Sikar	-	-	9	9
6	Churu	11	-	11	5
7	Alwar	39	-	34	10
8	Bharatpur	10	-	6	2
9	Sirohi	17	8	20	5
10	Jalore	15	-	13	4
11	Pali	15	-	12	-
12	Kota	36	1	37	13
13	Jhalawar	10	4	34	3
14	Bara	6	1	27	2
15	Swaimadhopur	17	-	38	-
	TOTAL(NO.)	**231**	**16**	**283**	**80**
	TOTAL (%)	**37.80%**	**0.02%**	**39.00%**	**0.13%**

Note: In above table the response has been given in numbers for individual districts and for total fifteen districts also given in percentage.

सर्टिफिकेशन के लिये किसानों के अनुसार या तो स्वयं उन्हें जिम्मेदार बनाया जाये अथवा सरकार यह जिम्मेदारी ले सकती है। बाजार या अन्य संस्थाओं के प्रमाणीकरण को बहुत कम लोगों ने स्वीकार किया है। इससे एक बात तो स्पष्ट है कि सर्टिफिकेशन की किसी भी प्रस्तावित प्रक्रिया में किसानों एवं सरकार का शामिल होना जरूरी है।

ओर्गेनिक फूड शुरू में फैशन के रूप में स्वीकार किया गया।

गत् एक वर्ष में ही कई स्वयं सेवी संस्थाओं व बहुराष्ट्रीय कम्पनियों ने इस दिशा में कार्य करना प्रारम्भ कर दिया है। राजकीय स्तर पर अभी इस दिशा में कोई ठोस कार्यक्रम नहीं बनाये गये हैं। लेकिन आशा है कि शीघ्र ही राज्यों द्वारा भी इस क्षेत्र में कार्य प्रारम्भ हो जायेगा। गुजरात के भूकम्प प्रभावित कच्छ जिले में भारत सरकार के जैव--प्रोघौगिकी विभाग द्वारा रोजगार के रूप में वर्मीकल्चर कार्यक्रम प्रारम्भ किया गया है। इसके तहत लगभग 20000 हेक्टेयर क्षेत्र में छोटे किसानों द्वारा ओर्गेनिक फार्मिंग किये जाने का कार्य किया जायेगा। भारत में मौजूदा जानकारी के आधार पर यह कहा जा सकता है कि करीब 25000 कृषक इस दिशा में अपने कदम बढ़ा चुके हैं।

बहुत छोटे स्तर पर किये गये प्रयोगों के अनुसार यदि सामान्य खेती के रूप में एक हेक्टेयर बाजरे की खेती में लगभग 60 मानव दिवस रोजगार उत्पन्न होता है तो ओर्गेनिक फार्मिंग के तहत ली जाने वाली कई अतिरिक्त गतिविधियों के कारण इसमें तीन गुणा, 200 मानव दिवस रोजगार की जरूरत होती है। सबसे बड़ी विशेषता यह है कि इस अतिरिक्त रोजगार के अवसर का 90 प्रतिशत लाभ उत्पादकों को और उसमें भी महिलाओं को मिलेगा। इसलिये आज कई एजेन्सीज ओर्गेनिक फार्मिंग को महिलाओं के सशक्तिकरण का माध्यम मान कर नये प्रयास कर रही है।

करीब एक हजार किसानों से प्रारम्भ करते हुए मोरारका फाउण्डेशन ने इस विषय का विस्तृत एवं व्यापक अध्ययन किया है। दुनिया भर में किये जा रहे प्रयोगों में से करीब 500 से अधिक केस स्टडीज के अंनुभवों के आधार पर संस्था के वैज्ञानिकों का यह मानना है कि **ओर्गेनिक फार्मिंग सही मायने में एक ऐसी क्रांति का सूत्रपात है जिसकी तुलना में हरित क्रांति भी फीकी साबित होगी**।

मोरारका फाउण्डेशन द्वारा इस कार्यक्रम की झुन्झुनू जिले से शुरूआत की गई है। एक वर्ष के दौरान ही यह कार्यक्रम अब राजस्थान के 15 जिलों में फैल गया है। जैसे–जैसे इस कार्यक्रम का प्रचार–प्रसार हो रहा है, कई व्यापारिक संस्थाऐं भी आगे आ रहीं हैं। अब तक जितनी मांग सामने आई है उसके आधार पर करीब 10,000 हैक्टर क्षेत्रफल में ली गई उपज को ओर्गेनिक मार्केटिंग के रूप में बेचा जा सकता है। इससे गरीब एवं छोटे किसान अब औसत 30 प्रतिशत लागत में कमी कर सकेंगे और औसत 30 प्रतिशत अधिक कीमत भी ले सकेंगे।

नियाम द्वारा अब ओर्गेनिक फार्मिंग को अन्य राज्यों में भी बढ़ावा देने के कार्यक्रम शुरू किये जा रहे हैं। इसके लिये शुरूआत में कई राज्यों में ओरियन्टेशन वर्कशाप आयोजित की जा रही हैं। हमारा मानना है कि ओर्गेनिक फार्मिंग पहले रोज से ही एक ऐसी व्यवस्था को जन्म दे रही है जिसमें स्वयं किसान निर्णायक भूमिका निभाने में सक्षम होगा। इसके पहले आज तक जितनी भी खेती की विकास योजनाएं और कार्यक्रम बने उनमें वैज्ञानिक, प्रशासकों एवं नीती निर्माताओं

कई जगह किसानों ने अपने स्तर पर मिलकर ओर्गेनिक फार्मिंग के नये प्रयोगों की शुरूआत की है।

की ही भूमिका प्रमुख रूप से निर्णायक रही और किसानों को उन्हें अपनाने के सिवाय और कोई चारा न था। ओर्गेनिक फार्मिंग एक ऐसी पहल है जिसमें किसानों के परम्परागत् ज्ञान, उनके अपने इनपुटस् और अपने प्रयासों द्वारा उच्च गुणवत्ता की उपज पैदा की जा सकती है। उपभोक्ताओं द्वारा इस उपज को न सिर्फ स्वीकार किया जा रहा है अपितु वह इसे बढ़ावा देने के लिये अपना योगदान भी दे रहे हैं। अब यह कृषि से सम्बन्धित अन्य लोगों विशेषतः वैज्ञानिकों एवं नीति निर्माताओं को तय करना है कि वह कब इस पहल में शामिल होंगे, शायद वह बहुत समय तक दूर न रह पायें।

राजस्थान में अलवर जिले के एक कृषक स्वयं सहायता समूह, तिजारा द्वारा जैविक खाद्यान्न उत्पादन का कार्यक्रम जिले के कलक्टर श्री तन्मय कुमार की प्रेरणा से प्रारम्भ हुआ है। इस समूह के प्रत्येक कृषक द्वारा प्रारम्भिक स्तर पर अपने एक बीघा क्षेत्र में केवल जैविक खाद व नीम आधारित वस्तुओं का उपयोग कर उत्तम गुणवत्ता का जैविक खाद्यान्न उत्पन्न किया जायेगा। इसका मुख्य उद्देश्य मानव को संतुलित जैविक आहार उपलब्ध कराना है। इस योजना को क्रियान्वित करने में जिला स्तर पर कृषि विभाग के तालमेल से एक व्यवस्था स्थापित की गई है। इसमें एक लोगो आवंटन समिति बनाई गई है। अन्य लोगों में प्रोजेक्ट डायरेक्टर, डी.आर.डी.ए. को उपाध्यक्ष, उपनिदेशक कृषि को सदस्य सचिव, सहायक निदेशक कृषि एवं सहायक पंजीयक सहकारी समितियों को सदस्य रखा गया है। पूरे कार्यक्रम के संचालन के लिये विभागीय जिम्मेदारियों को सुनिश्चित करने, उपज का निरीक्षण करने एवं फील्ड लेवल पर रिकार्ड रखने की भी व्यवस्था की गई है।

इसी प्रकार की एक और शुरूआत बीकानेर कृषि विश्वविद्यालय द्वारा श्रीगंगानगर में ओर्गेनिक विलेज की स्थापना से की है। विश्वविद्यालय के कुलपति प्रोफेसर सी.पी.एस. यादव ने कहा है कि "पेस्टीसाइडस् एवं फर्टिलाइजर के अंधाधुंध इस्तेमाल से जमीन की उर्वरा शक्ति खत्म होती जा रही है, इसके उपयोग को कम करने के लिये किसानों को प्राकृतिक खेती करने की सलाह दी जा रही है।" विश्वविद्यालय शीघ्र ही सभी जिलों में ओर्गेनिक विलेज की स्थापना कर रहा है। इसमें प्रत्येक गांव में हर किसान को कम से कम एक बीघा जमीन प्राकृतिक खेती के लिये देनी होगी। इसकी उपज की अच्छी कीमत दिलाने के लिये कृषि विपणन बोर्ड, स्पाइस बोर्ड और कॉटन बोर्ड से मार्केटिंग करने के लिये भी कहा गया है।

किसी भी स्थान पर एवं किसी भी किसान के लिये ओर्गेनिक खेती के बारे में आगे बढ़ने से पहले स्वयं इस बात को समझना होगा कि वह वर्तमान खेती के बारे में क्या राय रखते हैं। इस विश्लेषण के लिये आगे दिये गये फोर्मेट का उपयोग किया जा सकता है।

THE TIMES OF INDIA, NEW DELHI FRIDAY, JANUARY 4, 2002

Q & A \ Ajit Singh

For a Better Harvest

Though the agricultural sector occupies centre-stage in India, higher allocations towards it remain elusive, restrictive rules continue to smother its growth, and the lack of infrastructure, limited access to technology and credit are major hurdles stifling productivity. ***Ajit Singh****, the Union minister for agriculture, tells* ***Chandrika Mago*** *that the challenge before his ministry is to find ways to bridge the gap between scientists and the two-acre farmer. Agriculture in India, says Singh, needs to be subject to tighter legislation and must receive technological backing:*

What according to you are the major problems facing the agricultural sector in India?

The first problem is the problem of success itself. Earlier India was a food-deficit country, now it is a food-surplus one. With surplus production have come the problems of storage and in turn the problem of capital being tied up in foodgrains. The *mantra* that everybody seems to mention is 'diversification' — into fruits, flowers, fisheries and animal husbandry. This, of course, is easier said than done. First, the farmer has to be convinced of the need to market his produce, which cannot be done without providing him infrastructural support — roads and a cold chain. Then, there must be someone to do the marketing. After all, even the most progressive farmer has to be assured of a market and of returns on his investment. Till some of these questions aren't answered, it is almost certain that private investment will definitely stay away. Of course physical infrastructure is not everything. 'Knowledge infrastructure' — how to deal with perishable produce and where to take it — is also important.

Contract farming provides a way out, especially now, with small size land holdings. Corporates could provide inputs and marketing. The problem is that laws have to be drafted to protect the farmers and the corporates against bad harvests and land grabbing respectively. Though a system of cooperatives — as distinct from cooperative farming — could be introduced for inputs and marketing. But laws relating to this are defective. We did introduce a Bill in the winter session but it never came up for discussion.

Another big worry is sustainable development. In our single-minded pursuit of foodgrains — something that was needed — we recklessly exploited our natural resources. Now, ecology cannot be a peripheral concern. To tackle this, we need new technology. The whole challenge now is how to get what the scientists are doing to suit the purposes of the two-acre farmer. Extension is a very big problem; it's not possible for the government to go it alone. In the tenth Plan, we are planning agri-clinics which would provide technology, agricultural inputs, and also marketing support.

Remember, agriculture in India isn't agri-business, it's a livelihood, 66 per cent of the people are still dependent on it, it means security — roots.

What is your stand on genetically-modified crops?

Biotechnology is coming. You can't have a blanket ban on it. But we have to be very careful, testing has to be done here — our environment is different, the birds, bees and flowers are different. And, it's not going to be as simple as handing seeds out to the farmers. Even with GM crops, you will need pesticides. So, you have to train the farmer to use them. A lot of work has to be done on that.

Yes, we could have done the testing (of GM crops) a little faster. (But) in the next sowing season, we should be able to use transgenic cotton.

Vijay Shankar

"The agricultural sector has so far been neglected; it now has to be backed by a body of laws and the machinery to implement these...Now, because of the bad economic situation, everybody is recognising it's the backbone of the economy. This is a good sign"

Scientists say a national policy is needed on whether we want GM crops or organic farming, or both. If we do want GM, we should decide the crops and focus the research, not fritter away scarce funds.

India is a diverse country. The choice should lie with the farmer. We already have a lot of organic farming — we are going to set up an institute for organic farming — there is a lot of potential. In Europe, it's growing very fast. And, biotechnology will not come into everything.

There is a feeling agricultural research isn't attracting the best talent any more, research is bogged down in funding and other problems. Would you agree?

We have the talent. But research has meant papers going to the labs. Now it has to be looked at critically. Centres have to be made profit-centres, be judged by what they have done for the user — the farmer and the consumer. Some places have three or four research centres, but they don't even exchange information with each other.

What about focusing research and funding, on specific areas?

We have identified certain crops. The problem is the mindset. The agricultural sector has so far been neglected; it now has to be backed by a body of laws and the machinery to implement these. We need the bio-diversity, geographical indication and plant genetic resources laws. Take GM food or crops, if somebody is bringing it in, we don't even have a declaration form, we have no lab to test them. We talk about globalisation and WTO, but Maharashtra has recently banned *gur* from UP, states have laws limiting the numbers of mandi samitis — these have turned exploiters. Credit is a big problem. Even now, only 60 per cent of the credit is through institutions. If the farmer gets spurious seeds or pesticides, he goes bankrupt. Credit cooperatives have layers. A lot of work has to be done. In one state, if you default on a loan, you are sent to prison and the money spent on you there is added to your debt. Fortunately, some reforms are being undertaken. Cooperatives are a state subject but we are trying to find ways to get farmers out of the clutches of states, by changing the definitions of a multi-state cooperative, exploring ways to give money directly. The Essential Commodities Act is being reviewed. The problem is, we have been talking of agriculture for 50 years but nobody really accorded it any importance. Now, because of the bad economic situation, everybody is recognising it's the backbone of the economy. This is a good sign. Fertilisers, the pesticide industry, chemicals, they are all part of an agriculture-based economy. A huge economy can be based on agriculture.

Taxing agricultural income continues to be a contentious issue. What are your views?

Rich farmhouses have nothing to do with farming. But for 95 per cent of farmers, there is no justification for taxation — the limit on income is below the taxable limit and there are land ceilings. Some may flout laws but the laws are there.

Nor is taxing farmers practical. Who will check on the crop, keep a record of labour, fertiliser, pesticide? Who will decide? It's not the government, but the *patwari*, who would get money if the farmer is taxed. As I said, it's not agri-business but a way of life.

THE TIMES OF INDIA
FRIDAY, SEPTEMBER 14, 2001

Organic farming gaining popularity

Times News Network

NAWALGARH (JHUNJHUNU): Organic farming programme is gaining popularity in the Shekhawati region. Vermi compost units have not only been successful in maintaining the ecological balance, but also proved to be an effective replacement for chemical fertilisers. Vermi culture (use of earthworms in manufacturing compost) has paved the way for organic farming and cultivation of farm produce without the use of any chemicals. Soon the farms of the arid Shekhawati region may start producing organic food.

Morarka Foundation, with about 10 million earthworm production in just one month last year, has become a big player in this field.

The farmers in some parts of the Shekhawati region have found vermi compost as suitable means to raise the agriculture production by 20 to 25 per cent. The farmers have been using vermi compost for a variety of crops such as coarse cereals, oilseed, fodder and vegetables.

The M R Morarka-GDC Rural Research Foundation, headed by former Union minister Kamal Morarka as a part of its commitment to rural upliftment started the vermi compost culture among the farmers of Jhunjhunu and Sikar districts. The foundation's work on vermi culture began in 1995 when many experiments were conducted to explore its potential to raise average land productivity.

"Earthworms were known to be beneficial to living creatures, but not much was done to artificially breed these worms and take advantage of their contribution to mankind. We worked at grassroot level to develop understanding of organic farming, identify farmers willing to take up organic farming and study the present status," said project director Mukesh Gupta.

The project was started with just ten worms. After various experiments, the project got World Bank assistance and then 15 vermi compost units were set up in the semi-desert Jhunjhunu districts," said Morarka Foundation's executive director Rajendra Sharma.

दैनिक भास्कर

जोधपुर, गुरूवार 13 सितंबर 2001

जैविक कृषि पर गोष्ठी आयोजित

■ भास्कर समाचार सेवा

भीनमाल, 12 सितंबर। जसवंतपुरा पंचायत समिति के रामसीन कस्बे में जैविक कृषि पर किसान गोष्ठी का आयोजन किया गया, जिसमें किसानों को आधुनिक कृषि के बारें में महत्वपूर्ण जानकारी दी।

गोष्ठी को में जानकारी देते हुए मोरारका फाउन्डेशन के बी.के. लोढ़ा ने कहा कि आज जैव तकनीकी आधरित खाद ने प्रदूषण रहित विज्ञान की भूमिका का महत्व बढ़ाया है। वही मृदा संरक्षण के साथ- साथ गुणवत्ता वाली मिट्टी में कम पानी से भी अच्छी फसल उत्पादन लिया जा सकता है। इससे मिट्टी की गुणवत्ता बढ़ती है तथा इससे प्राप्त फसल स्वास्थ्य की दृष्टि से भी अनुकूल रहती है। लोढ़ा ने आर्गेनिक फार्मिंग एवं उत्पादन विपणन विकास कार्यक्रम में किसानों से कहा कि वे जैव कृषि पर ध्यान दें। राष्ट्रीय कृषि विपणन संस्थान कृषि मंत्रालय भारत सरकार एवं मोरारका फाउन्डेशन जयपुर द्वार आयोजित इस किसान गोष्ठी में उन्होंने कहा कि रासायनिक उर्वरकों एवं कीटनाशकों के दुष्प्रभाव को देखते हुए जैव तकनीकी अपना कर अच्छी किस्म की गुणवत्ता वाली खाद्यान्न उत्पादित करनी होगी। मोरारका फाउन्डेशन की खरीफकोर ने कार्यक्रम के आयोजन के उद्देश्यों के बारें में किसानों से विस्तार से चर्चा की। चर्चा के दौरान किसानों ने बताया कि रासायनिक उर्वरकों के उपयोग से जमीनों में लवणों की मात्रा बढ़ रही है एवं जमीन ऊसर हो रही है। अनाज छोटा व गुणवत्ता कम हो गई है। फसलों में बीमारियों व कीडों का प्रकोप भी काफी बढ़ गया है और कीटनाशक दवाईयों की खपत भी बढ़ गई है। उन्होंने बताया कि अनाज उगाने की लागत दिन प्रतिदिन बढ़ रहीं है, जबकि उसका बाजार भाव वही का वही है। चर्चा के दौरान किसानों ने जैव कृषि पद्धति से कृषि करने की इच्छा जाहिर की। फाउन्डेशन के चतुर्वेदी ने किसानों को उनक द्वारा उपयोग की जा रही रोड़ी खाद एवं वर्मी कम्पोस्ट खाद के गुणों के बारें में बताया एवं कहा कि ये खाद चालीस से पैतालीस दिन में तैयार की जा सकती है। उन्होंने कहा कि वर्मी कम्पोस्ट बनाने के लिए आवश्यक कच्चे पदार्थ गोबर व फसलों का कसरा आदि एवं उत्पादन के लिए आवश्यक मूलभूत आवश्यकता के बारे मे चर्चा करते हुए इसकी उत्पादन विधि बताई।

उदयपुर ० शनिवार 25 अगस्त, 2001

'जैव कृषि को व्यवसाय का रूप देना चाहिए'

■ नगर संवाददाता

उदयपुर, 24 अगस्त। राष्ट्रीय कृषि विपणन संस्थान (निगाम), केन्द्रीय और राज्य कृषि मंत्रालय, जयपुर तथा मोरारका फाउंडेशन जयपुर तथा विज्ञान एवं प्रौद्योगिकी विभाग के तत्त्वावधान में आयोजित 'आर्गेनिक फार्मिंग उत्पादन एवं विपणन विकास' कार्यक्रम शुक्रवार को प्रसार शिक्षा निदेशालय के सभागार में प्रारंभ हुआ।

सात दिवसीय कार्यक्रम के चौथे दिन शुक्रवार को किसान गोष्ठी के मुख्य अतिथि मृदा विज्ञान विभाग, कृषि महाविद्यालय, उदयपुर के डा. के.एल. तोतावत ने कहा कि रासायनिक उर्वरकों के बेतहाशा प्रयोग से हमारे सामने विभिन्न प्रकार की समस्याएं खड़ी हो गई हैं। लिहाजा कार्बनिक खाद का उपयोग धीरे-धीरे बढ़ाकर रासायनिक खादों का उपयोग नियंत्रित कर देना चाहिए। इस अवसर पर मुख्य वैज्ञानिक कृषि विज्ञान केन्द्र चित्तौड़गढ़ के डा. कमल नयन बंसल ने बताया कि 34 वर्षों से रासायनिक उवरकों का उपयोग आधा किलो प्रति हैक्टेयर से बढ़कर 12 किलो प्रति हैक्टेयर हो गया है। मृदा की उर्वरता कम होती गई है, इस भूमि को भोजन के रूप में जैविक खाद की अत्यंत आवश्यकता है। डा. बंसल के अनुसार जैविक खाद संतुलित भोजन की तरह कार्य करता है, जबकि रासायनिक खाद को दवा के रूप में काम लेना चाहिए, भोजन के रूप में नहीं। एम.आर. मोरारका, जीडीसी रूरल रिसर्च फाउंडेशन जयपुर के बी.के. लोढ़ा ने समन्वित कृषि विकास कार्यक्रम के लिए किसानों का आह्वान किया। विभाग की परियोजना अधिकारी रूपा पारीक ने बताया कि वैज्ञानिक अनुसंधान द्वारा जिस जैविक खाद को वर्तमान में तैयार किया जा रहा है, उसमें सभी तत्त्वों का संतुलन है। प्रयास यह है कि फसलों को कीटनाशक की आवश्यकता ही नहीं रहे।

पत्रिका

जोधपुर, मंगलवार, 11 सितम्बर 2001

जैव कृषि को व्यवसायिक रूप देने का प्रयास

जालोर, 10 सितम्बर [निसं]। राष्ट्रीय कृषि विपणन संस्थान कृषि मंत्रालय जयपुर एवं मोरारका फाउन्डेशन जयपुर के संयुक्त तत्वावधान में आयोजित ओर्गेनिक फार्मिंग उत्पादन एवं विपणन विकास कार्यक्रम के अन्तर्गत किसान सम्मेलन का आयोजन आपेश्वर महादेव मंदिर रामसीन के सभागार में किया गया।

किसान सम्मेलन की शुरूआत में मोरारका फाउन्डेशन के बी.के. लोढ़ा ने कहा कि स्वाधीनता के बाद देश की बढ़ती हुई आबादी को ध्यान में रखते हुए खाद्यानों की मांग को पूरा करने के लिए हमने हरित क्रांति को अपनाया और रसायनिक उर्वरकों के उपयोग से भरपूर अनाज का उत्पादन किया, लेकिन अब रासायनिक उर्वरकों एवं कीटनाशकों तथा अन्य रसायनों के दुष्प्रभावों की वजह से अब हमें आवश्यक खाद्यान्न आपूर्ति के साथ-साथ मृदा संरक्षण के लिए जैव खेती अपनानी होगी।

उन्होंने जैव खाद और रसायनिक उर्वरकों की गुणवत्ता का तुलनात्मक विवरण प्रस्तुत करते हुए बताया कि एक और रसायनिक उर्वरकों के उपयोग से मिट्टी के प्राकृतिक गुणों पर विपरित प्रभाव देखे गए है। वहीं दूसरी ओर जैव खाद को मिट्टी के गुणों का कायम करने के लिए संजीवनी बूटी कहा जा सकता है। इसके उपयोग से बंजर भूमि धीरे-धीरे उपजाऊ बन सकती हैं।

मोरारका फाउन्डेशन के चतुर्वेदी ने बताया कि रोड़ी की खाद और वर्मी कम्पोस्ट को बनाने में लगने वाले समय, खाद की प्राप्त मात्रा और उनमे मौजूद पोषक तत्वों की मात्रा में काफी अन्तर है। उन्होंने बताया कि वर्मी कम्पोस्ट लगभग 40 से 45 दिन में तैयार की जा सकती है। उन्होंने वर्मी कम्पोस्ट की उत्पादन विधि, उसके लिए काम में लाए जाने वाले कच्चे पदार्थ [गोबर, फसलों का बेकार चारा आदि] एवं उत्पादन के लिए आवश्यक मूलभूत सुविधाओं के बारे में विस्तार से चर्चा की एवं इस खाद को बनाने का प्रदर्शन किया।

मोरारका फाउन्डेशन की खदीप कोर ने किसानों से कार्यक्रम के बारे में विस्तार से चर्चा कर उनके प्रश्नोत्तरों एवं शंकाओं का समाधान किया। उन्होंने बताया कि जैव कृषि पद्धति अपनाकर हम राष्ट्रीय ही नहीं, बल्कि अन्तरराष्ट्रीय स्तर पर आर्थिक सफलता प्राप्त कर सकते है। किसानों से जैब विकास की उपयोगिता के बारे में चर्चा करने के दौरान रामसीन क्षेत्र के उन्नत कृषक बागसिंह, पुनककला त्रिलोकचन्द जैन, राधेश्याम वैष्णव सहित अपने द्वारा की जा रही कृषि विधियों पर प्रकाश डाला एवं जैविक कृषि अपनाने की सहमति जाहिर की। आर्गेनिक फार्मिंग उत्पादन एवं विपणन विकास कार्यक्रम में करीब 10 गांवों के 90 से ज्यादा कृषकों आदि ने भाग लिया।

अभ्यास, विवरण एवं विश्लेषण–2

हमारे देश में गत् कई वर्षों से रसायनिक खाद, कीटनाशक दवाओं एवं शहरों के पास नाले के पानी के उपयोग से खेती की जाने लगी है। लोगों का कहना है कि अब खेती की उपज पर इसका प्रभाव पड़ने लगा है। कृपया अपनी स्वयं की स्थिति एवं अपने विचार लिखें। (In many places use of chemicals have affected the health of consumers, even the production has been affected, kindly comment on following)

• क्या आप रसायनिक खाद का इस्तेमाल करते हैं? हाँ/नहीं, यदि हां तो अपने अनुभव लिखें (Have you been using chemical fertilizers, write about your experiences)

....

....

• क्या आप कीटनाशक दवाओं का इस्तेमाल करते हैं? हाँ/नहीं, यदि हां तो अपने अनुभव लिखें (Have you been using pesticides, write about your experiences)

....

....

• क्या रसायनिक खाद एवं दवाओं के उपयोग से पैदा की गई फसल की गुणवत्ता पर कोई प्रभाव (देशी खाद से पैदा की गई फसल की तुलना में) पड़ता है? हाँ/नहीं, क्यों (Have use of chemical affected the quality of food production kindly comment)..

....

....

• क्या रसायनिक खाद एवं दवाओं के उपयोग से पैदा की गई फसल से खाने वालों के स्वास्थ्य पर कोई असर होता है। हाँ/नहीं, क्यों (Have chemically produced food affected the health of consumers)..

....

....

• क्या शहरों के आस–पास नालों के पानी से पैदा की गई फसल से खाने वालों के स्वास्थ्य पर कोई असर होता है। हाँ/नहीं, क्यों (Does sewage water used for cultivation affect the health of consumers)..

....

....

• क्या रसायनिक खाद एवं दवाओं के उपयोग से जमीन की उपजाऊ क्षमता पर प्रभाव पड़ा है? हाँ/नहीं, क्यों (Have chemicals use in agriculture affected land productivity) ....

....

....

परम्परागत रूप से बिना रसायनिक उर्वरकों एवं दवाओं के उपयोग से पैदा की गई फसल को ओर्गेनिक फार्मिंग/प्राकृतिक खेती/जैविक खेती के नाम से जाना जाता है। (Agriculture without the use of chemicals is known as organic farming/ natural farming/biological farming)

• क्या आप इस प्रकार की खेती अभी भी कर रहें हैं – हाँ / नहीं, क्यों (Do you still practice this kind of agriculture) ....

....

....

....

....

....

• क्या इस प्रकार की खेती की जा सकती है – हाँ / नहीं, क्यों (Is it possible to adopt this kind of agriculture) ....

....

....

....

....

....

• क्या इस प्रकार की खेती करने से उत्पादन में कमी होगी – हाँ / नहीं, क्यों (Would this kind of agriculture reduce the output) ....

....

....

....

....

....

• क्या इस प्रकार की खेती करना असंभव है और इसीलिये अब नहीं की जा सकती – हाँ / नही, क्यों (Is it impossible to do this kind of agriculture) ....

....

....

....

....

....

....

• क्या इस प्रकार की खेती से मिलने वाली उपज की गुणवत्ता बेहतर होगी (Would this kind of agriculture produce be of better quality) – हाँ / नही, क्यों ....

....

....

....

....

....

....

....

• क्या अच्छी गुणवत्ता (क्वालिटी) की फसल के अधिक दाम मिलते हैं (Can better quality producc get better prices) – हाँ / नहीं, क्यों ....

....

....

....

....

....

....

....

• क्या किसान अच्छी क्वालिटी की फसल को स्वयं साफ व पैकिंग कर बेच सकता है (Can farmer himself clean & pack such produce for direct marketing) – हाँ / नहीं, क्यों ....

....

....

....

....

....

....

....

• क्या बाजार में इस प्रकार की पैकिंग व क्वालिटी के लिये गारंटी देनी होगी (Would this kind of produce will require guarantee for quality) – हाँ / नहीं, यदि हां तो इसका क्या उपाय हो सकता है ....

....

....

....

....

BEGINNING OF ORGANIC FARMING

This unit will enable readers to understand and appreciate the decision making process for starting organic agriculture. This also discusses about the group action at field level.

- Organic farming will be an independent decision of the farmer and to begin with, he should only target to reduce the cost of cultivation as the first benefit. All inputs will have to come from the farm itself. On one side this will save him from cash expenses, but will also require greater physical efforts.

- Farmer will need to prepare long term plans. He will have to convert his entire farm and all the activities for all times to come, definitely a major decision for the farmer. In some activities, he may gain & for some he may loose. Few activities may get completely stopped as well, but in the long run he can add many new activities for value addition.

- Individual farmers will find it difficult to make a bigning, so many should come forward, could form Self Help Groups (SHG's). All crops are good enough to make a beginning, but should attempt to produce reasonable range, covering large number of crops, at least on group basis.

- A successful organic programme will require participation by all stakeholders. Development & extension agencies, input suppliers and marketing agencies etc. will all be required to redefine their roles and responsibilities.

- Organic certification is primarily based on the process of cultivation. Certification agencies will have to work directly with the farmers. Many farmers coming together under one banner will enable branded marketing and export in the long run.

- To begin with, farmers may face labour problems, but will have to establish new relationships.

युनिट 3 ओर्गेनिक फार्मिंग की शुरूआत

ओर्गेनिक फार्मिंग की शुरूआत पूर्णतया किसान का अपना निर्णय होगा। इसलिये इस कार्यक्रम की शुरूआत किसी भी बाहरी संस्था द्वारा दिये गये लोभ एवं लालच के आधार पर नहीं होनी चाहिये। जिन किसानों को अपनी खेती की लागत में कमी करनी हो वह स्वयं इसकी शुरूआत करें। इस पद्धति में बाहरी इनपुटस् के स्थान पर स्वयं अपने खेत में अपने द्वारा तैयार इनपुटस् के प्रयोग को सबसे जरूरी शर्त माना गया है। इससे एक तरफ किसान के कृषि में होने वाले केश खर्च में कमी आयेगी तो दूसरी तरफ उसे कुछ अधिक परिश्रम भी करना होगा। बाजार से खाद, बीज एवं दवा खरीदना बहुत आसान है, लेकिन योजनाबद्ध तरीके से स्वयं अपने स्तर पर सभी व्यवस्थाऐं करने में प्लानिंग की जरूरत होगी।

सभी किसानों को अपनी खेती की लम्बे समय में क्रियान्वित की जाने वाली योजना बनानी होगी। प्रमाणीकरण द्वारा अधिक लाभ लेने की इच्छा होने पर किसान को अपने खेत को सम्पूर्णतः यानि इंटिग्रेटेड रूप में ओर्गेनिक पद्धति में बदलना होगा। इसमें न सिर्फ फसलें अपितु, पशुपालन, वृक्षारोपण, होर्टीकल्चर इत्यादि प्रत्येक गतिविधि को ओर्गेनिक तरीकों से करना होगा।

वर्तमान में प्रमाणीकरण के लिये बनाये गये नियमों को अपनाने से किसान अपनी इच्छा के अनुसार रसायनिक एवं ओर्गेनिक पद्धति में रोटेट/बदलाव नहीं कर सकेंगे। एक बार लिया गया निर्णय हमेशा के लिये उन्हें ओर्गेनिक फार्मर बना देगा। इसमें कुछ गतिविधियों में बहुत लाभ होगा, तो कुछ समय के लिये कुछ गतिविधियों में थोड़ा बहुत नुकसान भी हो सकता है। यह जरूरी नहीं है कि पहले रोज से ही किसान की सभी गतिविधियों को ओर्गेनिक बनाया जा सके। निर्णय एवं कार्ययोजना के अनुभव कई नये विकल्प सामने लायेंगे। ऐसी गतिविधियां जिनको ओर्गेनिक पद्धति में नहीं बदला जा सकता है, उन्हें किसान को छोड़ना भी पड़ सकता है।

हमारे अब तक के अनुभव के आधार पर हम यह कह सकते हैं कि ऐसे किसान परिवार जिनमें उन्होने अपनी आमदनी के स्त्रोतों का व्यापक विस्तार कर लिया है उन परिवारों में काम करने वालों की संख्या कम हो जाती है। ऐसे परिवारों को यह तय करना होगा कि ओर्गेनिक फार्मिंग पद्धति अपनाने पर उन्हें काम करने का क्या तरीका अपनाना चाहिये?

तथाकथित आधुनिक खेती जिसमें मशीनीकरण तथा इनपुट को कम या अधिक करने की छूट के आधार पर उपज की मात्रा को घटाया या बढ़ाया जा सकता है, की तुलना में ओर्गेनिक फार्मिंग सही मायने में उचित ज्ञान के उपयोग एव स्वयं अपने प्रयासों द्वारा ही सफल की जा सकेगी। अब तक रयायन आधारित खेती करने वाले किसानों के सामने भी ओर्गेनिक खेती एक नई चुनौती है।

किसान को ओर्गेनिक फार्मिंग करने का निर्णय स्वयं करना होगा।

गत् वर्षों में खेती की तकनीक एवं तरीकों में इतना बदलाव आ गया कि श्रमिकों की कुशलता कम होने का प्रभाव नगण्य रह गया। ओर्गेनिक खेती में न सिर्फ मालिक अपितु खेत पर काम करने वाले श्रमिकों की कुशलता का उचित विकास किये बिना इसे सफल नहीं बनाया जा सकेगा। चूंकि ओर्गेनिक फार्मिंग में परिश्रम एवं ज्ञान का बहुत महत्व होगा इसलिये श्रमिक नियोजन की नीतियों एवं शर्तों को भी पुनः तय करना होगा। पूर्णरूप से सफल होने के लिये श्रमिकों की भूमिका महत्वपूर्ण रहेगी और ओर्गेनिक फार्मिंग से मिलने वाले लाभ में उन्हें भी हिस्सा दिया जाना चाहिये।

जैसा कि हमने पहले कहा है, प्रत्येक कृषि क्षेत्र में आज भी लगभग एक तिहाई कृषक पीढी दर पीढी प्राकृतिक खेती करते रहे हैं। यह बात अलग है कि आधुनिक दृष्टिकोण वाले वैज्ञानिक एवं प्रशासक इस वर्ग को ही कृषि की सबसे बड़ी समस्या मानते रहे हैं। लेकिन आज इन्हीं किसानों को ओर्गेनिक फार्मिंग के लिये आगे आना होगा। बड़े किसान स्वयं अपने स्तर पर इस कार्य की शुरूआत कर सकते हैं लेकिन छोटे किसानों को संगठित करने की आवश्यकता होगी। इस कार्य के लिये तथाकथित छोटी जोत वाले, वर्षा पर आधारित खेती करने वाले किसानों के छोटे छोटे स्वयं सहायता समूह बनाये जा सकते हैं। कई वर्षों तक कोपरेटिव ढांचे के तहत प्रयोग करने के पश्चात् "स्वयं सहायता समूह" एक नये विकल्प के रूप में सामने आया है। इन समूहों की पात्रता की एक मात्र शर्त उनका किसी भी प्रकार के रसायन का उपयोग न करने की रखी जा सकती है।

बड़े वैज्ञानिकों एवं प्रशासकों के सम्मेलनों में जब भी प्राकृतिक/ओर्गेनिक फार्मिंग की बात उठाई जाती है तब सबसे पहले सब्जियों पर आकर बात अटकती है। लेकिन संस्था द्वारा जब 500 से अधिक महिलाओं का सर्वेक्षण किया गया और उनसे जब पूछा गया कि आप सबसे पहले किन कृषि उत्पादों को प्राकृतिक/ओर्गेनिक तरीकों से उत्पन्न चाहतीं हैं, तो हमने पाया कि 80 प्रतिशत से अधिक महिलाओं ने गेहूं, मोटा अनाज (ज्वार, बाजरा, मक्का इत्यादि) दालें एवं मसालों को सब्जियों एवं फलों से पहले प्राथमिकता दी है। इस योजना की रणनीति में भी सबसे पहले इन्हीं उत्पादों को ओर्गेनिक फार्मिंग द्वारा उत्पादन एवं विक्रय की व्यवस्था किये जाने का प्रस्ताव किया गया है। व्यक्तिगत स्तर पर आगे आने वाले बड़े किसानों तथा छोटे छोटे किसानों के संगठन निर्माण के साथ ही प्रत्येक की जमीन, उसकी उत्पादन क्षमता, वर्तमान फसलें और उनकी गुणवत्ता के विश्लेषण के आधार पर इस कार्यक्रम को शुरू किया जा सकता है।

किसानों का रजिस्ट्रेशन किये जाने की एक महत्वपूर्ण आवश्यकता प्रमाणीकरण के सन्दर्भ में भी है। आज न सिर्फ हमारे देश में अपितु कई अन्य विकसित देशों में भी पूर्णरूप से प्राकृतिक/ओर्गेनिक फार्मिंग की उपज के प्रमाणीकरण की कोई बहुत आसान विधि एवं व्यवस्था नहीं है। इसलिये हमारा सुझाव है कि प्रारम्भ से ही इस कार्य के लिये संगठित प्रयास करने होंगे। इस काम में उत्पादक एवं उपभोक्ता दोनों समान रूप से कार्य कर सकते हैं। जब तक कृषक अन्तराष्ट्रीय स्तर पर स्वीकार्य प्रमाणीकरण पद्धति से नहीं जुड़ेगें तब तक उनको इस कार्ययोजना का पूरा लाभ नहीं मिल सकेगा।

मालिक और मजदूरों को नये रिश्ते बनाने होंगे।

सोवियत संघ से सम्बंध खराब होने के समय वर्ष 1989 में क्यूबा के सामने अन्न उत्पादन का बहुत बड़ा संकट खड़ा हो गया। क्यूबा हर वर्ष सोवियत संघ से 13 लाख टन रसायनिक उर्वरक, 17000 टन हर्बीसाइड और 100000 टन पेस्टिसाइड आयात करता रहा था जो कि अब संभव नहीं था। इस समस्या के समाधान के लिये क्यूबा ने शहरी खेती द्वारा ओर्गेनिक फार्मिंग के मॉडल को अपनाया। हवाना शहर की सभी जगह खाली पड़ी जमीन पर सब्जी की ओर्गेनिक खेती शुरू की गई। वर्ष 1998 तक 8000 छोटे खेत और उनमें करीब 30000 किसान काम करने लगे। खेती का उत्पादन हर वर्ष 200 से 300 प्रतिशत बढ़ने लगा। क्यूबा में ओर्गेनिक फूड सिर्फ अमीरों के लिये ही नहीं अपितु सभी देशवासियों के लिये उपलब्ध हो गया है।

क्यूबा में इन छोटे छोटे खेतों को ओटोकन्सुमोस कहा जाता है। 376 इस प्रकार के खेत स्कूलों और दफ्तरों में भी हैं। इनमें किया गया उत्पादन पहले इनकी मेस में काम आता है, फिर यह स्टॉफ को लागत आधार पर बेचा जाता है, और फिर बचने पर बाजार में बेच दिया जाता है।

वर्ष 1999 तक क्यूबा के कुल कृषि उत्पादन में शहरी खेती द्वारा 65 प्रतिशत चावल, 46 प्रतिशत सब्जियां, 38 प्रतिशत फल और 13 प्रतिशत कंद मिल रहा है। यह सब संभव हुआ ओर्गेनिक फार्मिंग से।

ओर्गेनिक फार्मिंग किसी भी क्षेत्र में किसी एक किसान के लिये उतनी अधिक लाभदायक नहीं हो पायेगी जितनी संगठित तरीके से हो सकती है। प्रमाणीकरण के नियमों में सर्टिफिकेशन एजेन्सी की प्रमुख भूमिका है। सर्टिफिकेशन की प्रक्रिया को पूरा करने में किसी स्थान पर यदि सिर्फ एक या कुछ ही किसानों को शामिल किया जायं तो खर्चा बहुत होगा। अतः यह जरूरी है कि किसी भी स्थान पर बहुत सारे किसान एक साथ इस कार्यक्रम की शुरूआत करें। इस प्रकार वह सभी मिलकर सर्टिफिकेशन की प्रक्रिया में एक दूसरे को सहयोग कर सकेंगे तथा खर्चों को भी मिल कर बांट लेंगे।

ओर्गेनिक फार्मिंग का किसानों को तभी पूरा लाभ मिलेगा जब इससे प्राप्त उपज प्रमाणीकरण के बाद ब्रांडनेम से बेची जाये। किसी भी स्थान पर ब्रांडनेम की पहचान खड़ी करने में बहुत प्रयास एवं खर्चे करने पड़ सकते हैं। एक बार ब्रांडनेम की पहचान होने पर उस ब्रांडनेम में कई उत्पादों को बेचा जा सकता है। अब यदि बहुत थोड़ी उपज होगी तो ब्रांडनेम का पूरा फायदा नहीं मिल सकेगा। दूसरे ग्राहक को सभी खाद्य पदार्थ ओर्गेनिक मिलें तभी वह संतुष्ट रहेगा। इसमें कम से कम अनाज, दालें, तिलहन, मसाले इत्यादि प्रमुख हैं। सब्जियों एवं फलों में भी एक

ओर्गेनिक फार्मिंग के लिये किसानों को संगठन बनाने होंगे।

साथ कई शामिल होने चाहियें। अब हमारे यहां खेती क़े जो तरीके प्रचलन में हैं इनमें किसान अधिकतम तीन या चार प्रकार की ही फसल लेते हैं। अतः एक साथ कई किसान मिल कर ही पूरी रेंज बना सकेंगे। यदि किसानों द्वारा स्वयं अपनी पूरी रेंज बनाकर ब्रांडनेम में मार्केटिंग नहीं की गई तो बिचौलियों की भूमिका महत्वपूर्ण हो जायेगी। कई बड़ी कम्पनियां किसानों की इस कमजोरी को भांप कर ओर्गेनिक फार्मिंग की मार्केटिंग की योजनाऐं बना रही हैं। उनके द्वारा बिना किसी प्रकार की खेती किये, मात्र प्रबंध की कुशलता के आधार पर इस नये अवसर की क्रीम चट करने का स्वर्ण अवसर है। यह किसानों पर निर्भर है कि लगभग 50 वर्षों तक नुकसान उठाने के बावजूद वह नये अवसरों का स्वयं लाभ ले या फिर वह इस अवसर को भी अपने हाथ से फिसल जाने दें। और यदि ऐसा हुआ तो न जाने अगला अवसर फिर कब आयेगा?

एक़ साथ एक प्रकार की फसल की बड़ी मात्रा होने पर ही निर्यात की जा सकने वाली स्थिति बन पायेगी। मोरारका फाउण्डेशन द्वारा वर्ष 1998–99 में जब से इस कार्यक्रम की शुरूआत की गई है, ओर्गेनिक फार्मिंग की उपज का निर्यात करने के प्रयास किये जा रहे हैं। करीब एक हजार किसानों के इस कार्यक्रम गें निर्यात के ओर्डर तो बहुत से आ गये लेकिन आज तक एक भी निर्यात नहीं किया जा सका है। इसका सबसे प्रमुख कारण है कि अब भी किसी एक प्रकार की उपज की इतनी मात्रा उपलब्ध नहीं है कि वह छोटे से छोटे ऑर्डर को भी पूरी कर सके। आमतौर पर निर्यात के ओर्डर हजारों टनों (एक टन 10 क्विंटल के बराबर) में होते हैं। उदाहरण के लिये संस्था द्वारा 2000–2001 में ओर्गेनिक प्याज की खेती का कार्यक्रम प्रारम्भ किया गया। कुल 60 किसानों द्वारा इसकी शुरूआत की गई, लेकिन करीब आधे कृषक बीच में छूट गये। तीस कृषकों का अनुमानित उत्पादन 250 टन आंका गया। अब पहला ओर्डर ही तीन हजार टन (कम से कम) सप्लाई का मिला, जिसमें 250 टन और उसकी ग्रेडिंग के बाद करीब 200 टन माल को लेने से पार्टी ने मना कर दिया। इस प्रकार के कई अनुभव अब तक हो चुके हैं। वर्ष 1998–99 में करीब 20 किसानों द्वारा ओर्गेनिक गेहूं की खेती शुरू की गई। लेकिन तमाम प्रयासों के बावजूद तीन अलग किस्में बोई गईं और कुल 400 क्विंटल उत्पादन में से 300 क्विंटल से अधिक किसानों ने स्वयं खाने के लिये, बीज के लिये एवं रिश्तेदारी में देने के लिये रख लिया। बचा हुआ 100 क्विंटल और वह भी तीन किस्मों का, क्या किसी भी प्रकार से ब्रांडनेम से बेचा जा सकता है, शायद नहीं?

लगातार इस प्रकार के अनुभव चना, मूंग, तिल, ज्वार, बाजरा, सरसों इत्यादि में होने के बाद भी संस्था को यह भरोसा है कि एक दिन अवश्य ऐसा आयेगा जब इन उत्पादों की ब्रांडनेम से मार्केटिंग की जा सकेगी। अन्त में हमारा यही कहना है कि ओर्गेनिक फार्मिंग एक स्वर्ण अवसर अवश्य है लेकिन इसका पूरा फायदा उठाने के लिये किसानों को भी अपनी व्यक्तिगत् समस्याओं से उपर उठना होगा और संगठित प्रयासों द्वारा ही वह इसका लाभ ले सकेंगे।

इस दिशा में आगे कदम बढ़ाने के लिये एक सुनियोजित विश्लेषण के फार्मेट दिये गये हैं। कृपया इनका उपयोग करें।

दैनिक भास्कर
सोमवार, 19 नवंबर 2001

प्राकृतिक खेती को बढ़ावा देने के लिए 'ऑर्गेनिक विलेज' बनेंगे

■ नगर संवाददाता

जयपुर, 18 नवंबर। राज्य में एक बार फिर प्राकृतिक खेती के प्रयास शुरू कर दिए गए हैं। बीकानेर कृषि विश्वविद्यालय ने इस दिशा में पहल करते हुए श्रीगंगानगर में आर्गेनिक विलेज की स्थापना की है। इसमें सफलता मिलने के बाद इसे व्यापक स्तर पर शुरू किया जाएगा।

विश्वविद्यालय के कुलपति प्रोफेसर सी.पी.एस. यादव ने आज पिंकसिटी प्रेस क्लब में आयोजित पत्रकार सम्मेलन में बताया कि पेस्टीसाइड और फर्टिलाइजर के अंधाधुंध इस्तेमाल से जमीन की उर्वरा क्षमता खत्म होती जा रही है। इसके उपयोग को कम करने के लिए किसानों को प्राकृतिक खेती करने की सलाह दी जा रही है। इससे मिलने वाली उपज की बाजार में अच्छी कीमत मिल जाती है। इसके निर्यात की काफी संभावनाएं हैं। इसे बढ़ावा देने के लिए विश्वविद्यालय सभी जिलों में आर्गेनिक विलेज की स्थापना कर रहा है। इसमें प्रत्येक गांव के हर किसान को कम से कम एक बीघा जमीन प्राकृतिक खेती के लिए देनी होगी। इसकी उपज की अच्छी कीमत दिलाने के लिए विश्वविद्यालय ने कृषि विपणन बोर्ड, स्पाइस बोर्ड और कॉटन बोर्ड से मार्केटिंग करने का अनुरोध किया है।

उन्होंने बताया कि राज्य के सेमग्रस्त इलाकों में खजूर की खेती करके इस समस्या से बचा जा सकता है। रेगिस्तानी क्षेत्रों में नहर किनारे व्यापक स्तर खजूर के पेड़ लगाने के लिए किसानों को प्रोत्साहित किया जा रहा है।

विश्वविद्यालय के अनुसंधान केन्द्र में खजूर की 35 किस्मों के उत्पादन की दिशा में नई पहल की है। साथ ही पहली बार इन किस्मों के लगभग 125 क्विंटल खजूर का विपणन भी किया है। उन्होंने बताया कि जैसलमेर, बाड़मेर और बीकानेर के रेगिस्तानी इलाकों में नहर के किनारे खजूर के पेड़ विकसित किए जाने की योजना है। इससे जहां पानी की अधिकता के कारण मिट्टी की बढ़ती क्षारीयता की समस्या का समाधान होगा, वहीं दूरदराज के छोटे और मंझोले किसानों के बच्चों को गुड़ के रूप में खजूर खाने को मिलेगा। क्षारीय भूमि की समस्या खेती में ज्यादा पानी के इस्तेमाल से हुई है।

प्रो. यादव ने बताया कि बीकानेर कृषि विश्वविद्यालय ने राज्य में पहले स्ववित्त पोषित एग्रो मैनेजमेंट इंस्टीट्यूट की स्थापना की है। इसके अलावा किसानों के लिए श्रीगंगानगर और झुंझुनू में हैल्प लाइन सेवा प्रारंभ की है, जहां टेलीफोन पर किसानों की समस्या का समाधान किया जाता है। विश्वविद्यालय फसलों में होने वाले रोगों की रोकथाम के लिए कीट नियंत्रण परियोजना पर काम कर रहा है। विश्वविद्यालय ने सफेद लट की रोकथाम के लिए वायरस बनाया है।

सब्जियों के साथ जहर भी खा रहे हैं लोग

इटावा, 18 नवंबर (एजेंसी)। रासायनिक खादों के इस्तेमाल से उगाए जा रहे अनाज एवं सब्जियों के सेवन से मनुष्य के शरीर में प्रतिदिन .27 मिलीग्राम विष पहुंच रहा है। एक वर्ष में यह मात्रा करीब सौ मिलीग्राम तक हो जाती है और यदि इतनी मात्रा में एक साथ जहर का सेवन किया जाए तो मनुष्य बच नहीं सकता।

सब्जियां उगाने में रासायनिक खादों का इस्तेमाल और बाद में उन्हें सड़ने से बचाने के लिए उन पर किया जाने वाला रासायनिक लेप जन स्वास्थ्य के लिए भारी खतरा पैदा कर रहा है। उन्होंने एक शोध के हवाले से कहा कि अधिक पैदावार के लिए रासायनिक खादों के अधिक उपयोग से उपजाऊ भूमि में पाए जाने वाले पोषक तत्त्वों का संतुलन तेजी से बिगड़ रहा है, जिससे वहां पैदा होने वाले अनाज एवं सब्जियों से कई गंभीर बीमारियां पैदा हो रही हैं। शोधकर्ताओं ने बताया कि उपज बढ़ाने के लिए सबसे पहले किसानों ने यूरिया का इस्तेमाल किया।

महानगर टाइम्स

जयपुर 3 सितम्बर, 2001

मुरारका फाउंडेशन के प्रयास रंग लाने लगे

किसानों में प्राकृतिक रूप से खेती करने का रुझान बढ़ा

महानगर संवाददाता

जयपुर, 3 सितम्बर। रासायनिक खाद के उपयोग से जमीन की उर्वरकता समाप्त होने से परेशान झुंझुनूं जिले के किसानों का स्वदेशी और प्राकृतिक खेती (आर्गेनिक फार्मिंग) के प्रति रुझान बढ़ने लगा है।

इस क्षेत्र में यह क्रांतिकारी परिवर्तन एम.आर.मुरारका जीडीसी रूरल रिसर्च फाउंडेशन के विशेष प्रयासों से सामने आया है। फाउंडेशन द्वारा न केवल आर्गेनिक फार्मिंग के लिए तकनीकी जानकारी और प्रशिक्षण दिया जा रहा है अपितु क्षेत्र के लोगों का सामाजिक जीवन स्तर ऊपर उठाने के लिए बाल श्रम उन्मूलन, स्वयं सहायता समूह को प्रोत्साहन और वृद्धावस्था बचत एवं आय जैसे कार्यक्रमों का संचालन भी किया जा रहा है। नवलगढ़ तहसील के आठ गांवों का दौरा करने के दौरान देखने में आया कि फाउंडेशन द्वारा किए जा रहे प्रयासों के सार्थक परिणाम सामने आने लगे हैं।

फाउंडेशन की ओर से आर्गेनिक फार्मिंग के साथ 'वर्मी कल्चर' पर विशेष कार्य किया जा रहा है। नवलगढ़ में मोरारका एग्रो सर्विस सेंटर में हपीगीज प्रजाति के केंचुओं का पालन और उनसे वर्मी कम्पोस्ट तैयार किया जा रहा है। इस केन्द्र पर ही क्षेत्र के किसानों, स्वयंसेवी संस्थाओं के कार्यकर्ताओं और गौशाला संचालकों को प्रशिक्षण दिया जाता है।

फाउंडेशन के परियोजना निदेशक मुकेश गुप्ता के अनुसार अब तक इस तकनीक से 10 हजार किसानों को अवगत कराया जा चुका है। जहां 5 किलो यूरिया में साढ़े सात किलो का ही उपयोग हो पाता है वहीं वर्मी कम्पोस्ट का पूर्ण उपयोग के साथ भूमि की मृदा भी संरक्षित रहती है। एक हजार रुपए के विनियोजन से एक किसान वर्ष भर में 70-80 टन खाद बना सकता है। फाउंडेशन द्वारा शेखावटी अंचल के किसानों को केंचुए निःशुल्क उपलब्ध कराए जा रहे हैं। झुंझुनूं और सीकर में 175 यूनिट कार्यरत है। केन्द्र में नीम और आंकड़े से बनाए जा रहे कीटनाशकों की जानकारी भी दी गई।

वर्मी कम्पोस्ट के साथ देसी खाद के प्रयोग और उत्पादित सामग्री को सफाई और पैकिंग करके विपणन करने की प्रक्रिया अपनाने के बारे में फाउंडेशन द्वारा गांवों में विशेष प्रशिक्षण शिविर आयोजित किए जा रहे हैं। झरडा वाली ढाणी, झाझर, झाकरियों की ढाणी और दीवान की ढाणी में कल आयोजित कृषक सम्मेलन में कृषकों ने बढ़-चढ़कर हिस्सा लिया।

फाउंडेशन की ओर से महिलाओं के लिए स्वयं सहायता समूह के जरिए अल्प बचत और उसी से ऋण प्रदान करने के कार्यक्रमों में भी बढ़-चढ़कर सहयोग प्रदान किया जा रहा है। स्वयं सहायता समूह की बचत से ही बाल श्रम उन्मूलन के तहत झाझर गांव में आयोजित कार्यक्रम में कल तीन महिला सदस्याओं को गैस कनेक्शन दिए गए। चैनगढ़ में परिवार की उपेक्षा झेल रही वृद्धाओं को रोजगार के लिए ऋण दिलवाए गए।

दैनिक नवज्योति

जयपुर, रविवार, 25 फरवरी, 2001

किसानों को अब पेशेवराना रुख अपनाना होगा: डॉ. हनुमान

झुंझुनूं 24 फरवरी (न्यूज सर्विस)। बदलते परिवेश में किसानों को कृषि के प्रति अपने पुराने नजरियें को बदलकर पूरी तरह पेशेवराना रूख अपनाना होगा। तब ही भारत का किसान प्रतिस्पर्धा के दौर में खुद को स्थापित रख सकेगा। यह बात कृषि विज्ञान केन्द्र आबूसर के मुख्य वैज्ञानिक डॉ. हनुमानप्रसाद ने शुक्रवार को रात यहां किसानों के एक समूह से कही। किसानों के इस समूह की बस को डॉ. हनुमान प्रसाद ने हरी झंडी दिखाकर दिल्ली के लिए रवाना भी किया। यह दल शनिवार सुबह दिल्ली पहुंच गया तथा प्रगति मैदान में आज से ही प्रारम्भ हुए कृषि एक्सपों में भाग लेगा।

रवानगी से पूर्व डॉ. हनुमान प्रसाद ने किसानों को बताया कि इंडिया ट्रेड प्रमोशन आर्गेनाइजेशन तथा कृषि मंत्रालय के सौजन्य से आयोजित यह एक्सपों एक मार्च तक चलेगा। इसमें कृषि से सम्बन्धित विभिन्न क्षेत्रों जैसे-बीज, खाद्य, कृषि उपकरण, ट्रेक्टर सिंचाई साधन आदि के स्टाल्स देखने का तथा समझने का मौका मिलेगा। इस मेले में देशभर से अग्रणी व्यवसायी, किसान व अन्य लोग भाग ले रहें है। झुंझुनूं जिले के किसानों को अन्य राज्यों से आने वाले किसानों से विचारों के आदान-प्रदान का अवसर भी मिलेगा।

डॉ. हनुमान प्रसाद ने बताया कि आज उदारीकरण तथा वैश्वीकरण के कारण कृषि का भी विश्वव्यापीकरण अवश्म्भावी हो गया है। बड़ी-बड़ी कम्पनियां कृषि क्षेत्र में पांव जमा रही है। अनेक उत्पादों का पेटेंट करवाया जा रहा है। इससे उत्पादन तो अवश्य बढ़ेगा, लेकिन भारतीय किसान को अपनी जगह बनाए रखने के लिए काफी जद्दोजेहाद करनी होगी। कृषि में केवल फसल उगाना ही महत्वपूर्ण नहीं है, बल्कि कृषि उत्पादों का विपणन भी ध्यान देने वाला क्षेत्र बन गया है। वर्तमान में सिंचाई के लिए पानी की भी कमी होती जा रही है। बिजली संकट भी एक मुद्दा है। ऐसे में बूंद-बूंद सिंचाई के अलावा हाल ही में अमेरिका की एक कम्पनी द्वारा जमीन मे थोड़ा नीचे पाइप लगाकर नई तकनीक विकसित की गई है, इसे भी समझना और अपनानी होगा।

किसानों का यह दल एम.आर. मोरारका ग्रामीण अनुसंधान संस्थान के बैनर तले दिल्ली गया है जिसका नेतृत्व संस्थान के परियोजना समन्वयक ओमप्रकाश ढ़ाका कर रहें हैं। इस दल में संस्थान के अलावा स्वयं सेवी संस्था चिड़ावा की अनारड़े, झुंझुनूं की जिला पर्यावरण सुधार समिति समग्र विकास संस्थान, शिक्षित रोजगार केन्द्र प्रबंधक समिति से जुड़े किसान शामिल है।

किसानों की रवानगी के समय विभिन्न संस्थाओं के प्रतिनिधियों के अलावा नाबार्ड के जिला विकास प्रबंधक एस.आर.के.पी.एस. के राजन चौधरी, मोरारका संस्थान की एड्स नियंत्रण कार्यक्रम की अधिकारी श्रीमती सरोज, संस्थान के जन सम्पर्क अधिकारी चौधरी सूरताराम, समग्र विकास संस्थान के निरंजन सिंह सहित बड़ी संख्या में लोग मौजूद थे। किसानों के इस दल में जिले के झाझड़, बसावा, मोहनबाड़ी, टोक छिलरी, कोलसिया, नाहरसिंघानी, नेहरों की ढाणी, खिरोड़, बिरोल, बासड़ी, नूनियां गोठडा, कालीपहाड़ी, जयपहाड़ी, धूलवा, डूमोली आदि गांवों के करीब साठ किसान व ग्रामीण महिलाएं शामिल है।

Rashtradoot

उदयपु शनिवार 25 अगस्त 2001

जैव कृषि को व्यावसायिक रुप देने का प्रयास

उदयपुर 24 अगस्त। राष्ट्रीय कृषि विपणन संस्थान (नियाम), कृषि मंत्रालय, भारत सरकार, जयपुर, मोरारका फाउन्डेशन, जयपुर तथा विज्ञान एवं प्रौद्योगिक विभाग के संयुक्त तत्वावधान में आर्गेनिक फार्मिंग उत्पादन एवं विपणन विकास कार्यक्रम शुक्रवार को प्रसार शिक्षा निदेशालय के सभागार में प्रारंभ हुआ।

साप्ताहिक कार्यक्रम के चोथे दिन किसान गोष्ठी के मुख्य अतिथि डा. के. एल. तोतावत, मृदा विज्ञान विभाग, कृषि महाविद्यालय, उदयपुर ने अपने विचार व्यक्त करते हुए कहा कि रासायनिक उर्वरकों के प्रयोग से हमारे सामने विभिन्न प्रकार की समस्याएं खडी हो गई हैं। उन्होंने कहा कि कार्बनिक खाद का उपयोग धीरे- धीरे बढाकर रासायनिक खादों का उपयोग नियंत्रित कर देना चाहिए।

डा. कमल नयन बंसल, मुख्य वैज्ञानिक कृषि विज्ञान केन्द्र, चित्तौड़गढ़ ने बताया कि 34 सालों में रासायनिक उर्वरकों का उपयोग आधा किलो प्रति हेक्टर से बढ़कर 12 किलो प्रति हेक्टर हो गया हैं। मृदा उर्वकता कम होती गई हैं इस भूमि को भोजन के रुप में जैविक खाद की अत्यन्त आवश्यकता हैं। जैविक खाद संतुलित भोजन की तरह कार्य करती हैं। जबकि रासायनिक खाद को दवा के रुप में काम लेना चाहिये, भोजन के रुप में नहीं।

एम. आर. मोरारका, जीडीसी रुरल रिसर्च फाउण्डेशन जयपुर से आये बी. के. लोढा ने समन्वित कृषि विकास कार्यक्रम के लिए किसानों का आ न किया। विभाग की परियोजना अधिकारी रुपा पारीक ने बताया कि वैज्ञानिक अनुसंधानों द्वारा जो जैव खाद वर्तमान में तैयार की जा रही हैं, उसमें सभी तत्वों का संतुलन हैं ताकि फसलों को कीटनाशक की आवश्यकता ना रहे।

तकनीकी सत्र में एम बी वर्मा ने कहा कि कीटनाशकों के अंधाधुंध प्रयोग से उचित परिणाम नहीं मिलते हैं किसानों को मृदा मे जिस तत्व की कमी हो उनके अनुरुप ही प्रयोग करना चाहिये।

मोरारका फाउण्डेशन के ए. के. मिश्रा, खदीप कौर, ने बताया कि राष्ट्रीय व अन्तर्राष्ट्रीय स्तर पर आर्गेनिक कृषि उत्पाद व जैव खादों के लिये किसान संगठन बना कर मेहनत के अनुरुप लाभ प्राप्त करने की बात कहीं उन्होंने कहा कि संगठित किसान जैव कृषि से सभी तरह की उन्नत फसलों का उत्पादन करें जिससे आपूर्ति मांग के अनुरुप हो और किसान आर्थिक रुप से सुदृढ़ बनें।

कार्यक्रम प्रभारी एवं अनुसंधान अधिकारी गिरधारी लाल गर्ग ने संचालन किया व बताया कि जैव कृषि में ग्रामीण युवाओं के लिये उद्यमिता के व्यापक अवसर हैं इसके लिये नई पीढी के उद्यमियों को प्रोत्साहन करना और जैव खाद उत्पादन को उद्यमिता के रुप में अपनाने का आ न किया।

मोरारका फाउण्डेशन के लक्ष्मी कान्त चतुर्वेदी ने संभागियों से प्रश्नावली के माध्यम से जानकारी एकत्रित कर उनकी जिज्ञासाओं का प्रारुप तैयार किया। इस प्रशिक्षण में 40 प्रशिक्षणर्थियों को आर्गेनिक फार्मिंग की उत्पादन एवं विपणन की विधियों से पूर्णतया परिचित कराया गया।

अलवर भास्कर

अलवर, सोमवार 2 अप्रैल, 2001

आर्गेनिकफार्मिंग से फल-सब्जी उत्पादन पर चर्चा

भास्कर समाचार सेवा

अलवर, 1 अप्रैल । मोरारका फाउंडेशन, राष्ट्रीय कृषि विपणन संस्थान जयपुर व भारतीय ग्रामीण विकास संस्थान अलवर के संयुक्त तत्त्वावधान में 31 मार्च को नई फल एवं सब्जी मंडी अलवर में क्रेता-विक्रेता सम्मेलन आयोजित किया गया, जिसमें मंडी में आए क्रेता एवं मंडी के थोक एवं खेरूज विक्रेताओं ने बढ़-चढ़ कर भाग लिया। इस सम्मेलन में आर्गेनिक फार्मिंग की ओर से उत्पन्न किए गए फल एवं सब्जी के अधिकाधिक उपयोग पर विचार किया गया। सबसे पहले पधारे हुए विशेषज्ञ सुभाष शर्मा ने आर्गेनिक फार्मिंग के बारे में विस्तत जानकारी प्रदान की।

उन्होंने बताया कि रासायनिक खाद के लगातार उपयोग से फल एवं सब्जियों की ओर से कुछ ऐसे रसायन हमारे शरीर में पहुंच रहे हैं, जिनसे आज नई-नई बीमारियों का जन्म हुआ है और दाल, सब्जी एवं फल का उपयोग हम अपने शारीर को सुदृढ़ और हृष्टपुष्ट करने के लिए करते है। आज इन्हीं की वजह से आदमी बीमार होने लगा है। पूर्व चिकित्सा निदेशक डा. डी.डी. मीमावत ने कहा कि आज कल रासायनिक खाद से उत्पन्न फल एवं सब्जियों के लगातार सेवन से पेट की अनेक बीमारियों ने जन्म लिया है, जैसे पेट दर्द, चर्बी बढ़ जाना, मोटापा आना, ब्लडप्रेशर इत्यादि। उनके अनुसार यदि इस तरह की बीमारियों से बचना है, तो इसका सीधा सा तरीका है, आर्गेनिक फार्मिंग की ओर से उत्पन्न किए गए पदार्थों का सेवन करें।

सम्मेलन में भाग लेने आई एक जागरूक महिला ने कहा कि यह बात सच है कि पहले हम सब्जियों एवं फलों को बिना फ्रिज के दो तीन तक रख सकते थे, लेकिन आजकल उन्हें फ्रिज में एक दिन भी रखना कठिन हो गया है। एक महिला का कहना था कि आजकल खाना पकाते समय घीया तुरई, टिंडे पकने में इतना समय लेते हैं कि ऐसा लगता है कि हम सब्जी नहीं बीरबल की खिचड़ी बना रहे हैं। अन्य महिला का विचार था कि हम जानते हैं कि अधिक उत्पादन लेने के लिए रासायनिक खाद का इस्तेमाल प्रचुर मात्रा में किया जा रहा है, जिससे बहुत सी सब्जी एवं फलों के स्वाद में इतना परिवर्तन आया है कि ये तलक मारने लगे हैं। सब्जी खरीदने आई एक अन्य महिला ने कहा कि हम तो आर्गेनिक फार्मिंग की ओर से उत्पन्न पदार्थ जो हम अधिक मूल्य देकर भी खरीदने को तैयार हैं। सब्जी मंडी के अध्यक्ष अभय सैनी ने कहा कि यदि यहां पर इस तरह के पदार्थों की मांग होती है, तो हम आर्गेनिक फार्मिंग की ओर से उत्पन्न किए गए पदार्थों को किसान भाइयों से उत्पन्न कराने पर जोर देंगे तथा उन्हें मूल्य भी अधिक दिलाने का आश्वासन दिया। इस सम्मेलन का आयोजन विनीत शर्मा ने किया एवं उपस्थित सभी किसानों व गणमान्य सदस्यों का आभार प्रकट कर धन्यवाद दिया।

अभ्यास, विवरण एवं विश्लेषण–3

क्या आप अपने क्षेत्र में स्वयं तथा अन्य किसानों को प्ररित कर अपने स्तर पर ओर्गेनिक फार्मिंग के लिये संगठन बना सकते हैं? स्वयं अपनी स्थिति एवं अपने परिचितों से चर्चा के आधार पर विश्लेषण करें। **(Can you organize farmers in your area to initiate organic farming)**

....

....

....

....

....

....

....

....

....

....

....

....

....

क्या इस क्षेत्र में स्वयं सहायता समूह के बारे में लोग परिचित हैं, कौनसी अन्य संस्थाओं/विभागों द्वारा इस क्षेत्र में स्वयं सहायता समूह बनाये गये हैं एवं क्या उन्हीं स्वयं सहायता समूहों को ओर्गेनिक फार्मिंग के संगठनों के रूप में आगे लाया जा सकता है? वर्तमान स्थिति के बारे में लिखें। (Are you aware about Self Help Groups. Can you mobilize the some groups to take up organic farming) ....

....

....

....

....

....

....

....

....

....

....

....

....

आपके क्षेत्र में ओर्गेनिक फार्मिंग कार्यक्रम में कौनसी ऐजेन्सीज / विभाग / व्यापारिक संस्थाऐं जुड़ सकती हैं। इनकी नामवार पहचान करें एवं उनकी भूमिका सुनिश्चित करने के लिये उनसे चर्चा करें। **(In your area, kindly identify agencies, organisations and individuals, who can contribute in initiating an organic farming programme. Also define their roles & responsibilities)**

राजकीय विभाग (Government Departments) :..

....

....

....

....

....

....

....

....

....

....

....

....

डवलपमेंट ऐजेन्सीज (Development Agencies) :..

....

....

....

....

....

....

....

....

....

....

....

....

....

....

व्यापारिक संस्थाऐं (कृषि के इनपुट्स के लिये) (Commercial/Private organisations for inputs)

व्यापारिक संस्थाऐं (कृषि के आउटपुट्स के लिये) **(Commercial/Private orgnisation for outputs)** ....

ORGANIC PRODUCTION METHODS

This unit emphasizes the importance of indigenous know-how and traditional practices for organic production.

- Organic farming is an attempt to achieve quality.
- For successful organic farming, cultivators will have to harmonize their agricultural practices to achieve uniform quality.
- Organic farming will revive indigenous technical know-how with modern scientific backing.
- Organic certification is primarily for the process of cultivation and not for the crop output. Even all inputs going in for organic production are covered under certification.
- The inputs can be compared on the basis of their use efficiency. Biologically produced fertilizers have very high use effeciency as compared to chemical fertilizers.
- Vermiculture has been a major breakthrough in promoting organic farming. Bio-Dynamic is the most widely used method for organic production. Homa therapy is also being tried in some places.
- Many reference materials for the use of organic fertilizers and bio-pesticides are available and should be studied in detail.

युनिट 4 ओर्गेनिक उत्पादन विधियां

ओर्गेनिक फार्मिंग की मूल भावना में उपज की क्वालिटी महत्वपूर्ण बिन्दु है। आधुनिक खेती के नाम पर जिस प्रकार रसायनों का उपयोग हुआ उससे भोजन पदार्थों की क्वालिटी पर विपरीत असर हुआ है। अब यह माना जा रहा है कि रसायनों के उपयोग के बिना जब खेती की जायेगी तब भोजन पदार्थों की क्वालिटी संतोष जनक रहेगी। कुल मिलाकर आज रसायन विहीन खेती को ही ओर्गेनिक फार्मिंग माना गया है। कई लोगों का यह मानना है कि रसायनों का उपयोग नहीं करने पर खेती की उपज घट जाती है। यह बात कुछ हद तक सही हो सकती है। विशेषतः उन स्थितियों में जहां आधुनिक खेती के नाम पर कम उपजाऊ क्षमता वाली जमीन पर रसायनों के उपयोग के कारण ही खेती की जा रही हो। लेकिन और सभी जगहों पर ओर्गेनिक उत्पादन की उचित विधियों के उपयोग से न सिर्फ उपज को बढाया जा सकता है बल्कि उच्च क्वालिटी की उपज भी प्राप्त की जा सकती है।

बड़े स्तर पर ओर्गेनिक फार्मिंग अपनाने वाले कृषकों के लिये एक समान क्वालिटी की उपज पैदा करना आसान है। एक समान क्वालिटी की बड़ी मात्रा में उपज होने पर उसको बेचने में कम कठिनाई होगी। इसके लिये छोटे छोटे किसानों के द्वारा जब ओर्गेनिक फार्मिंग अपनाई जायेगी तब उन किसानों को भी अपने संगठन के स्तर पर उत्पादन की एक समान विधि अपनानी होगी। इस प्रकार जब सभी किसानों की उपज को इक्ट्ठा किया जायेगा तब उनके एक समान गुणों के आधार पर उनका एक बैच बनाया जा सकेगा।

ओर्गेनिक फार्मिंग के सन्दर्भ में इनपुट्स के अलावा एग्रीकल्चर प्रेक्टिस का भी क्वालिटी बढ़ाने में महत्वपूर्ण योगदान रहता है। खेत की तैयारी से लेकर, बुवाई, बीज, खाद इत्यादि के उचित उपयोग द्वारा क्वालिटी में महत्वपूर्ण सुधार किये जा सकते हैं। इस प्रकार किसान अपने खेत पर ही सभी गतिविधियां स्वयं कर सकेगा।

रसायन विहीन खेती/ओर्गेनिक फार्मिंग के लिये आवश्यक तकनीकें आज भी उपलब्ध हैं और करीब करीब सभी जगहों पर किसान इनसे परिचित भी हैं। यह जरूर हो सकता है कि कुछ विशेष आवश्यकताओं के लिये हमें कुछ नई तकनीकों का विकास करना पड़े। प्रमुखतया ओर्गेनिक फार्मिंग में खाद एवं कीटनाशकों के लिये उचित प्लानिंग करनी होगी। परम्परागत् रूप से काम में ली जा रही खादों के अलावा आधुनिक विज्ञान द्वारा आज कई नई प्रकार की जैविक खादें विकसित कर ली गई हैं। इनमें वर्मीकल्चर एक प्रमुख उपलब्धि है। कीटनाशकों के लिये भी नीम आधारित कई नये प्रयोग किये गये हैं।

ओर्गेनिक फार्मिंग के लिये किसानों को परम्परागत तरीके अपनाने होंगे

वर्मीकल्चर : पारम्परिक खेती करने की विधियों के साथ वर्मीकल्चर खाद का उपयोग फसलों की गुणवत्ता सुधारने में बहुत महत्वपूर्ण योगदान दे रहा है। रसायनिक खेती करने वाले खेतों में प्राकृतिक जीव नष्ट हो जाते हैं। रसायनिक खाद सिर्फ कुछ विशेष प्रकार की जरूरतों को ही पूरा कर पाती है। विज्ञान ने उत्पादन बढ़ाने के लिये आवश्यक रसायनिक तत्वों की खोज कर ली और उन्हें रसायनिक खाद द्वारा पूरा किया जाने लगा, लेकिन गुणवत्ता को प्रभावित करने वाली रसायनिक–जैविक क्रियाओं के सम्बंध में कुछ बहुत अधिक विज्ञान का विकास नहीं हो पाया है। मोटे रूप से यह कहा जा सकता है कि प्रकृति ने ऐसी व्यवस्थाएँ कर रखी हैं जिनसे सभी प्रकार की रसायनिक–जैविक क्रियाएँ सुचारु रूप से चलती रह सकें। वर्मी कल्चर एक बार पुनः उन जैविक क्रियाओं के चक्र को शुरू करने का कार्य करती है।

हमारा मानना है कि किसी भी जमीन की उर्वरा शक्ति मापने के लिये रसायनिक विश्लेषण की जगह यदि जैविक विश्लेषण किया जाने लगे तो शायद हम रसायनिक खादों की तुलना में उपजी फसल से कई गुणा अधिक एवं शुद्ध गुणवत्ता (स्वाद, रंग, रूप, महक, रस, गुणकारी, पौष्टिक इत्यादि) वाली उपज प्राप्त कर सकेंगे।

अब तक किये गये 5000 से अधिक प्रयोगों के जो परिणाम देखने में आये हैं उनके आधार पर जैव क्रियाओं के महत्व को नकारा नहीं जा सकता। दूसरी प्रमुख उपलब्धि प्राकृतिक/ओर्गेनिक फार्मिंग में उत्पादन के बढ़ने की भी रही है। हमने देखा है कि यदि जैविक विश्लेषण के आधार पर समुचित वर्मीकल्चर उपयोग की जाये तो 20–200 प्रतिशत तक अधिक उत्पादन लिया जा सकता है।

गत् 25–40 वर्षों से किसानों द्वारा लगातार रसायनिक खाद इस्तेमाल की जाती रही है, अतः जैसें ही किसान अन्य प्रकार की खाद या वर्मीकम्पोस्ट का उपयोग प्रारम्भ करना चाहेंगे, उन्हें नये सिरे से रसायनिक खादों के उपयोग की मात्रा, विधि एवं लागत की तुलना करनी होगी। जैसा कि पहले लिखा गया है कि हम जितनी रसायनिक खाद खेत में डालते हैं, उसमें से कुछ भाग ही पेड़–पौधों द्वारा काम में ली जाती है, शेष वातावरण में ही नष्ट हो जाती है। पेड़–पौधों द्वारा उपलब्ध पोषक तत्वों में से काम में लिये जाने वाले पोषक तत्वों की उपयोग क्षमता के आधार पर ही अन्य प्रकार की खाद या वर्मीकम्पोस्ट की उपयोगिता देखी जानी चाहिये।

हम यहां सबसे पहले सामान्य तौर पर काम में लिये जाने वाले रसायनिक उर्वरकों की उपयोग क्षमता के आधार पर लागत का आंकलन दे रहे हैं। इसी आधार पर हम अन्य प्रकार की खाद के उपयोग की गणना भी कर सकते हैं (स्वयं लेखक द्वारा लिखी गई पहली पुस्तक *'वर्मीकल्चर–एक समपूर्ण मार्गदर्शिका'* से लिया गया सारांश)।

यूरिया

- किसी खेत में 100 किलो यूरिया प्रति हैक्टर डाला गया।
- यूरिया में 46 प्रतिशत नाइट्रोजन पोषक तत्व के रूप में होती है।
- यूरिया की सामान्य बाजार कीमत रू. 4.50 प्रतिकिलो है।
- इसलिये यूरिया में उपलब्ध पोषक तत्व नाइट्रोजन की कीमत रू. 9.80 प्रतिकिलो हुई।
- खेत में रसायनिक रूप में उपलब्ध कराये जाने वाले नाइट्रोजन की उपयोग क्षमता यानि पौधों द्वारा काम में लिये जाने वाली नाइट्रोजन की मात्रा 15 से 40 प्रतिशत और औसत 20 प्रतिशत होती है।

अतः पौधों द्वारा काम में लिये जाने वाली नाइट्रोजन की कीमत रू. 49.00 प्रतिकिलो आती है।

डी.ए.पी.

- किसी खेत में 100 किलो डीएपी प्रति हैक्टर डाला गया।
- डीएपी में 18 प्रतिशत नाइट्रोजन एवं 46 प्रतिशत फॉस्फोरस पोषक तत्व के रूप में होते हैं।
- डीएपी की सामान्य बाजार कीमत रू. 8.50 प्रतिकिलो है।
- इसलिये डीएपी में उपलब्ध पोषक तत्व नाइट्रोजन एवं फास्फोरस की सम्मिलित कीमत रू. 13.30 प्रतिकिलो हुई।
- खेत में रसायनिक रूप में उपलब्ध नाइट्रोजन की औसत उपयोग क्षमता 20 प्रतिशत तथा फास्फोरस की 15 प्रतिशत होती है।

अतः पौधों द्वारा काम में लिये जाने वाले पोषक तत्व (नाइट्रोजन एवं फास्फोरस) की कीमत रू. 75.94 प्रतिकिलो आती है।

सिंगल सुपर फास्फेट (एस.एस.पी.)

- किसी खेत में 100 किलो एस.एस.पी. प्रति हैक्टर डाला गया।
- एस.एस.पी. में 16 प्रतिशत फास्फोरस पोषक तत्व के रूप में होता है।
- एस.एस.पी. की सामान्य बाजार में कीमत रू. 2.60 प्रतिकिलो है।
- इसलिये एस.एस.पी. में उपलब्ध पोषक तत्व फास्फोरस की कीमत रू. 16.25 प्रतिकिलो हुई।
- खेत में रसायनिक रूप में उपलब्ध फास्फोरस की उपयोग क्षमता 10 से 25 प्रतिशत एवं औसत 15 प्रतिशत होती है।

अतः पौधों द्वारा काम में लिये जाने वाले पोषक तत्व फास्फोरस की कीमत रू. 108.82 प्रतिकिलो आती है।

कैल्सियम अमोनियम नाइट्रेट (सी.ए.एन.)

- किसी खेत में 100 किलो सी.ए.एन. प्रति हैक्टर डाला गया।
- सी.ए.एन. में 20 प्रतिशत नाइट्रोजन होता है।
- सी.ए.एन. की सामान्य बाजार कीमत रू. 4.20 प्रतिकिलो है।
- इसलिये सी.ए.एन. में उपलब्ध पोषक तत्व नाइट्रोजन की कीमत रू. 21.00 प्रतिकिलो हुई।
- भूमि में रसायनिक रूप में सी.ए.एन. से उपलब्ध नाइट्रोजन की उपयोग क्षमता औसत 20 प्रतिशत होती है।

अतः पौधों द्वारा काम में लिये जाने वाले नाइट्रोजन की कीमत रू. 105.00 प्रतिकिलो आती है।

म्यूरेट ऑफ पोटाश (एम.ओ.पी.)

- किसी खेत में 100 किलो एम.ओ.पी. प्रति हैक्टर डाला गया।
- एम.ओ.पी. में 60 प्रतिशत पोटाश पोषक तत्व के रूप में होता है।
- एम.ओ.पी. की सामान्य बाजार कीमत रू. 4.60 प्रति किलो है।
- इसलिये एम.ओ.पी. में उपलब्ध पोटाश की कीमत रू. 7.60 प्रति किलो हुई।
- भूमि में उपलब्ध पोटाश की उपयोग क्षमता औसत 70 प्रतिशत होती है।

अतः पौधों द्वारा काम में लिये जाने वाले पोटाश की कीमत रू. 10.90 प्रतिकिलो आती है।

जिस प्रकार हमने रसायनिक उर्वरकों की औसत उपयोग क्षमता के आधार पर पेड़–पौधों द्वारा काम में लिये जाने वाले पोषक तत्वों की लागत के बारे में जाना ठीक उसी प्रकार हमें वर्मीकम्पोस्ट या अन्य खादों में उपलब्ध पोषक तत्वों की उपलब्धता एवं उपयोग क्षमता के आधार पर लागत का आंकलन करना होगा।

इस सन्दर्भ में एक बड़ी समस्या अन्य खादों की बाजार कीमत का आंकलन करने की है। चूंकि रसायनिक उर्वरक स्वयं किसानों द्वारा नहीं बनाये जाते हैं, और उनके मूल्य नियन्त्रण एवं छूट की व्यवस्था सरकार द्वारा की गई है, इसलिये उनकी एक निश्चित सामान्य बाजार दर प्रचलित है। लेकिन अन्य खादों की प्रचलित बाजार दरें नहीं होती। फिर भी इसका आंकलन करने का कोई न कोई तरीका अवश्य निकाला जा सकता है।

किसानों को खेती के इनपुट स्वयं तैयार करने होंगे।

यहां हमने वर्मीकम्पोस्ट के आंकलन का उदाहरण दिया है और किसान इस आधार पर अन्य जैविक खादों की भी लागत निकाल सकते हैं।

- किसी खेत में 1000 किलो वर्मीकम्पोस्ट प्रति हैक्टर डाली गई।
- वर्मीकम्पोस्ट में उपलब्ध मुख्य पोषक तत्वों की मात्रा निम्न प्रकार है।

नाइट्रोजन	– 1.50 से 2.50 प्रतिशत तक (औसत 2.00 प्रतिशत)
फास्फोरस	– 1.25 से 2.25 प्रतिशत तक (औसत 1.75 प्रतिशत)
पोटाश	– 1.00 से 3.00 प्रतिशत तक (औसत 1.50 प्रतिशत)

- वर्मीकम्पोस्ट में अणु एवं सूक्ष्म पोषक तत्व (सभी प्रकार के मिलाकर) – 0.50 से 1.50 प्रतिशत तक (औसत 1.00 प्रतिशत) होते हैं।
- इसलिये वर्मीकम्पोस्ट में उपलब्ध सभी पोषक तत्वों की मात्रा 62.50 किलो हुई।
- खेत में वर्मीकम्पोस्ट के रूप में उपलब्ध कराये जाने वाले पोषक तत्वों में निरन्तर वृद्धि होती है। फसल के 90–120 दिनों के अन्तराल में जीवाणुओं द्वारा उपलब्ध कराये गये पोषक तत्वों की मात्रा भी 1.50 से 2.50 प्रतिशत (औसत 2.00 प्रतिशत) तक होती है।
- इस प्रकार वर्मीकम्पोस्ट द्वारा कुल पोषक तत्वों की उपलब्धता 82.50 किलो हुई।
- अब तक प्राप्त परिणामों के आधार पर वर्मीकम्पोस्ट द्वारा उपलब्ध कराये गये पोषक तत्वों की उपयोग क्षमता 60 से 70 प्रतिशत तक होती है, अतः पौधों द्वारा उपयोग किये गये पोषक तत्वों की मात्रा 53.60 किलो हुई।
- औसत 1500 रू. प्रति टन की लागत से वर्मीकम्पोस्ट द्वारा उपलब्ध एवं पौधों द्वारा उपयोग किये गये **पोषक तत्वों की कीमत रू. 28.00 प्रतिकिलो** आती है।

हमें वर्मीकम्पोस्ट द्वारा कुछ अन्य लाभ भी मिलते हैं जो इस प्रकार हैं।

- वर्मीकम्पोस्ट खेत में दीमक एवं अन्य नुकसान करने वाले जीवाणुओं को नष्ट कर देती है, इससे कीटनाशक की लागत में कमी आती है।
- वर्मीकम्पोस्ट के उपयोग से खरपतवार की समस्या पर नियन्त्रण होता है और मजदूरी की लागत में कमी आती है।
- वर्मीकम्पोस्ट इस्तेमाल के बाद 2–3 फसलों तक पोषक तत्वों की उपलब्धता बनी रहती है, इससे अगली फसल में काम में लिये जाने वाले पोषक तत्वों की मात्रा एवं लागत में कमी होती है।
- वर्मीकम्पोस्ट के उपयोग से मिलने वाली उपज की गुणवत्ता के बेहतर होने के कारण उसका दाम अधिक मिलता है, इससे किसानों को मिलने वाले शुद्ध लाभ में वृद्धि होती है।
- वर्मीकम्पोस्ट पूर्ण रूप से पर्यावरण मित्र विधि है, जबकी रसायनिक उर्वरकों के निर्माण में उर्जा के उपयोग से लेकर इस्तेमाल तक हर स्तर पर प्रदूषण की समस्या पैदा होती है।

इस प्रकार हम देखते हैं कि रसायनिक उर्वरकों के रूप में पोषक तत्वों के उपयोग की तुलना में वर्मीकम्पोस्ट का उपयोग किसी भी दृष्टि से अधिक लाभदायक है।

ओर्गेनिक फार्मिंग सही मायने में इन्टीग्रेटेड फार्मिंग पद्धति है।

ओर्गेनिक खेती को अपनाने के लिये काम में आने वाली उत्पादन विधियों में प्रत्येक गतिविधि का अपना महत्व है। जैसा कि हमने पहले कहा है कि ओर्गेनिक फार्मिंग सही मायने में इंटीग्रेटेड फार्मिंग का एक तरीका है। अतः यह जरूरी है कि हम प्रत्येक फसल के लिये प्लान करते समय उसके दूसरी गतिविधियों पर पड़ने वाले असर को भी समझ लें। उदाहरण के लिये किसी खेत पर अरण्डी या सरसों की फसल कटाई के बाद बचने वाले अवशेष का क्या सदुपयोग किया जा सकता है? इन प्रश्नों का उत्तर आसान नहीं है। सामान्य विधियों से इतने कठोर पदार्थों की कम्पोस्ट खाद बनने में बहुत समय लगता है, इसके लिये कुछ विशेष प्रकार के बैक्टीरिया कल्चर का उपयोग करने से इन कठोर पदार्थों को मुलायम बनाकर वर्मीकम्पोस्ट बनाई जा सकती है। ठीक इसी प्रकार किसानों को सोचना होगा कि क्या वर्तमान तरीकों से बनाई जा रही घूरे की खाद का उपयोग उचित है? कदापि नहीं, क्योंकि इस प्रकार की देशी खाद खेत में दीमक एवं खरपतवार दोनों की समस्या पैदा करती है। दीमक के जैविक नियंत्रण की आसान विधियां उपलब्ध नहीं हैं और खरपतवार निकालने में लेबर का खर्च बढ़ जाता है। अतः किसानों को पहले से ही कम्पोस्ट बनाने की ऐसी विधि अपनानी होगी जिसमें दीमक का प्रकोप न हो तथा खरपतवार का बीज खेत में वापस न पहुंचने पाये।

कई किसानों के सामने वर्तमान फसल चक्र की एक और समस्या हो सकती है। उदाहरण के लिये कई किसान लगातार ऐसी फसलें पैदा करते हैं जिनमें अनाज के अलावा बाकी फसल अवशेष पशुओं के चारे के काम में लिया जाता है। दूसरी कोई फसल होती नहीं है जिसके अवशेष ओर्गेनिक मैटर के रूप में कम्पोस्ट बनाने के काम में लिये जा सकें। ऐसी स्थिति में किसानों को अपने फसल चक्र में बदलाव के साथ खेत में रखे जा रहे पशुओं की संख्या के बारे में भी विचार करना होगा।

सभी किसानों को अपनी वर्तमान खेती में विभिन्न प्रकार की फसलें, चारा उत्पादन, वृक्ष एवं होर्टीकल्चर की गतिविधियों के साथ पशुपालन का भी उचित समन्वय करना होगा।

जमीन की उपजाऊ शक्ति बढ़ाने के लिये लेग्यूम फसलों को लगातार लगाने से खेत में नाइट्रोजन फिक्सिंग बेक्टीरिया की संख्या में बढ़ोतरी होने लगती है।

एक बार पूर्णतया प्राकृतिक तरीकों से खेती करने का निर्णय सबसे पहले जमीन एवं मिट्टी की जांच से प्रारम्भ होकर उनमें सम्पूर्ण सुधार का रास्ता दिखा सकता है। उचित मात्रा में ओर्गेनिक मैटर एवं जैव गतिविधियों के द्वारा भूमि की क्षारीयता एवं लवणीयता का दुष्प्रभाव कम किया जा सकता है। मिट्टी में जैव गतिविधियां और उनके लिये आवश्यक मात्रा मे उपलब्ध ओर्गेनिक मैटर जमीन की पानी सोखने की क्षमता को भी कई गुणा बढ़ा देंगे। इससे सिंचाई के खर्च में कमी आयेगी और वर्षा आधारित फसलों के उत्पादन में कम बरसात होने पर भी पूरा उत्पादन लिया जा सकेगा।

गत् कुछ वर्षों में आधुनिक खोज के नाम पर कई कम अवधी की फसलों की नई वैरायटी आ गई हैं। इनके कम अवधी में तैयार होने का मूल आधार कम समय में रसायनिक उर्वरकों को अधिक मात्रा में सोखने से जुड़ा हुआ है। अब किसानों को इस प्रकार की वैरायटी के बीज के बारे में पुनः विचार करना होगा। कई नई वैरायटी उत्पादन अधिक देने में सक्षम हैं, लेकिन इसी के साथ कुछ की रोग प्रतिरोधक क्षमता कम है। पहले इस प्रकार की वैरायटी बोने पर पेस्टीसाइड के उपयोग से रोग नियंत्रण कर लिया जाता था, लेकिन अब पेस्टीसाइड का उपयोग न करने की स्थिति में रोग नियंत्रण कैसे किया जाय? यह विचारणीय है। रोग नियंत्रण का उचित उपाय न होने पर किसानों को ऐसी वैरायटी की जगह दूसरी वैरायटी काम में लेनी होगी।

खेती के आधुनिक विज्ञान ने हमें विपरीत परिस्थितियों में भी खेती करने और मन मर्जी की फसलों का उत्पादन करने का तरीका सिखाया है। लेकिन अब हमें आधुनिक विज्ञान के दो प्रमुख हथियार रसायनिक उर्वरक एवं पेस्टीसाइड के बिना ही खेती करने के तरीके अपनाने होंगे। इस सन्दर्भ में किसानों से चर्चा करने पर कई महत्वपूर्ण सुझाव सामने आये। आमतौर पर किसानों का कहना है कि देशी बीज एवं परम्परागत् फसलें लेने में सबसे कम परेशानी होती है। ट्रेडिशनल फसलें और उनकी किस्में स्थानीय परिस्थितियों में प्रकृति के साथ बेहतर तालमेल रखती हैं। इस प्रकार की फसलों से मिलने वाले उत्पादन में पोषक तत्व अधिक होते हैं और उनका स्वाद भी बढ़िया होता है। इस स्थिति में यह कहा जा सकता है कि ओर्गेनिक फार्मिंग में एक बार फिर से ट्रेडिशनल वैरायटी को अपनाने का आसान विकल्प मौजूद है। रही इनका उत्पादन बढ़ाने की बात, तो जमीन के जैव विज्ञान आधारित ज्ञान के आधार पर अब ऐसी कई तकनीकें मौजूद हैं जिनके द्वारा उत्पादन बढ़ाना भी संभव हो सकता है। लेकिन एक अन्य महत्वपूर्ण पहलू और भी है। क्या किसी भी कीमत पर उत्पादन बढ़ाना ही खेती का अन्तिम लक्ष्य है? क्या हमने इस सिद्धान्त के आधार पर करीब 40 वर्षों तक प्रयास नहीं किये, और उनके क्या परिणाम मिले हैं? अव्वल तो उत्पादन बढ़ने की गति बहुत धीमी रही है, और जो उत्पादन बढ़ा है उसकी कितनी बढ़ी कीमत आज हम चुका रहे हैं, यह भी सोचने की बात है।

ट्रेडिशनल फसलें, परम्परागत् देशी किस्में, प्राकृतिक रूप से पैदा की गई जमीन की उर्वरा शक्ति, एक खेत पर विभिन्न फसलें इत्यादि अपने आप में सम्पूर्ण जैव विविधता को बढ़ावा देने के लिये अत्यन्त सहायक हैं। इसके कारण फसलों के रोग एवं कीट प्रकोप में कमी हो जाती है और यदि थोड़ी बहुत समस्या होती भी है तो खेत पर ही फसल मित्र जीवों (परभक्षी) से उनका ओटोमेटिक नियंत्रण हो जायेगा। बची खुची समस्याओं के लिये आज आधुनिक विज्ञान के बलबूते अब ऐसी प्राकृतिक कीटनाशक दवाओं का विकास कर लिया गया है जिनसे कीट एवं रोग पर पूर्ण नियंत्रण किया जा सके। इनमें से अधिकतर दवाऐं किसान स्वयं अपने खेत पर भी बना सकते हैं। इससे उनके द्वारा किये जाने वाले खर्च में कमी आयेगी और वह इस सम्बन्ध में भी आत्म निर्भर हो जायेंगे।

इस प्रकार हम देखते हैं कि ओर्गेनिक फार्मिंग किस प्रकार किसानों को अपने इनपुट स्वयं पैदा करने की शुरूआत है। इससे किसानों को खेत पर अधिक काम मिलेगा और उसके कैश खर्च में कमी होगी। जिस प्रकार उत्पादन की गतिविधियों में आमूलचूल परिवर्तन हो सकते हैं उसी प्रकार फसल कटाई के बाद उसकी प्रोसेसिंग एवं भण्डारण में भी परिवर्तन हो जायेंगे। इन सभी परिवर्तनों से किसानों की खेती की लागत में कमी आयेगी और उनका मुनाफा बढ़ जायेगा।

खेती में हर कदम पर विकल्प मौज़ूद हैं। हम इस अध्याय के अन्त में खेती की सम्पूर्ण विधि की सूची दे रहे हैं। हमारा मानना है कि प्रत्येक कृषक इस सूची के अनुसार अपने लिये सर्वश्रेष्ठ विकल्प तय कर सकते हैं जिससे वह ओर्गेनिक फार्मिंग को अपना सकेंगे। इस सूची के अनुसार विचार करने एवं आवश्यक सुधार करने से भी उपज की मात्रा एवं क्वालिटी में बढ़ोतरी होती है।

ओर्गेनिक फार्मिंग के लिये स्वयं किसानों द्वारा निर्णय करने एवं उसके लिये समुचित प्रयास करना आवश्यक है। यहां दी गई सूची का अध्ययन एवं विकल्पों की तुलना से किसानों को यह सोचने में आसानी होगी कि वह इस दिशा में आगे बढ़ें या नहीं।

इस अध्ययन की एक और महत्वपूर्ण जरूरत है। प्रमाणीकरण की वर्तमान व्यवस्था में किसी भी ओर्गेनिक उपज का सर्टिफिकेशन उस उपज को प्राप्त करने में अपनाई गई गतिवितिधियों के सन्दर्भ में ही आंका जा सकता है। इसे प्रोसेस सर्टिफिकेशन भी कहते हैं। प्रोसेस सर्टिफिकेशन का मुख्य आधार रिकार्ड होते हैं। इसलिये इस सूची के अनुरूप ओर्गेनिक फार्मर को अपनी स्वयं की कम्पलीट रिकार्ड रखने की व्यवस्था अपनाने का आधार मिल जायेगा।

विभिन्न प्रकार की जैव खाद एवं जैव विधि से कीट, व्याधि एवं नींदा नियन्त्रण की तकनीकों को इस पुस्तक में विस्तार से नहीं दिया गया है। ''वर्मीकल्चर–एक सम्पूर्ण मार्ग दर्शिका'' (स्वयं इस लेखक द्वारा लिखी गई पुस्तक) ओर्गेनिक फार्मिंग अपनाने में बहुत उपयोगी पुस्तक है। डा एस. सी. व्यास एवं अन्य द्वारा लिखित पुस्तक ''जैविक खेती'' का उषा एग्रोटेक सर्विसेज, इन्दौर द्वारा प्रकाशन किया गया है। अतः हमारा पाठकों को सुझाव है कि वह इस प्रकार की पुस्तकों का भी अध्ययन अवश्य करें।

इस विषय पर कई अन्य पुस्तकें अंग्रेजी में लिखी गई हैं. शायद किसानों के स्तर पर इस विषय में रूचि बढ़ने से उन पुस्तकों के हिन्दी अनुवाद भी उपलब्ध होने लगें।

इस विषय में जानकारी कम होने पर किसानों को उचित प्रशिक्षण भी लेना होगा। इस कार्य के लिये उनका अकेले नहीं, अपितु अपने परिवार के सभी सदस्यों को शामिल करना उचित रहेगा।

THE TIMES OF INDIA

SATURDAY, DECEMBER 1, 2001

Morarka Foundation wins accolades for vermi-compost

Times News Network

JAIPUR: M R Morarka-GDC Rural Research Foundation, a leading voluntary organisation in the state has been awarded bronze medal by the Union government for excellence in technology innovation.

The Foundation participated in the International Trade Fair held recently in Delhi. Project director Mukesh Gupta said the organisation has pioneered the vermi-compost technology along with farmers of Shekhawati region. This technology has emerged as an employment generating activity for youth in both rural and urban areas.

Gupta said organic farming programme is gaining popularity in the Shekhawati region. Vermi-compost units have not only been successful in maintaining the ecology, but have been proving to be an effective replacement for chemical fertilisers. Soon the farms of the arid Shekhawati region may start producing organic food.

Farmers in the region have found vermi-compost a suitable means to raise the agriculture production by 25 percent. They have been using it for a variety of applications on crops such as coarse cereals, oilseed, fodder, vegetables etc. The Foundation, as a part of its commitment for the rural upliftment started the vermi-compost culture among the farmers of Jhunjhunu and Sikar districts in 1995.

"Earthworms were known to be beneficial living creatures, but not much was done to artificially breed these worms and take advantage of their contribution to mankind. We worked at grassroot level to identify farmers willing to take up organic farming," said Gupta.

The project was started with just 10 worms and with various experiments and World Bank assistance set up 15 vermi-compost units in the semi-desert Jhunjhunu district.

Since then farms units have developed from strength to strength and there are over 500 such units in Jaipur, Sikar and Alwar districts. Each unit is producing on an average 10 metric tonnes of vermi-compost. Over 100 commercial units producing an average of 400 MT vermi-compost per unit per year have also been installed in the state.

जीवाणु खाद से अच्छी बढ़वार

खेत-खलिहान

जयपुर, 24 अगस्त [न.सं.]। कृषि विभाग ने किसानों को उद्यानिकी फसलों में जीवाणु खाद का उपयोग कर पैदावार में वृद्धि करने की सलाह दी है।

विभाग की विज्ञप्ति के अनुसार जीवाणु खाद के प्रयोगों से जमीन में नत्रजन की मात्रा में वृद्धि होती है जो आने वाली फसल के लिए भी लाभदायक होती है। कृषि विशेषज्ञों के अनुसार जीवाणु खाद न केवल महंगी रासायनिक खाद की पूरक है, बल्कि इससे पौधे का जल्दी और अधिक विकास होता है जिससे पौधे जमीन से ज्यादा पोषक तत्व प्राप्त कर सकते हैं। ये जीवाणु अपनी कार्य प्रक्रिया द्वारा अनेक प्रकार के स्त्राव अपने शरीर से विसर्जित करते हैं जिनमें एन्जाइम, विटामिन बी-12, अनेक प्रकार के पदार्थ हैं जो अंकुरण तथा विकास में सहायक होते हैं।

विशेषज्ञों के अनुसार एजोटोबेक्टर के कई स्त्राव भूमि में विद्यमान हानिकारक फफूंद आदि को कुछ मात्रा में नष्ट करने में सहायक होते हैं, जिससे पौधे कई भूमिगत रोगों से अपना बचाव कर सकते हैं। जीवाणु खाद हानिकारक या विषैला नहीं है एवं कार्यक्षमता उसकी कीमत से कई गुणा अधिक होती है। जीवाणु खाद से बीजों या पौधों की जड़ों को उपचारित करना बहुत आसान है। इसके अलावा जीवाणु खाद के पैकेट्स को एक स्थान से दूसरे स्थान पर ले जाना भी आसान है। यह खाद प्राकृतिक जीवाणुओं का समूह है जिनको लिग्नाइट धारक के माध्यम से वैज्ञानिक विधियों से तैयार कर पौलीथीन की थैलियों में बंद कर कृषकों को बीजोपचार के लिए उपलब्ध कराया जाता है।

मिर्च करेगी विषैले चिकन के जीवाणुओं का सफाया

■ वर्जीनिया

विश्व के मांसाहार प्रेमियों को भोजन को विषैला बनाने वाले जीवाणुओं से निबटने का एक आसान तरीका अमेरिका की एक वैज्ञानिक ने ढूंढ निकाला है। उनका कहना है कि अगर मुर्गियों को मिर्च खिलाई जाए तो यह जीवाणु खत्म हो जाते हैं। ब्लैक्सबर्ग स्थित वर्जीनिया टैक यूनिवर्सिटी की ऑड्रे मैकएल्राय ने मुर्गियों को वह रसायन खिलाया जो मिर्च को तीखा बनाता है। इसके बाद उनमें साल्मोनेला नामक जीवाणु डाला गया जो उनके मांस को जहरीला बनाता है। इससे इन जीवाणु वाली मुर्गियों की संख्या में काफी कमी देखी गई। उन्होंने बताया कि इन पक्षियों को खिलाई गई मिर्च का स्वाद चिकन में नहीं आता है। मैकएल्राय ने बताया कि मुर्गियों में तीखा स्वाद पहचानने वाली स्वाद ग्रंथि ही नहीं होती है जिससे इसके तीखेपन का उन पर कोई असर नहीं होता है। उनकी आंतों में जलन जरूर होती है पर यह जलन जीवाणुओं से लड़ने के कारण होती है। इसके प्रभाव से यह जीवाणु बीट के साथ बाहर निकल जाते हैं। असल में अमेरिका व ब्रिटेन में करीब 50 प्रतिशत चिकन इसी जीवाणु के कारण विषैला हो जाता है। यहां मुर्गियों को एंटीबायोटिक खिलाने का प्रचलन है। मैकएल्राय का मानना है कि उसकी इस खोज से भविष्य में मुर्गियों को एंटीबायोटिक देने की आवश्यकता नहीं रह जाएगी। उधर कार्बनिक कृषि की वकालत करने वाले ब्रिटेन के रिचर्ड यंग का कहना है कि इससे ये जीवाणु तो मर जाएंगें पर इनकी जगह कोई और ले लेगा, अतः इसके क्रियान्वयन में सावधानी रखना जरूरी है।

जैव नियन्त्रण

नए कीटनाशक

विभिन्न कीटाणुओं से मानव, फसल और जीव-जन्तुओं को बचाने के लिए विज्ञान ने नए- नए कीटनाशकों का विकास किया है। इन कीटनाशकों ने जहां कीटाणुओं से छुटकारा दिलाया। वहीं पर्यावरण को हानि भी पहुंचाई। दूसरी तरफ इनका मानव जीवन, फसलों आदि पर बुरा असर भी पड़ा है। जब विश्व पर्यावरण पर इनके प्रभावों की जांच- पड़ताल की गई तो और भी खतरनाक निष्कर्ष सामने आए। इसके बाद वैज्ञानिकों ने अपनी खोज और अनुसंधान को एक नई दिशा दी। ऐसे कीटनाशकों का विकास जो पर्यावरण को कोई क्षति नहीं पहुंचाता हो। ऐसे कीटनाशकों या उत्पादों को ही पारिस्थितिकी के अनुकूल कीटनाशक का नाम दिया गया। कुछ समय पूर्व अमरीकी वैज्ञानिको ने यह घोषणा की कि उन्होंने एक ऐसे पर्यावरण के अनुकूल कीटनाशक का विकास किया है, जो घरेलू मक्खियों और अनाजों में छिद्र करने वाले कीटों को आसानी से दूर भगाने में सक्षम है। इस कीटनाशक का विकास तीसी और कसौंदी के पौधों से तैयार किए गए है, जिनसे दो प्राकृतिक यौगिकों का निष्कर्षण करके बनाया गया है। ये यौगिक क्रमशः एसीटोन सायनोहाइड्रीन और मिथाइलकीटोन हैं। ये पौधे अभी तक लाइनेन और कसावा के निर्माण में उपयोग किए जाते थे। अब तक घरेलू मक्खियों को भगाने के लिए जिन कीटनाशकों का उपयोग किया जाता है, उनमें मिथाइल ब्रोमाइड नामक कार्बनिक यौगिक विद्यमान होता है, जो ओजोन परत के स्खलन में सहायक होता है। नए प्रयोगों से विकसित पारिस्थितिकी के अनुकूल यह कीटनाशक अब इन परम्परागत कीटनाशकों का स्थान ले सकता है, जिससे ओजोन परत को कोई खतरा नहीं है। इस कीटनाशक का प्रयोग कृषि क्षेत्र में भी किया जाता है। अनाजों में छिद्र करने वाले नामक एक विशेष प्रकार के कीटों को भगाने में भी यह कीटनाशक उपयोगी सिद्ध हुआ है। जल्द ही इस कीटनाशक का वाणिज्यिक स्तर पर उत्पादन और विपणन होने लगेगा।

-सीमा

मच्छर भगाओ तेल से

वैज्ञानिकों ने बगीचे की झाड़ियों में मच्छर भगाने वाले एक ऐसे यौगिक की खोज की है, जो विकासशील देशों में मच्छरों के विरुद्ध लड़ाई में कारगर हथियार बन सकता है। ब्रिटेन एवं नाइजीरिया के वैज्ञानिकों ने समर साइरस की झाड़ी के बीजों के तेल से मच्छरों को आकर्षित करने वाले विशेष यौगिक का निर्माण किया है।

विज्ञान पत्रिका न्यू साइंटिस्ट में कहा गया है कि ब्रिटेन और नाइजीरिया के अनुसंधानकर्ताओं ने इस पौधे के बीजों के तेल से फेरोमोन [सुगन्धित पदार्थ] का निर्माण किया है। यह मनुष्य के लिए तो गंधहीन है, लेकिन मादा मच्छरों को आबादी से दूर जाने हेतु प्रोत्साहित करता है। इस रिपोर्ट के अनुसार न्यूयॉर्क के स्वास्थ्यकर्मी वेस्ट नाइल नामक विषाणुओं के वाहक मच्छरों के विरुद्ध इस यौगिक का प्रयोग कर चुके हैं। वेस्ट नाइल विषाणु मनुष्य के तंत्रिका तन्त्र पर आक्रमण करते हैं, जिससे रोगी की मौत तक हो सकती है। शोधकर्ताओं का कहना है कि इस यौगिक से विश्व के गरीब देशों में फाइलेरियासिस [सूत्र कृमि रोग] की भी रोकथाम की जा सकती है। फाइलेरियासिस परजीवी से होने वाली इस बीमारी से सिर्फ अफ्रीका में ही डेढ़ करोड़ लोग प्रभावित हैं। ब्रिटेन स्थित इंस्टीट्यूट ऑफ अरेबल क्रॉप्स रिसर्च के जॉन पकेट व उनके सहयोगियों तथा नाइजीरिया के बाउची स्थित बलेवा विश्वविद्यालय के अनुसंधानकर्ताओं ने पता लगाया है कि ये पौधे फेरोमोन की तरह का ही एक यौगिक पैदा करते हैं, जो फाइलेरियासिस और नाइल विषाणुओं के वाहक मच्छरों की प्रजातियों को आकर्षित करते हैं। यह मादा मच्छरों को किसी खास जगह पर अण्डे देने के लिए प्रोत्साहित करता है। इन फेरोमोन के संश्लेषित रूप की जाँच अफ्रीका, जापान और अमरीका में की गई है, जिसमें यह

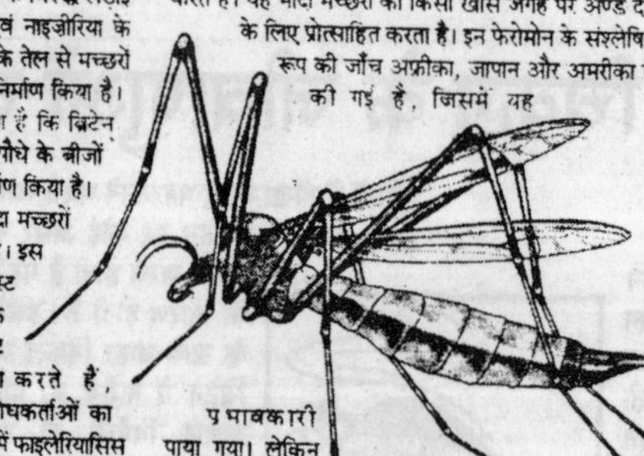

प्रभावकारी पाया गया। लेकिन इसका निर्माण काफी महँगा साबित होता है। वैज्ञानिकों का कहना है कि इस पर अभी अनुसन्धान जारी है। लेकिन उनका विश्वास है कि ज्वलनशील झाड़ियां कृत्रिम फेरोमोन की तुलना में सस्ता विकल्प हमें उपलब्ध करा सकती हैं। [स्रोत फीचर्स]

खट्टी-मीठी बायो-टी

बायो-टी एक विशेष प्रकार की चाय है, जिसमें एक पेय, एक दवा और एक टॉनिक तीनों के गुण एक ही साथ सम्मिलित है। इसे बनाने में न तो दूध की जरूरत पड़ती है और न ही हीटर की। यह कमरे के तापक्रम पर ही उपलब्ध हो सकती है और इसके तीन फायदों के साथ इसमें तीनों स्वाद- खट्टा, मीठा और तीखा भी मिलते हैं। इस प्रकार बायो- टी जहां स्वास्थ्यप्रद है, वहीं स्वादिष्ट भी। बायो- टी जीवाणुओं द्वारा तैयार की जाती है। चाय के पाउडर और चीनी के घोल में दो जीवाणुओं- एक ईस्ट और एक बैक्टीरिया को तीन से पांच दिनों तक छोड़ दिया जाता है। इनके बीच सहजैविक सम्बन्ध विकसित हो जाता है और इनकी क्रियाशीलता के कारण इस घोल की सतह पर एक परत जम जाती है। इस परत को हटाने के बाद जो घोल प्राप्त होता है वही बायो- टी है, जिसे हम तत्काल पी सकते हैं या बोतलों में जमा करके आवश्यकतानुसार उपयोग कर सकते हैं। बायो- टी में एण्टी आक्सीडेंट्स प्रचुर मात्रा में पाए जाते हैं, जो विटामिन ई की तरह कार्य करते हैं और कैंसर, ह्रदयरोग, मोतियाबिंद आदि से शरीर की रक्षा करते हैं। इनमें अन्य कई पोषक तत्व जैसे अत्यावश्यक अमीनो अम्ल, विटामिन, पाचक एंजाइम इत्यादि शामिल होते हैं। इस प्रकार यह नई चाय पेय और सॉफ्ट ड्रिंक तकनीक में एक क्रांतिकारी परिवर्तन ला सकती है, क्योंकि इसमें स्वाद के साथ-साथ स्वास्थ्य संवर्धक तत्त्व भी शामिल हैं।

दैनिक नवज्योति

12 सितम्बर, 2001

मृदा संरक्षण हेतु जैव खेती अपनानी होगी-लोढ़ा

ऑर्गेनिक फार्मिंग उत्पादन एवं विपणन पर किसान सम्मेलन संपन्न

जालोर, 11 सितम्बर (न्यूज सर्विस)। राष्ट्रीय कृषि विपण्न संस्थान कृषि मंत्रालय भारत सरकार एवं मोरारका फाउण्डेशन, जयपुर के संयुक्त तत्वावधान में आयोजित ओर्गेनिक फॉर्मिंग उत्पादन एवं विपणन विकास कार्यक्रम के अन्तर्गत किसान सम्मेलन का आयोजन ऑपेश्वर महादेव मंदिर रामसीन के सभागार में आयोजित किया गया।

किसान सम्मेलन की शुरुआत करते हुए मोरारका फाउण्डेशन के बी.के.लोढ़ा ने कहा कि स्वाधीनता के बाद देश की बढ़ती हुई आबादी को ध्यान में रखते हुए खाद्यान्नों की मांग पूरा करने हेतु हमने हरित क्रांति को अपनाया और रासायनिक उर्वरकों के उपयोग से भरपूर अनाज का उत्पादन किया, लेकिन अब रासायनिक उर्वरकों एवं कीटनाश्कों तथा अन्य रसायनों के दुष्प्रभावों के प्रकट होने की वजह से अब हमें आवाश्यक खाद्यान्न आपूर्ति के साथ-साथ मृदा संरक्षण हेतु जैव खेती अपनानी होगी। उन्होंने जैव खाद और रासायनिक उर्वरकों की गुणवत्ता का तुलनात्मक विवरण प्रस्तुत करते हुए बताया कि एक ओर रासायनिक उर्वरकों के उपयोग से मिट्टी के प्राकृतिक गुणों पर विपरित प्रभाव देखे गए है। वहीं दूसरी ओर जैव खाद को मिट्टी के गुणों को कायम रखने हेतु संजीवनी बूटी कहा जा सकता है। इसके उपयोग से बंजर भूमि धीरे-धीरे उपजाऊ बन सकती है।

सम्मेलन में मोरारका फाउण्डेशन के चतुर्वेदी व खदीप कोर ने भी किसानों से विस्तार से चर्चा की। इस अवसर पर रामसीन क्षेत्र के उन्नत कृषकों ने अपने द्वारा अपनाई जा रही कृषि विधियों पर प्रकाश डालते हुए जैविक कृषि अपनाने पर सहमति जाहिर की।

❑ अजमेर, शुक्रवार 14 सितम्बर 2001

जैविक खेती से उच्च गुणवत्ता के कृषि उत्पाद को प्राप्ति संभव

जैविक कृषि पर किसान सम्मेलन

पाली, 13 सितम्बर (न्यूज सर्विस)। राष्ट्रीय कृषि विपणन संस्थान, मोरारका फाउण्डेशन तथा कृषि विभाग के संयुक्त तत्वावधान में जैविक कृषि पर गुरुवार को स्थानीय कृषि विभाग के सभागार में किसान सम्मेलन आयोजित किया गया। सम्मेलन में कृषि विभाग के उप निदेशक गांटे ने बताया कि जैविक खेती से अच्छी गुणवत्ता वाला कृषि उत्पादन प्राप्त किया जा सकता है। भू-संरक्षण के उपनिदेशक वर्मा ने जैविक कृषि का फायदा बताते हुए कहा कि जैविक खादों के उपयोग से अच्छी किस्म के फल उत्पन्न किए जा सकते हैं। इस विधि से जब अंगूर उत्पन्न किए तो उसका स्वाद बहुत अच्छा था। काजरी से आए वैज्ञानिक राव ने बताया कि जैविक खेती ही टिकाऊ खेती का आधार है। हमारे पास जो कृषि साधन मौजूद है उनका सदुपयोग करके हम अपने आसपास का वातावरण शुद्ध कर मानव जीवन की गुणवत्ता बढ़ाई जा सकती है। उन्होंने बताया कि भारत के किसानों में पर्याप्त कृषि ज्ञान मौजूद है परंतु इस पर ध्यान नहीं दे रहे हैं। काजरी के वैज्ञानिक डॉ. चौधरी ने जैविक खाद उत्पादन की विभिन्न विधियों की चर्चा कर बताया कि पशुओं के सौ किलो गोबर में सिर्फ चार सौ ग्राम नत्रजन होती है जबकि उनके सौ लीटर मूत्र में एक लीटर नत्रजन होती है। अतः इसे देशी खाद बनाने में भी काम लेना चाहिए। सम्मेलन में मोरारका फाउण्डेशन से आए लोढ़ा ने जैविक खादों के कृषि में महत्व को दर्शाते हुए वर्मी कंपोस्ट उत्पादन के लिए काम में ली जाने वाली मूलभूत सुविधाओं के बारे में बताकर वर्मी कंपोस्ट उत्पादन विधि का प्रदर्शन किसानों के सम्मुख किया। उन्होंने जैविक कृषि के महत्व के बारे में इस पद्धति को अपना कर भारत राष्ट्र ही नहीं अंतरराष्ट्रीय स्तर पर भी आर्थिक स्वावलंबन प्राप्त कर सकता है। सम्मेलन में प्रगतिशील कृषक चौधरी ने किसानों को संगठित होकर जैविक खेती को अपनाने पर जोर दिया।

मोरारका फाउण्डेशन के चतुर्वेदी तथा खदीपकौर ने संभागियों से प्रश्नावली के माध्यम से जानकारी एकत्र कर उनकी जिज्ञासाओं का प्रारूप तैयार कार्यक्रम में विशेषज्ञों ने जैविक कृषि के स्वर्णिम भविष्य और मिट्टी की वर्तमान आवश्यकता से प्रशिक्षणार्थियों को परिचित कराया। संचालन एस.के. हुड्डा ने किया।

राजस्थान पत्रिका, जयपुर, 18 जून 2001

जयपुर जिले के पोखरियावास गांव में खेत के बीच यज्ञ करती हुई विदेशी महिला और यज्ञ के काम आने वाली सामग्री।

वैदिक 'यज्ञ' से पैदावार बढ़ाने का जतन

- श्रवण कुमार यादव -

पोखरियावास, 17 जून। पैदावार बढ़ाने के लिए खेत में 'यज्ञ'! इस भौतिकवादी युग में भले ही यह अचरज की बात लगे, लेकिन राजधानी से करीब 35 किलोमीटर दूर पोखरियावास में एक कृषक परिवार ऐसे ही होम में जुटा है। यज्ञ आहुतियों के जरिए जमीन की उर्वरा शक्ति बढ़ाने और फसली बीमारियों और कीड़ों का नाश करने के लिए इस परिवार ने 'अग्निहोत्र' को अपनाया है।

सूर्य की पहली किरण के कुछ क्षण पहले परिवार का मुखिया, धन्नालाल परिजनों के साथ खेत में पहुंचता है। वे वहां बनी यज्ञवेदी के चारों ओर आसन ग्रहण करते हैं। गाय के गोबर से बने कण्डे यज्ञवेदी में जलाए जाते हैं और गाय के घी एवं अक्षत वेदी में चढ़ाने के साथ शुरू होता है एक छोटा यज्ञ। धन्नालाल का परिवार पिछले तीन माह से यह यज्ञ कर रहा है। धन्नालाल का दावा है कि इस प्रयोग से उन्हें थोड़ी सफलता भी मिली है। उन्हें 'अग्निहोत्र' की प्रेरणा मिली वेनेजुएला निवासी डा. इरमाचारासिया से। तभी से डा. इरमा एवं उनके सहयोगी इस अनूठे अनुष्ठान में उनके सहयोगी बने हुए हैं। डा. इरमा एवं उनके सहयोगी 'अग्निहोत्र' का विदेशों में सफलतापूर्वक प्रयोग कर चुके हैं। वैदिक ज्ञान 'अग्निहोत्र' को पुनर्जीवित करने का प्रयास कर रहे इन लोगों का दावा है कि अग्निहोत्र मानव जीवन की चहुंमुखी उन्नति का सूत्र है। यह जमीन की उर्वरा शक्ति बढ़ाने के साथ फसली बीमारियों एवं कीड़ों का नाश करता है। इस यज्ञ से मनुष्य एवं जानवरों की कई गम्भीर बीमारियों को जड़ से मिटाया जा सकता है।

अग्निहोत्र यज्ञ के प्रचार प्रसार में जुटी डा. इरमा ने सवा तीन माह पूर्व कृषि मंत्री तैय्यब हुसैन, तत्कालीन उद्यान निदेशक सुरेन्द्र कुमार एवं तत्कालीन सहायक निदेशक डा. शरद गोधा से मिल कर इस विधि को राज्य में पनपाने का आग्रह किया था। अधिकारियों के सुझाव पर उत्साही उद्यान पर्यवेक्षक धन्नालाल ने इस प्रयोग को अपने ही खेत पर आजमाने का निर्णय किया। इस विधि के सूत्रधार बसंत परांजपे, डा. इरमा, आस्ट्रेलिया निवासी मि. फ्रिडस एवं श्रीमती एन एवं आस्ट्रिया निवासी श्रीमती केरन ने धन्नालाल के खेत में यज्ञवेदी स्थापित की। सूर्योदय एवं सूर्यास्त के समय किए जाने वाले मंत्रों से अवगत कराया। इसके अलावा उसे मृत्युञ्जय मंत्र की दीक्षा दी।

धन्नालाल ने बताया कि तभी से वह दोनों समय [सूर्योदय एवं सूर्यास्त] यज्ञ करता आ रहा है। उसने बताया कि अप्रेल के दूसरे सप्ताह में पोखरियावास में टमाटर की फसल में लट का प्रकोप हो गया तथा टमाटर 'काणे' पड़ने लगे। उन्होंने डा. इरमा से सम्पर्क किया तो उन्होंने यज्ञवेदी की राख को पानी में मिलाकर फसल पर छिड़काव कराया। इस विधि से कीड़े सफेद होकर निष्क्रिय हो गए। टमाटर भी काणे पड़ना भी कम हो गए।

धन्नालाल ने दावा किया कि अग्निहोत्र यज्ञ से उसके खेत की उत्पादकता आस-पास के अन्य खेतों की तुलना में दोगुनी रही तथा कीड़ों का प्रकोप काफी कम रहा। गाय के घी में मिलाकर भभूत लगाने से भैंस का थनेला रोग दूर हो गया। उसकी 75 वर्षीय दादी को भभूत [राख] की फाकी लेने से अस्थमा में राहत मिली है तथा बेटी के हाथ पर हुआ दाद जड़ से मिट गया। उसने बताया कि आस-पास के किसान भी अग्निहोत्र में रुचि ले रहे हैं।

पोखरियावास में चल रहे अग्निहोत्र के परीक्षण की जानकारी लेने आई श्रीमती केरन ने शुक्रवार को 'पत्रिका' से बातचीत में बताया कि अग्निहोत्र पूर्णतः वेदों पर आधारित है। उन्होंने दावा किया कि इस विधि का श्रीगणेश करीब साठ वर्ष पूर्व गजानन्द महाराज ने महाराष्ट्र में किया था। अब इस विधि का महात्मा गांधी के सहयोगी रहे बसंत परांजपे प्रसार कर रहे हैं। परांजपे की शिष्या केरन ने बताया कि वह बीस वर्ष पूर्व उनके सम्पर्क में आई थी, तभी से अग्निहोत्र के प्रचार-प्रसार में जुटी है।

उन्होंने दावा किया कि विश्व के अनेक देशों में इस विधि में खेती की जा रही है। पेरू की सरकार ने इस विधि के प्रसार के लिए आर्थिक सहायता भी शुरू की है। वहां इसे 'होमा फार्मिंग' नाम दिया गया है। पोलैण्ड के प्रत्येक गांव तक यह विधि पहुंच चुकी है। जर्मनी में अग्निहोत्र की राख से दवा निर्माण पर अनुसंधान चल रहा है। चमड़ी के कैंसर का भी इससे सफलतापूर्वक उपचार संभव हो पाया है। भभूत से अग्निहोत्र पाउडर, मल्हम एवं कैप्सूल तैयार किए जा रहे हैं। उन्होंने बताया कि तीन वर्ष से इस तकनीक का अधिक विकास हुआ है। इसका मुख्य कारण जमीन की उर्वरा शक्ति का ह्रास तथा कीड़ों मकोड़ों का प्रकोप अधिक होना है।

अहिंसा के सिद्धान्त पर आधारित इस विधि का मुख्य उद्देश्य वातावरण शुद्धि है। अग्निहोत्र के लिए यज्ञवेदी के अलावा गाय के घी, कण्डों एवं साबुत चावल की आवश्यकता होती है। सूर्योदय एवं सूर्यास्त के समय मंत्र का एक बार जाप कर यज्ञ किया जाता है। ताम्बे या मिट्टी की बनी यज्ञवेदी उचित नाप की होनी चाहिए तथा उसकी स्थापना विधिवत होनी चाहिए।

राजस्थान पत्रिका, जयपुर, 11 अगस्त 2001

वैदिक कृषि ज्ञान को जनोपयोगी बनाने की जरूरत

[कार्यालय संवाददाता]

जयपुर, 10 अगस्त। सिंचाई और संस्कृत शिक्षा मंत्री डॉ. कमला ने कहा कि भारत को ही नहीं समूचे संसार को भारतीय संस्कृति के अमूल्य ज्ञान की जरूरत है। इसी के सहारे विकृत होती मानवता को बचाया जा सकेगा तथा भावी पीढ़ी के भविष्य को संवारने में मदद मिलेगी।

दुर्गापुरा कृषि अनुसंधान केन्द्र में शुक्रवार को वैदिक कृषि सम्मेलन का उद्घाटन करते हुए डॉ. कमला ने कहा कि कीटनाशकों एवं रासायनिक खाद से उत्पन्न खाद्य पदार्थ मानव के मस्तिष्क एवं सोच को प्रभावित कर रहे हैं। पुराणों में जल को श्रेष्ठ वैद्य कहा गया है। पहाड़ों में बहुत-सी ऐसी वनस्पतियां हैं जिनकी हवा, पत्तियों एवं फलों के सेवन पर लम्बे समय तक रहा जा सकता है।

सिंचाई मंत्री ने कहा कि संस्कृत के प्राचीन ग्रंथों में कृषि, पशुपालन, पर्यावरण एवं वनस्पति के बारे में संचित ज्ञान-विज्ञान की अमूल्य धरोहर को जनोपयोगी बनाने की आवश्यकता है। वेदों में प्रकृति के कण-कण की व्याख्या की गई है। महापुरुषों ने प्रकृति की तमाम शक्तियों को देवी-देवताओं का रूप दिया है, ताकि श्रद्धा भाव के कारण मानव इनको संजोकर रखे। उन्होंने कहा कि नीम, केला, बड़, गाय, तुलसी एवं खेजड़ी में जीवन सृजक तत्व होने के कारण इनका पूजन पुण्य बताया गया है।

उन्होंने कहा कि जयपुर में स्थापित संस्कृत विश्वविद्यालय में संस्कृत विद्वानों तथा वैज्ञानिकों की मदद से समन्वित शोध कार्यक्रम चलाया जाएगा, जिससे देश की अनुपम थाती के रूप में वेद-वेदांग, ज्ञान-विज्ञान, दर्शन से जुड़े मुद्दों को विश्लेषित कर वैज्ञानिक आधार पर उन्हें प्रतिष्ठापित किया जा सके। राजस्थान कृषि विश्वविद्यालय बीकानेर के कुलपति प्रो. चन्द्रिका प्रसाद सिंह यादव ने इस अवसर पर कृषि विरासत से जुड़े ज्ञान को विश्वविद्यालय के पाठ्यक्रम में लागू करने की घोषणा की। उन्होंने कहा कि पिछले पचास वर्षों में बढ़ती आबादी की खाद्यान्न पूर्ति के लिए उत्पादन बढ़ाने की गरज से हमने पश्चिमी तकनीक का आंख मून्दकर उपयोग किया जिससे हमारी धरती बरबाद हो गई है।

एशियन कृषि इतिहास न्यास के अध्यक्ष डॉ वाई.एल. नैने ने कहा कि भारत के पुराने काश्तकार कृषि के परम्परागत ज्ञान का आज भी निर्वाह कर रहे हैं। इसलिए यह जरूरी है कि कृषि स्नातक देश की समृद्ध कृषि प्रणाली से अवगत हों, विश्वविद्यालय में ऐसे पाठ्यक्रम आरम्भ हों तथा उन पर शोध कार्य हों। पण्डित बद्रीप्रसाद महर्षि-चेरीटेबल ट्रस्ट के अध्यक्ष के.एस. शर्मा ने कहा कि वेदों के ज्ञान की चाबी संस्कृत रूपी तिजोरी में है। आरम्भ में पूर्व न्यायाधीश विनोद शंकर दवे तथा न्यास के राजस्थान चैप्टर के अध्यक्ष डॉ. के.एन. नाग ने सम्मेलन के बारे में जानकारी दी।

लवणीय भूमि में भी ली जा सकेगी भरपूर फसल

■ गिरिराज अग्रवाल

जयपुर, 23 अगस्त। राज्य के कृषि वैज्ञानिकों ने एक ऐसे जीन की खोज की है जिससे लवणीय और क्षारीय भूमि में भी फसल लेना संभव हो जाएगा। साथ ही, क्षारीय भूमि को उपचारित करने के लिए जिप्सम पर निर्भरता भी कम हो जाएगी। कृषि क्षेत्र में इसे राजस्थान के लिए बड़ी उपलब्धि माना जा रहा है। राज्य में कुल 200 लाख हैक्टेयर कृषि योग्य भूमि में से करीब 11 लाख हैक्टेयर भूमि क्षारीय और लवणीय है। इसमें साढ़े चार लाख हैक्टेयर भूमि लवणीय है।

'बेसिलस कोगुलेंस' नामक यह जीन 10 प्रतिशत लवणीयता में भी जीवित रहकर पौधे की रोग प्रतिरोधक क्षमता बढ़ाएगा। इससे पौधा जमीन से अधिक से अधिक पोषक तत्त्व प्राप्त कर अच्छी तरह फल-फूल सकेगा। भारतीय कृषि अनुसंधान परिषद ने इसके लिए 'आइसोलेशन, क्लोनिंग आफ जीन एनकोडिंग सेलिनिटि रेजिस्टेंट फ्राम सोयल बान माइक्रोब' नामक साढ़े 10 लाख रुपए की परियोजना स्वीकृत की है। परियोजना की सहायक प्रभारी डा. श्रीमती नीलम यादव ने बताया कि कृषि क्षेत्र में यह बहुत बड़ी उपलब्धि है। राजस्थान जैसे प्रदेश में, जहां पानी की कमी और भूमि में लवणीयता एवं क्षारीयता सबसे बड़ी समस्या है। (शेष पृष्ठ 10 पर)

दैनिक भास्कर, जयपुर, 25 अगस्त 2001

एग्रो व बायो क्लिनिकों के लिए ऋण देगा नाबार्ड

■ नगर संवाददाता

जयपुर, 24 अगस्त। राज्य के कृषि स्नातक बेरोजगारों को अपने निजी एग्रो और बायो क्लिनिक खोलने के लिए राष्ट्रीय कृषि और ग्रामीण विकास बैंक अपनी पुनर्वित्त योजना के तहत ऐसे बेरोजगारों युवकों को 25 लाख रुपए तक ऋण उपलब्ध कराएंगा।

उल्लेखनीय है कि कृषि क्षेत्र में बेरोजगारी को दूर करने और किसानों को बेहतर परामर्श सुविधाएं मुहैया कराने के उद्देश्य से केन्द्रीय वित्त मंत्री यशवंत सिन्हा ने वर्ष 2001-2002 के बजट में देश में एग्रो और बायो क्लिनिकों को बढ़ावा देने की घोषणा की थी। इसी के तहत कृषि स्नातकों के लिए नाबार्ड ने 16 अगस्त को यह योजना लागू की है।

इस योजना के तहत कृषि स्नातकों को विभिन्न कृषि गतिविधियों की जानकारी देने के लिए ग्रामीण क्षेत्रों में सूचना एवं प्रौद्योगिकी कियोस्क खोलने, चारा प्रसंस्करण और परीक्षण इकाइयां लगाने, मूल्य संवर्धन केन्द्रों की स्थापना, छंटाई, ग्रेडिंग, मानकीकरण, भंडारण और पैकिंग के लिए प्रबंध केन्द्रों की स्थापना, कृषि उत्पादों के खुदरा व्यापार और कृषि के लिए आवश्यक संसाधनों और जरूरतों के लिए ग्रामीण विपणन डीलर.शिप शुरू करने के लिए ऋण दिया जाएगा।

नाबार्ड जयपुर के मुख्य महाप्रबंधक वी.रामकृष्णराव ने बताया कि इस योजना में कृषि क्लिनिकों, कृषि कारोबार केन्द्रों और कृषि संबंधी अन्य गतिविधियों, जैसे पशुपालन, बागवानी, डेयरी, मुर्गी पालन, मत्स्य पालन आदि को भी शामिल किया गया है। कृषि और बायो क्लिनिकों के तहत मृदा एवं जल गुणवत्ता परीक्षण के लिए प्रयोगशालाएं, कीट निगरानी, परीक्षण और नियंत्रण संबंधी सेवाएं, सूक्ष्म सिंचाई पद्धतियों, जैसे स्प्रिंकलर और ड्रिप सिंचाई यंत्रों का रखरखाव, कृषि संसाधन, मशीनरी संबंधी उपकरणों का रखरखाव, मरम्मत तथा इन तीनों सेवाओं के विस्तार के लिए कृषि सेवा केन्द्र खोले जा सकते हैं।

अभ्यास, विवरण एवं विश्लेषण–4

नीचे दी गई फसल उत्पादन की क्रमवार सूची में कई गतिविधियों के लिये सामान्य अथवा वर्तमान में प्रचलित तरीकों को ही जारी रखा जा सकता है। लेकिन जिन गतिविधियों के लिये हमें अन्य विकल्प तलाशनें हैं उनका हमें विस्तृत विश्लेषण करना होगा। (In the list of activities for crop production, for many farmers may continue with their present methods, but for quite a few he will have to make some changes. For each farm this exercise should be done separately)

1. खेत का निरीक्षण (Inspection of the field) (जुताई से पहले, खरपतवार एवं अन्य सूचनाओं के लिये) ....

....

....

....

2. मौसम का पूर्वानूमान (Weather forecast) (वर्षा, हवा की दिशा, तापमान इत्यादि के लिये) ....

....

3. जुताई (Ploughing) ....

....

....

....

4. **भूमि उपचार (Soil treatment) (आवश्यकता होने पर)** ....

....

....

....

5. **खाद (Manure) (देशी, वर्मीकम्पोस्ट, अन्य विकल्प)** ....

....

....

....

6. पलेवा, जुताई–पाटा (Field preparation) ....

....

....

7. **रसायनिक उर्वरक–सब्सटीट्यूट (Chemical fertilizer-substitutes)** ....

8. बीज (Seed) ....

9. **बीज उपचार (Seed treatment)** ....

10. बीज बुवाई (Sowing) – सिर्फ बीज अथवा रसायनिक उर्वरक के साथ काम में लेने पर अन्य विकल्प ....

11. पानी (Irrigating) – सिंचाई अथवा वर्षा ....

12. अंकुरण की सूचना (Germination) – अधिक का निकालना एवं पुनःरोपण ....

13. निराई–गुड़ाई (Inter cultural operation) ....

14. पानी (Irrigation) – सिंचाई अथवा वर्षा ....

15. रोग एवं कीट–निरीक्षण एवं उपाय (Insects & pest control) ....

....

....

....

....

....

16. तैयार फसल – निरीक्षण एवं कटाई (Harvesting) ....

....

....

....

17. कटी फसल का भंडारण (Storage of main produce) (स्थान एवं विधि विवरण सहित) .

....

....

....

18. कटी फसल अवशेष का भंडारण (Storage of by product) (स्थान एवं विधि विवरण सहित)

....

....

....

19. औसाई (Threshing) (स्थान एवं विधि विवरण सहित) ....

....

....

....

21. उपज–वर्गीकरण (Grading) (कार्य एवं विधि सहित) ....

....

....

....

22. उपज सफाई एवं प्रसंस्करण (Cleaning & processing) (स्थान, कार्य एवं विधि) ....

....

....

....

23. उपज़ पैकिंग (अस्थाई) (Packing) ....

....

....

....

24. उपज पैकिंग (स्थाई) (Packing- permanent for despatch) ....

25. उपज भंडारण (Storage temporary) (अस्थाई) ....

26. उपज भंडारण (Storage permanent in packing) (स्थाई, उपचार सहित) ....

27. मार्केटिंग (Marketing) (पैकिंग एवं ट्रांसपोर्ट) ....

26. अन्य कार्य (Other activities) ....

PROCESSING OF ORGANIC FARM PRODUCE

This unit explain the opportunity for value addition through agro-processing and scientific storage practices required for organic farm produce.

- Consumers are willing to pay a premium for quality. However continuous shortages and Government Procurement Programmes have developed unconcerned attitude towards quality at producers level.

- India has very rich tradition of Agro-processing activities. Organic farming will revive traditional agro-processing skills and storage methods.

- Cleaning, grading, packing and storage should qualify to be an agro-processing activity, all done by manual labour, using simple tools and completely on the basis of ITK. This will also create off farm employment, specially for landless labour and women.

- In many experiments simple/primary processing done in groups, offered substantial value addition and an opportunity to market farm produce in consumer packing.

- The most economical and scientific storage can take place at farm level itself. Farmers should be trained & supported to create their own storage infrastructure.

- MIS can reduce multiple handling. The best would be to deliver consumer packed organic food directly to the consumers.

युनिट 5 ओर्गेनिक कृषि उत्पादों की प्रोसेसिंग

बहुत सालों तक हमारे देश में अनाज एवं अन्य कृषि उपज की कमी के चलते, उनकी क्वालिटी के प्रति सभी स्तरों पर लापरवाह नजरिया अपना लिया गया है। इसका सबसे अधिक नुकसान किसानों को हुआ है। मोरारका फाउण्डेशन द्वारा करीब 100 किसानों के साथ क्वालिटी सुधार का एक कार्यक्रम चलाया गया। दो वर्ष तक चलने वाले इस कार्यक्रम के अन्त में हमने देखा कि किसान के स्तर पर क्वालिटी सुधारने के लिये जो कुछ करना आवश्यक है उसमें लागत में कोई बढ़ोतरी नहीं होती, उल्टे अधिकतर मामलों में लागत में कमी आई और क्वालिटी भी सुधर गई। ओर्गेनिक फार्मिंग सही मायने में क्वालिटी सुधार का ही कार्यक्रम है। खेत की तैयारी से लेकर कटाई, तुड़ाई, ओसाई तक क्वालिटी में और भी कई गुना सुधार किया जा सकता है। सिम्पल प्रोसेसिंग/प्रसंस्करण भी उपज की क्वालिटी में सुधार के आधार पर किसानों को फैंसी दाम दिला सकती है।

हम यह देखते हैं कि मण्डी में बिकने वाला गेहूं मात्र 6 रूपये प्रतिकिलो की कीमत पाता है। लेकिन जब यह गेहूं साफ सुथरा तथा ग्रेडेड होकर छोटी छोटी थैलियों में पैक कर दिया जाता है तो डिपार्टमेंटल स्टोर की चमचमाती शैल्फ पर इसका दाम 15 रूपये किलो तक पहुंच जाता है। क्या इस प्रकार की सिम्पल प्रोसेसिंग करना संभव है? जी हाँ अवश्य।

एग्रो प्रोसेसिंग के नाम पर हमारे देश में बहुत पहले से ही कई तकनीकों का विकास कर अपनाया गया था। कुल मिलाकर ऐग्रो प्रोसेसिंग की परिभाषा बहुत आसान थी। इसके तहत फसल उत्पादन के पश्चात् उसके उपयोग तक की जाने वाली प्रत्येक क्रिया को ऐग्रो प्रोसेसिंग ही माना जाता था। लेकिन विकसित देशों की नई परिभाषा में फल के ज्यूस या पल्प को डिब्बा बन्द करने को ही ऐग्रो प्रोसेसिंग कहा जाने लगा। हमारा उपज को सुरक्षित रखने तथा अचार/चटनी/मुरब्बा/शर्बत बनाने का तरीका एग्रो प्रोसेसिंग की अंग्रेजी परिभाषा से बाहर हो गया और उसके विकास के सारे रास्ते (राज्य स्तर पर) बन्द कर दिये गये।

अकाल प्रभावित क्षेत्रों में कई प्रकार के फल, सब्जियां, दालें, अन्न और यहां तक कि पशुचारा तथा आहार को भी कई वर्षों तक सुरक्षित रखने की सफल विधियां प्रचलन में थीं। इस स्थिति में जब प्राकृतिक/ओर्गेनिक फार्मिंग के विकास का कार्यक्रम बनाया जा रहा है तब हमारा सुझाव है कि फसल कटाई/तुडाई के बाद की जाने वाली प्रत्येक गतितिधि को एग्रो प्रोसेसिंग के रूप में मान्यता दी जानी चाहिये, चाहे वह बड़े व्यापारिक/औद्योगिक स्तर पर की जाय या किसानों के घरेलू स्तर पर।

हमारे देश में खेती की हर उपज की साफ सफाई गृहणियां अपने स्तर पर खाने से पहले स्वयं करती हैं। इसके विपरीत विदेशों में प्रारम्भ से ही साफ सफाई किया हुआ माल बाजार में बिकने के लिये आता रहा है। विदेशों में चूंकि लेबर मंहगी है इसलिये उनके यहां यह कार्य बड़ी बड़ी

क्लीनिंग, ग्रेडिंग, पैकिंग इत्यादि खेत पर ही होने लगेंगी।

मशीनों द्वारा किया जाता है और बड़ी पूंजी लगाकर स्थापित उद्योगों को एग्रो प्रोसेसिंग उद्योग कहा जाता है। हमारे देश में भी अब कुछ वर्षों से धीरे धीरे शहरीकरण होने के साथ ही कन्ज़्यूमर साफ सफाई किया हुआ माल मांगने लगे हैं। इसी का परिणाम है कि आज बाजार में सभी माल खेत से सीधा लाकर बेचने एवं उसकी साफ सफाई तथा ग्रेडिंग कर बेचने की व्यवस्था खड़ी हो रही है।

जैसा कि पहले कहा गया है कि ग्रेड़िंग, साफ सफाई और कन्ज़्यूमर पैकिंग ऐसी गतिविधियां हैं जिनके द्वारा बहुत थोड़ी अतिरिक्त लागत से बहुत अधिक अतिरिक्त लाभ कमाया जा सकता है। ओर्गेनिक फार्मिंग एग्रो प्रोसेसिंग को ग्रासरूट लेवल यानि किसान के स्तर पर लाने का अचूक नुस्खा है।

मोरारका फाउण्डेशन द्वारा करीब 20 विभिन्न प्रकार के कृषि जिंसों की सिम्पल प्रोसेसिंग का प्रयोग किया गया। हमने देखा कि औसत रू. 70 से 150 प्रति क्विंटल के खर्च से अन्तरराष्ट्रीय स्तर के गुणवत्ता पैमानों को पूरा करने वाली ग्रेडिंग एवं साफ सफाई महिलाओं द्वारा स्वयं की जा सकती है। इस लागत में श्रम की दर रू. 60 प्रति 8 घंटे तथा वेस्टेज को शामिल किया गया है। यहां एक बहुत बड़ी मुश्किल यह जरूर आई कि संस्था को ग्रेडिंग एवं क्वालिटी के इंटरनेशनल स्टेण्डर्ड ढूंढने में बहुत परेशानी हुई। इंटरनेट के जमाने में भी सामान्य कृषि जिंसों के स्टेण्डर्ड की जानकारी बहुत दुर्लभ है। यहां तक कि कृषि विभाग एवं उसकी करीब करीब सभी एजेन्सियां भी इस विषय की कोई बहुत पुख्ता जानकारी उपलब्ध नही करा पाईं।

इस प्रयोग में किसानों के अपने घर पर एक साथ 10–20 महिलाओं को सामूहिक रूप से यह कार्य कराया गया। जब किसान स्वयं अपने स्तर पर घर पर ही यह कार्य करता है तो उसमें त्रुटि बहुत होती है और समय/लागत भी अधिक आती है। लेकिन जब महिलाओं को इकट्ठा किया गया तो उनकी ऐफिशियेंसी भी अधिक रही और त्रुटियां भी कम आईं। औसत एक ग्रुप को किसी एक प्रकार की कृषि उपज की क्वालिटी ग्रेडिंग का प्रशिक्षण देने में तीन दिन का समय लगा। सभी प्रकार के औजार/टूल्स (चालने, छाजले, सूपड़े, थाल इत्यादि) की औसत लागत रू. 4500 प्रति ग्रुप रही। ग्रुप ने प्रतिदिन औसत चार घंटे काम किया और महिलाओं को पारिश्रमिक काम की मात्र के अनुरूप देने पर भी औसत रू. 35 प्रतिदिन (4 घंटों के लिये) मिल गये।

इस प्रयोग के बाद पैक की गई सामग्री को जब स्थानीय छोटे कस्बे के दुकानदारों को दिया गया तो उन्होंने इसके औसत 37 प्रतिशत अधिक दाम दिये। जिसमें से लागत घटाने के बाद भी करीब 20 प्रतिशत अधिक मुनाफा हुआ। जब कुछ समय पश्चात् दुकानदारों से उनके द्वारा कमाये गये मुनाफे की बात की गई तो उन्होंने इस व्यापार में लगभग 100 प्रतिशत अधिक मुनाफा मिलने की बात स्वीकार करी।

किसानों को अपनी उपज कंज़ूमर पैकिंग में सीधे रिटेल काउन्टर पर ले जानी होगी

अतः यहां यह कहना उचित होगा कि प्रसंस्करण अर्थात् प्रोसेसिंग की बहुत सामान्य गतिविधियां भी ओर्गेनिक फार्मिंग से उत्पादक को मिलने वाले लाभ को कई गुना बढ़ाने में सहायक होंगी।

एक समान विधि अपनाने से एक और बहुत बंडा अन्तर फसलों के श्रेणीकरण में भी देखने में आया है। किसी भी खेत जिसमें रसायनिक खादों का बहुत उपयोग किया गया है, उस खेत में सभी विधियां एक समान होने पर भी उत्पादन की गुणवत्ता को कई श्रेणियों में विभाजित किया जा सकता है। उदाहरण के लिये बाजरा, सरसों, गेहूं इत्यादि किसी भी फसल के ढेर में से एक मुट्ठी भर लेने पर हम पायेंगे कि उसमें भी कम से कम तीन चार तरह (नाप, रंग, चमक इत्यादि) के दाने दिखते हैं। वैज्ञानिक तरीके से अ,ब,स, (गुणवत्ता के आधार पर) वर्गीकरण करने पर **अ** : 50–60 प्रतिशत, **ब** : 20–30 प्रतिशत, **स** : 20–30 प्रतिशत तक पाया जाता है।

धीरे धीरे कई वर्षों से यह भी देखा जा रहा है कि अब **अ** की मात्रा घट रही है और **ब** एवं **स** की मात्रा में लगातार बढोतरी हो रही है। ठीक इसके विपरीत प्राकृतिक/ओर्गेनिक फार्मिंग से उपजे एक मुट्ठी दानों में **अ** लगभग 80–90 प्रतिशत तथा **ब** 10–20 प्रतिशत और **स** नगण्य पाया जाता है। किसी एक बड़े कृषक द्वारा उत्पादित फसल में श्रेणीकरण की समस्या कम होगी। लेकिन जब कई छोटे–छोटे किसान एक संगठन के रूप में अपनी अपनी उपज किसी एक जगह पर लाऐंगे तब उनके द्वारा समान विधि अपनाने से इस समस्या को कम किया जा सकेगा। प्राकृतिक खेती के द्वारा उपजाई एक समान रंग रूप, गुण इत्यादि की ग्रेडेड उपज के लिये निश्चित तौर पर अधिक दाम मिल सकेंगे।

ओर्गेनिक फार्मिंग के कार्यक्रम में एक समान श्रेणीकरण की विधि, साफ–सफाई एवं पैकिंग को ही ऐग्रो प्रासेसिंग कार्य के रूप में किया जाना प्रस्तावित है। वर्तमान व्यवस्था में कुछ लोग इस कार्य को अभी भी कर रहे हैं। लेकिन इसके लिये वर्तमान प्रक्रिया के तहत उत्पाद, किसान–छोटे व्यापारी–बडी मण्डी–छोटे व्यापारी–ऐग्रो प्रोसेसिंग इकाई–रिटेल के माध्यम से उपभोक्ता तक पहुंच रहा है। इस व्यवस्था में खर्च भी अधिक आता है और मूल्य वृद्धि का लाभ भी अन्य लोग ले जा रहे हैं। इसलिये साफ–सफाई, श्रेणीकरण एवं कन्ज्यूमर पैकिंग (प्रचलन के आधार पर) तक की सभी क्रियाएँ उत्पादक द्वारा ही किया जाना प्रस्तावित है। प्रमाणीकरण विधि में भी इसी आधार पर उत्पादन का प्रमाण पत्र जारी किया जायेगा।

भण्डारण : गत् कई वर्षों से देखने में आ रहा है कि व्यापक स्तर पर सरकारी खरीद की व्यवस्था के विकास ने किसान स्तर पर भण्डारण की पारम्परिक व्यवस्था को लगभग नाकारा कर दिया है। फसल उत्पादन के तुरन्त पश्चात् ही विक्रय करने की नई परम्परा जिसमें किसानों को कोई अलग से विशेष लाभ नहीं होता है, ने राज्य स्तरीय भण्डारण व्यवस्था को जन्म दिया। इस बात से सभी सहमत हैं कि राज्य व्यवस्था इस विषय में भी उतनी ही खर्चीली एवं अकुशल है जितनी की अन्य मामलों में है। इस व्यवस्था में भी आमूल चूल परिवर्तन करने की जरूरत है।

मोरारका फाउण्डेशन द्वारा जब नवलगढ़ पंचायत समिति क्षेत्र के करीब 3500 किसानों को वैज्ञानिक भंडारण की पद्धति सिखाकर उसका विकास किया गया तो लगभग 20000 मेट्रिक टन उत्पादन के उचित भण्डारण का विकास किसानों के स्तर पर कर लिया गया। इस प्रयोग में मात्र 70–100 रू. प्रति क्विंटल के पूंजीगत व्यय एवं मात्र रू. 1–2 प्रति क्विंटल रखरखाव का खर्च आता है। इसके विपरीत राजकीय व्यवस्थाओं में पूंजीगत व्यय 100–500 रू प्रति क्विंटल एवं कम से कम रू 10–20 प्रति क्विंटल रख रखाव का खर्च आता है । इसमें यदि बार बार उपज को उठाने, तोलने, भरने, खाली करने एवं परिवहन का व्यय भी जोड़ दिया जाय तो शायद यह उपज के आधे मूल्य के बराबर हो जायेगा।

इस स्थिती में प्राकृतिक/ओर्गेनिक फार्मिंग के तहत किसानों से इकरार द्वारा फसल की मात्रा विक्रय के लिये तय की जा सकती हैं। उसके उचित प्रसंस्करण के पश्चात् उसका भण्डारण भी उन्हीं द्वारा किया जाना प्रस्तावित है। भण्डारण के लिये उन्हें निश्चित एवं तय शुदा दर पर भुगतान किया जा सकेगा। इस प्रकार कम लागत में भण्डारण आसान होगा और किसानों को अतिरिक्त आमदनी होगी। कम्पयूटराइजड रिकार्ड एवं रिपोर्ट के आधार पर फसल का उठान, भराव एवं परिवहन भी बार–बार करने के बजाय सिर्फ एक बार ही किया जा सकेगा। इस प्रकार मिलने वाले लाभ को किसान एवं उपभोक्ता दोनों ही पा सकेंगे।

ओर्गेनिक फार्मिंग को बढ़ावा देने के लिये हमने कई बार यह कहा है कि ओर्गेनिक फार्मिंग सही मायने में इंटीग्रेटेड खेती की व्यवस्था है। अब तक अधिकतर किसान अपनी भूमिका को फसल उत्पादन तक ही सीमित रखते रहे हैं। लेकिन अब उनके द्वारा की जाने वाली सिम्पल प्रोसेसिंग, पैकिंग एवं भण्डारण व्यवस्था से खेत पर ही नये रोजगार के अवसर मिलेंगे और किसानों को मिलने वाले मुनाफे में भी वृद्धि होगी।

यहां एक बात और हम दोहराना चाहेंगे। गत् 40–50 वर्षों से चलने वाली बेचान व्यवस्था में एकदम से इस प्रकार का बदलाव लाना थोड़ा कठिन होगा। वर्तमान इनपुट की खरीद व्यवस्था एवं क्रेडिट एजेन्सी की शर्तों में फसल तैयार होने के तुरन्त बाद बेचने की अनिवार्यता है। लेकिन धीरे–धीरे जब इनपुट बाहर से खरीदने की जरूरत नहीं रहेगी तो क्रेडिट भी कम उपयोग में ली जायेगी। इससे फसल तैयार होते ही तुरन्त बेचने के दबाव से भी मुक्ति मिलेगी।

यहां किसानों द्वारा व्यापारियों के साथ नये रिश्ते कायम करने का भी एक विकल्प है। जब किसान उत्पादन को कन्जयूमर पैकिंग में अपने पास रखेगा तब चाहे जितने भी मार्केटिंग चेन में प्लेयर रहें, ओर्गेनिक फूड के ट्रांसपोर्ट में एक बार में ही सीधे रीटेल काउन्टर पर पहुंचा सकेगा। इस प्रकार वर्तमान व्यवस्था में होने वाले मल्टीपल हैंडलिंग के कारण होने वाली बचत

को मार्केटिंग चेन के सभी स्टेक होल्डर आपस में बांट सकते हैं। इससे एक्सप्लोइटेशन कम होगा और सभी फायदे में रहेंगे।

किसानों के स्तर पर प्रसंस्करण एवं भण्डारण की गतिविधि ओर्गेनिक फार्मिंग के कार्यक्रम में एक महत्वपूर्ण गतिविधि है। इसके लिये सभी किसानों को अपने स्तर पर विस्तृत विश्लेषण द्वारा अपने लिये सबसे लाभदायक तरीकों का विकास करना होगा। पिछले अध्याय में खेती की गतिविधियों की सूची में भी हमने इन बिन्दुओं को शामिल किया है। यहां उनका विस्तृत विश्लेषण करना होगा।

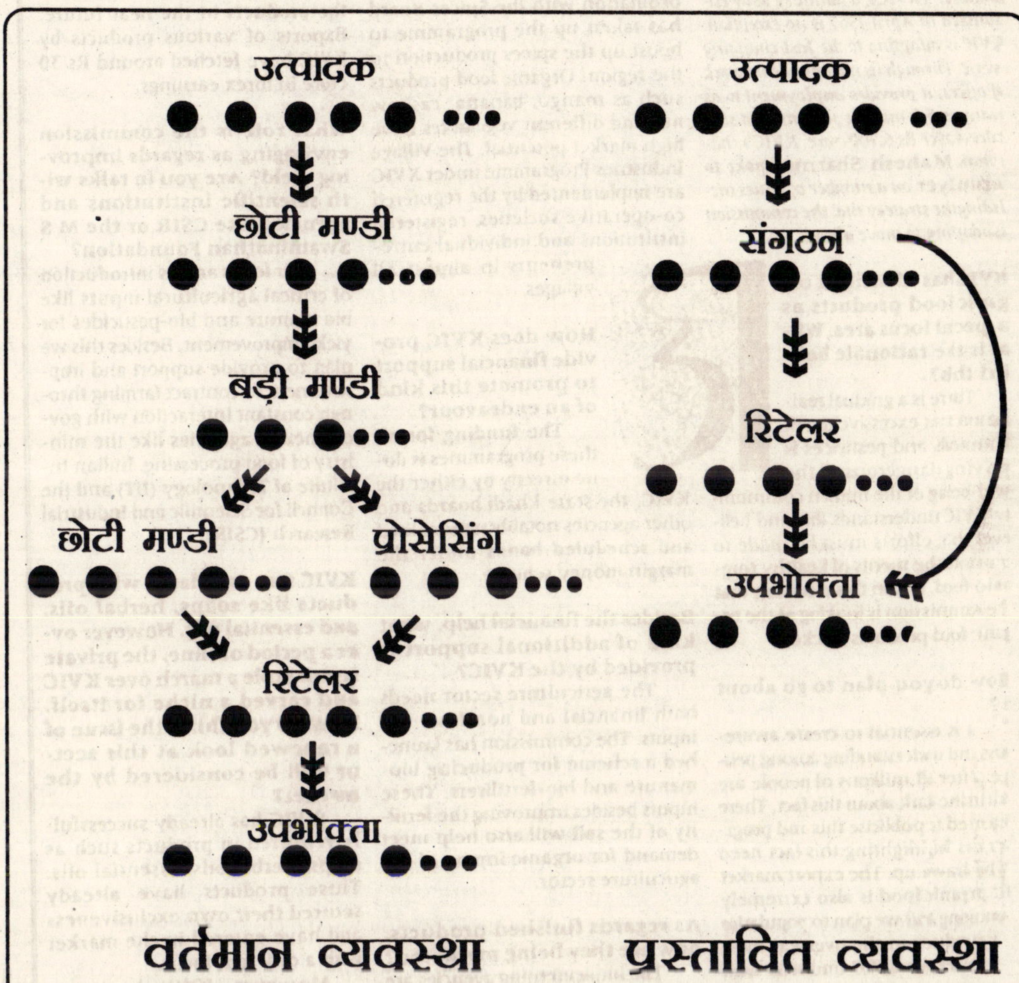

19 August, 2001

A plateful of organic food

Nothing is permanent but a change. The Khadi and Village Industries Commision (KVIC), a statutory body establised in April 1957 is no exception. KVIC is adapting to the fast changing world. Through its nationwide network of offices, it provides employment to as many as 5.9 million persons and saw sales of over Rs 6,700 crore. KVIC's chairman **Mahesh Sharma** *spoke to* **Arun Iyer** *on a number of issues including the strategy that the commission is adopting to move ahead.*

KVIC has identified organic food products as a special focus area. What is the rationale behind this?

There is a gradual realisation that excessive use of chemicals and pesticides is proving dangerous to the well-being of the human community. KVIC understands this and believes that efforts must be made to promote the merits of healthy (organic) food. It is in this direction that the commission is looking at the organic food products market.

How do you plan to go about it?

It is essential to create awareness and understanding among people. After all millions of people are still in the dark about this fact. There is a need to publicise this and programmes highlighting this fact need to be drawn up. The export market for organic food is also extremely promising and we plan to popularise the products in the overseas market under the KVIC umbrella with a common brand name.

What are the products which are targeted by the commission?

Spices are produced abundantly in north-east India. KVIC in co-ordination with the Spices Board has taken up the programme to boost up the spices production in the region. Organic food products such as mango, banana cashew nut and different vegetables have high market potential. The Village Industries Programme under KVIC are implemented by the registered co-operative societies, registered institutions and individual entrepreneurs in almost all villages.

How does KVIC provide financial support to promote this kind of an endeavour?

The funding for all these programmes is done directly by either the KVIC, the state khadi boards and other agencies notably nationalised and scheduled banks under the margin money scheme.

Besides the financial help, what kind of additional support is provided by the KVIC?

The agriculture sector needs both financial and non-financial inputs. The commission has launched a scheme for producing bio-manure and bio-fertilisers. These inputs besides improving the fertility of the soil will also help meet demand for organic inputs of the agriculture sector.

As regards finished products, how are they being marketed?

The implementing agencies are selling through their own outlets. Launching of different organic food products is fully dependent on market demands.

The products will be introduced based on the market demand for the products in the near future. Exports of various products by KVIC have fetched around Rs 30 crore in forex earnings.

What role is the commission envisaging as regards improving yield? Are you in talks with scientific institutions and agencies like CSIR or the M S Swaminathan Foundation?

Our focus area is introduction of critical agricultural inputs like bio manure and bio-pesticides for yield improvement. Besides this we plan to provide support and improvement to contract farming through constant interaction with governmental agencies like the ministry of food processing, Indian Institute of Technology (IIT) and the Council for Scientific and Industrial Research (CSIR).

KVIC was associated with products like soaps, herbal oils, and essential oils. However over a period of time, the private sector stole a march over KVIC and carved a niche for itself. How do you think the issue of a renewed look at this sector will be considered by the market?

KVIC has already successfully ventured in products such as soaps, herbal oils, essential oils. These products have already secured their own exclusiveness and have entered in the market with a different focus.

Moreover, KVIC has won goodwill in the market for its quality. This would help the commission in its focus and approach to this market.

4 नवभारत टाइम्स, नई दिल्ली, 30 अक्टूबर 2001

बिजली के अभाव ने बदला खेती करने का परंपरागत तरीका

प्रकाश दुबे

नई दिल्ली: बिजली के अभाव ने किसानों को फसल का परम्परागत तरीका बदलने पर विवश कर दिया है। देश के कुछ इलाकों में इसका लाभ हुआ है, जहां अब किसान खेती के नए तरीके अपना रहे हैं। यूं तो समूचा राजस्थान ही पानी के संकट तथा मरुभूमि के लिए जाना जाता है। उत्तरी राजस्थान के शेखावटी इलाके में संकट की दोहरी मार है। जल के स्रोत गहरे नीचे चले गए हैं, वहीं घंटों बिजली उपलब्ध नहीं रहती। इसलिए फसल की सिंचाई नहीं की जा सकती।

स्वयंसेवी संगठनों ने किसानों को रास्ता दिखाया। इससे बड़ी बात यह है कि किसानों ने नए तौर-तरीके अपनाने में दिलचस्पी दिखाई। जिन इलाकों में गेहूं की फसल लहलहाती थी, वहां अब चने की बोहनी होती है। इससे बड़ा परिवर्तन यह आया है कि अब किसान सब्जियों की खेती की तरफ झुक रहे हैं। किसानों का कहना है कि गेहूं के लिए अधिक पानी लगता है। पानी के अभाव में फसल सूख जाती है। चने के लिए कम पानी लगता है। एक लाभ यह है कि राजस्थान में अतिवृष्टि के कारण चने की फसल बिगड़ने का अंदेशा नहीं रहता। चने का रकबा बढ़कर दो गुना हो गया है।

अचरज इस बात का है कि शेखावटी किसान सब्जियां उगाने में दिलचस्पी ले रहे हैं। उनकी समझ में आ गया है कि सब्जियों को साल में कई मर्तबा उगाकर अधिक कमाई की जा सकती है। उनमें नया आत्मविश्वास जागा है। न तो उन्हें अच्छे बीज की खातिर दर-दर भटकना पड़ता है और न कीटनाशकों की खरीद पर भारी रकम खर्च करने की जरूरत पड़ती है।

दिल्ली से करीब सवा दो सौ किलोमीटर की दूरी पर झुंझनू जिले के नवलगढ़ कस्बे में एम.आर. मोरारका फाउंडेशन ने किसानों को आत्मनिर्भर बनाने में महत्वपूर्ण भूमिका निभाई है। बिजली-पानी के अभाव में फसल बिगड़ने का रोना रोने वाले किसानों ने देखा कि नवलगढ़ के मोरारका अनुसंधान केन्द्र में केंचुओं तथा गोबर की खाद की बदौलत स्वस्थ पौधे होते हैं।

फाउंडेशन ने अच्छे बीज तैयार करने के लिए ग्रीन-हाउस तैयार किया। किसान यह देखकर प्रभावित थे कि मात्र पांच-सात हजार रुपए खर्च कर उम्दा किस्म का बीज तैयार किया जा सकता है। इसे खुद के काम में लाया जा सकता है और बीज बेचकर कमाई की जा सकती है।

फाउंडेशन ने सस्ते जैव कीटनाशक तैयार किए। उनका असर देखकर अब किसान कीटनाशक बनाने तथा फसल के बचाव के लिए उसका प्रयोग करना सीख गए हैं। मुख्य कार्यकारी मुकेश गुप्त ने बताया कि दीमक से बचाव के लिए गाय के ताजा दूध का प्रयोग किया गया है। गुजरात के बुजुर्ग किसान ने यह नुस्खा बताया। अनुसंधान केन्द्र ने परीक्षण कर इसे विकसित किया।

नीम की पत्ती, निंबोली, आक से हर्बल स्प्रे तैयार किया गया है। आसपास के जिलों के सैकड़ों किसान सफलता से इन विधियों को अपना रहे हैं। फाउंडेशन के प्रमुख कमल मोरारका का कहना है कि किसान को सहायता देकर परावलम्बी बनाना हमारा उद्देश्य नहीं है। फाउंडेशन चाहता है कि किसान अपने आस-पड़ोस के लोगों के साथ मिलजुल कर विकास की दौड़ में शामिल हों। फाउंडेशन ने केंचुए की खाद तथा अन्य जैव खादों तथा रासायनिक खादों के पौधों के विकास पर शोध शुरू किया है। सितम्बर महीने में फसलों तथा सब्जियों पर आरम्भ किए गए शोध का तीन महीने में निष्कर्ष सामने आ जाएगा सभी जानते हैं कि राज्य में बिजली की किल्लत है। राजस्थान ने बिजली सुधार को तेजी से अपनाया है। मुख्यमंत्री अशोक गहलोत ने बताया कि पिछले कुछ बरसों में बिजली उत्पादन को प्राथमिकता नहीं दी गई।

अभ्यास, विवरण एवं विश्लेषण–5

विभिन्न फसलों की साफ सफाई की व्यवस्था के बारे में लिखें (KINDLY WRITE ABOUT EXISTING AGRO-PROCESSING ACTIVITIES) ....

विभिन्न फसलों की ग्रेडिंग (श्रेणीकरण) के बारे में लिखें (KINDLY WRITE ABOUT ISSUES RELATED TO GRADING IN YOUR EXISTING CROPS)

अपनी कृषि उपज की पैकिंग के बारे में विचार करें (KINDLY ANALYSE THE POTENTIAL OF CONSUMER PACKING FOR DIFFERENT CROPS GROWN IN YOUR AREA) ....

अपने स्तर पर भण्डारण की विधि एवं व्यवस्था तय करें (KINDLY WRITE ABOUT TRADITIONAL STORAGE PRACTICES, PROBLEMS & SOLUTIONS) ....

QUALITY OF ORGANIC FOOD

This unit will enable readers to understand the importance of guarantee for the quality of organic farm produce. This can be done through process certification for each activity carried out at field level.

- An independent, rigorous and fair method of certification can only guarantee quality to the consumers.

- Organic certification is based on the process certification. The scientific backup for product certification of organic food is not available as yet.

- Quality improvement will require an integrated approach & involvement of consumers, traders and producers.

यूनिट 6 ओर्गेनिक फूड की क्वालिटी

ओर्गेनिक फार्मिंग बिना सर्टिफिकेशन के सफल नहीं हो सकती। जब तक उपभोक्ता को क्वालिटी की गारंटी न दी जाय तब तक उपभोक्ता उसके अतिरिक्त दाम नहीं देगा। कहने को ओर्गेनिक फूड स्वास्थ्य के लिये बहुत लाभदायक है, उसमें पोष्टिकता अधिक होती है और उसका स्वाद भी बहुत बेहतरीन होता है। लेकिन यह सभी गुण खाने के बाद ही महसूस होंगे। जरूरत इस बात की है कि ग्राहक खाने के पहले यानि खरीदते समय ही इन गुणों की आशा में ओर्गेनिक फूड खरीदे और उसकी अतिरिक्त कीमत देने को तैयार हो। एक बार खाने के बाद जब ग्राहक संतुष्ट हो जायेगा तब भी समस्या हल नहीं होंगी। इसमें बेइमानी अथवा मिलावट करने की बहुत गुंजाइश है।

ओर्गेनिक फार्मिंग के प्रारम्भिक काल से ही कृषि उत्पादनों की क्वालिटी के प्रमाणीकरण की विधि को लेकर देश विदेश में व्यापक बहस छिड़ी हुई है। अधिकतर देशों में उत्पादन विधि के प्रमाणीकरण को ही तरजीह दी जा रही है। इसे प्रोसेस सर्टिफिकेशन भी कहा जा सकता है। वैज्ञानिकों, उपभोक्ता संगठनों एवं यहां तक की सरकारों का भी यह मानना है कि फसल उत्पादन के पश्चात् उसके रसायनिक विश्लेषण के आधार पर पूर्ण रूप से शुद्ध प्राकृतिक/ओर्गेनिक उपज का प्रमाणीकरण किया जाना संभव नहीं है। उपज के बाद किये जाने वाले प्रमाणीकरण को प्रोडक्ट सर्टिफिकेशन भी कहा जा सकता है।

अब तक इस दिशा में जिस प्रकार के प्रयास किये गये हैं और नियम बनाये जा रहे हैं, उनमें उत्पादक एवं सर्टिफिकेशन एजेन्सी की बहुत महत्वपूर्ण भूमिका है। इसके लिये सबसे पहले उत्पादक को अपनी जिम्मेदारियों को समझना होगा। शर्तों के मुताबिक किसान अपनी किसी एक फसल की जगह अपने पूरे खेत को तथा शोर्ट डयूरेशन की जगह आने वाले समय में हमेशा के लिये ही ओर्गेनिक फार्मर बन सकता है। पूर्णतया प्रकृति के साथ तालमेल एवं स्वयं अपने इनपुट के उपयोग से की जाने वाली खेती ही सर्टिफिकेशन के लिये मान्य होगी। एक दूसरी शर्त उत्पादन की सम्पूर्ण विधि के रिकार्ड रखने एव उसी आधार पर सर्टिफिकेशन की भी है। इसमें न सिर्फ फसलों अपितु उसके उत्पादन में काम आने वाले इनपुटस् के उत्पादन की सम्पूर्ण विधि के रिकार्ड रखने की भी शर्त शामिल है। उदाहरण के लिये खेत में वही खाद काम में ली जा सकती है जो कि स्वयं सर्टीफाइड की जा सकती है। यानि खाद बनाने का तरीका भी सुरक्षित एवं स्वीकार्य होना जरूरी है।

पशुपालन के क्षेत्र में बछड़ी कहां से लाई गई, उसे किस प्रकार रखा गया और उसे क्या खिलाया गया है के आधार पर ही ओर्गेनिक सर्टिफिकेशन दिया जा सकता है। अतः दूध के सर्टिफिकेशन में बछड़ी के आने से लेकर दूध की पैकिंग तक की गतिविधियों का रिकार्ड रखना होगा, तभी

सर्टिफिकेशन किया जा सकेगा। ठीक इसी प्रकार शहद उत्पादन में मधुमक्खियों के शहद इकट्ठा करने के स्थानों के भी सुरक्षित होने की शर्त सर्टिफिकेशन के लिये जरूरी है।

ओर्गेनिक नियमों में सर्टिफिकेशन ऐजेन्सी की जो कल्पना की गई है, और जिस प्रकार की भूमिका रखी गई है उसके आधार पर यह जरूर कहा जा सकता है कि ओर्गेनिक फार्मिंग को सफल या असफल करने का पूरा दारोमदार इन्हीं पर है। ग्राहक के लिये क्वालिटी की गारंटी यही सर्टिफिकेशन एजेन्सी देगी।

जिस प्रकार एक मां अपने बच्चे को जन्म के बाद पालती है, ठीक उसी प्रकार सर्टिफिकेशन एजेन्सी को भी अपनी भूमिका निभानी होगी। किसी भी किसान के ओर्गेनिक फार्मिंग का निर्णय लेने के बाद से सर्टिफिकेशन एजेन्सी की भूमिका प्रारम्भ हो जाती है। इसमें किसान की वर्तमान स्थिति (सभी गतिविधियों के लिये) से प्रारम्भ कर अन्तिम उपज बेचने तक की प्रक्रिया में दोनों को साथ साथ काम करना होगा।

अब तक हमारे देश में जून 2001 से पहले कोई नियम नहीं थे, इसलिये इसके पहले कुछ सर्टिफिकेशन एजेन्सियां विदेशों में प्रचलित नियमों के तहत मान्यता के आधार पर यह कार्य कर रही थीं। यह सभी एजेन्सियां विदेशी मूल की हैं और वहीं काम कर रही हैं जहां मोटी फीस वसूल की जा सके। आइफोम नामक अन्तरराष्ट्रीय संस्था से मान्यता प्राप्त सर्टिफिकेशन एजेन्सी जैसे स्काल, डीमेटर इत्यादि के भारत में कार्यालय हैं।

हमारे अपने नियमों में अभी तक ओर्गेनिक फूड के निर्यात के लिये ही नियम बनाये गये हैं। इन नियमों में भी सर्टिफिकेशन एजेन्सी बनाये जाने के बारे में उपनियम बनाये गये हैं। शायद अभी तक किसी भी भारतीय संस्था या व्यक्ति को सर्टिफिकेशन एजेन्सी की मान्यता नहीं मिली है, लेकिन इसका प्रोसिजर अवश्य प्रारम्भ कर दिया गया है।

हम यहां पर पाठक के विचार के लिये यह अवश्य कहना चाहेंगे कि उन्हें यह बात जरूर समझ लेनी चाहिये कि वह किस प्रकार की सर्टिफिकेशन एजेन्सी को अपने लिये उचित मानते हैं? मोरारका फाउण्डेशन ने अपने स्तर पर स्पाइस बोर्ड से मान्यता प्राप्त करने के लिये प्रक्रिया का प्रारम्भ किया है।

भारत में अब तक ओर्गेनिक फार्मिंग की क्वालिटी की गारंटी के प्रमाणीकरण की दिशा में बहुत कुछ किया जाना बाकी है। खेती से सम्बन्धित सभी विषयों पर सरकार का नियन्त्रण है इसलिये निजी क्षेत्र द्वारा इस दिशा में कोई महत्वपूर्ण पहल किये जाने की संभावनायें कम हैं। राष्ट्रीय कृषि विपणन संस्थान (नियाम) जयपुर, भारत सरकार द्वारा इस दिशा में कुछ प्रयास प्रारम्भ किये गये हैं।

भारत सरकार के वाणिज्य एवं उद्योग मंत्रालय द्वारा राष्ट्रीय ओर्गेनिक कार्यक्रम की शुरूआत की गई है। इस मंत्रालय द्वारा सबसे पहले निर्यात किये जाने वाले कृषि उत्पादों के ओर्गेनिक स्टेण्डर्डस् एवं उनके प्रमाणीकरण के नियम बनाये गये हैं। हमारा मानना है कि जिस प्रकार के नियम बने हैं वह अन्य देशों की तुलना में कुछ कड़े हैं, और यदि यही नियम स्थानीय ओर्गेनिक फार्मिंग के लिये भी लागू कर दिये गये तो छोटे स्तर पर खेती करने वाले कृषकों के सामने कई मुश्किलें खड़ी हो जायेंगी।

इस विषय में हमारा मानना यह भी है कि तथाकथित विकसित देशों द्वारा की जा रही पहल जिसमें इस प्रकार के प्रमाणीकरण के स्टेण्डर्ड बनाये जा रहे हैं कि यदि उनको अपनी मनमर्जी करने दी जायेगी तो हमारे देश में प्राकृतिक/ओर्गेनिक फार्मिंग की असीम संभावनाओं के होते हुये भी इस नये विचार की भ्रूण हत्या हो जायेगी। इससे पहले कि हमारे देश में भी पश्चिमी सभ्यता एवं विज्ञान से प्रभावित संस्थाऐं उन नियमों को हम पर थोप दें (जो कि निश्चित रूप से हमारे हित में नहीं है)। हमें स्वयं पहल कर इस विषय में लीडरशिप वाली भूमिका निभानी होगी।

एक अन्य महत्वपूर्ण अन्तर हमारे देश के लिये प्रस्तावित ओर्गेनिक फार्मिंग तथा विदेशों में इसकी अवधारणा की ही है। इन देशों में आधुनिक खेती के नाम पर जिस प्रकार रसायनों का अन्धाधुंध उपयोग किया गया है उसमें प्रमाणीकरण की विधि जरूर ही अलग तरह की होगी। लेकिन हमारे देश में जब हम उन किसानों को इस कार्यक्रम में शामिल कर रहे हैं जो परम्परागत रूप में ओर्गेनिक फार्मिंग कर रहे हैं तो हमें तो अपनी प्रमाणीकरण की व्यवस्था अलग से ही विकसित करनी चाहिये। अनपढ़ एवं छोटे किसानों को ध्यान में रखकर सीधी–सरल विधि विकसित करने से ही हम ओर्गेनिक फार्मिंग के रूप में विकसित होने वाले विश्व बाजार में अपनी पहचान बना पायेंगे।

हमारा सुझाव है कि हर स्तर पर चर्चा के आधार पर उत्पादक, वैज्ञानिक, सरकार एवं उपभोक्ताओं को शामिल कर हमें अपनी विधि विकसित करनी चाहिये और इस विधि को यदि सरकार मान्यता दे तो इसे अन्तरराष्ट्रीय स्तर पर भी स्वीकार्य बनाया जा सकता है। इस विधि के विकास में हम कई देशों में पेस्टिसाइडस, अन्य पदार्थों के मिश्रण, गुणवत्ता इत्यादि के लिये प्रचलित स्टेण्डर्डस को भी शामिल कर सकते हैं जो कि हमारे देश में उत्पन्न ओर्गेनिक पदार्थों की शुद्धता की 100 प्रतिशत गारन्टी दे सकेंगे। विकसित देशों में आज भी प्रमाणीकरण का कार्य सिर्फ निजी एजेन्सीज द्वारा ही किया जाता है। कुछ निजी एजेन्सियां तो सरकारी मान्यता के चक्कर में भी नहीं पडती और खुद अपनी इतनी साख बनाने में सफल हुई हैं कि उपभोक्ता के स्तर पर उनके प्रमाणीकरण को ही शुद्धता की 100 प्रतिशत गारन्टी माना जाता है। ठीक इसी प्रकार की व्यवस्था हमारे देश में भी विकसित की जा सकती है।

मोरारका फाउण्डेशन में प्रमाणीकरण के लिये कई विकल्पों पर विचार किया गया है। शुरूआत में किसानों एवं उपभोक्ताओं के साथ चर्चा करने पर पाया गया कि करीब 70 प्रतिशत से अधिक लोग प्रमाणीकरण की व्यवस्था में सरकारी भूमिका चाहते हैं। मात्र 15 प्रतिशत लोग किसानों एवं उपभोक्ताओं की मिलीजुली संस्था के प्रमाणीकरण को उचित समझते हैं और मात्र 10 प्रतिशत लोगों ने इस कार्य के लिये कई अन्य उपाय बताये हैं। अतः यह निश्चित है कि ग्राहक को क्वालिटी की गारंटी देने में सरकार को अवश्य ही कोई पहल करनी होगी। हां, यह जरूर है कि अन्य स्टेक होल्डर कोई पहल करें और यदि वह अन्तरराष्ट्रीय स्तर पर स्वीकार स्टेण्डर्ड के अनुरूप हो तो सरकार भी उनको अपनी मान्यता प्रदान कर दे।

जब तक सरकार के स्तर पर इस दिशा में कुछ किया जाय, मोरारका फाउण्डेशन ने अपने स्तर पर एक विकल्प सामने रखा है। संस्था का मानना है कि आज कई देशों में ओर्गेनिक फूड के स्टेण्डर्ड बनाये जा चुके हैं। यहां तक कि भारत में भी निर्यात के लिये नियम बन गये हैं। यदि हम इन सभी नियमों के आधार पर अपने नियम बनायें और उनके प्रमाणीकरण में आई एस ओ 9002 पद्धति के अनुसार लागू करें तो हम इस दिशा में आगे बढ़ सकते हैं। सबसे पहले सर्टिफिकेशन एजेन्सी अपना आई एस ओ 9002 प्रमाणीकरण करा सकती है। इसके आधार पर यह एजेन्सी किसानों का भी आई एस ओ 9002 सर्टिफिकेशन करा सकती है। आई एस ओ में जब अन्य सभी प्रकार की आर्थिक गतिविधियों के लिये मान्य व्यवस्था है तो कृषि के लिये भी मान्य होनी चाहिये। इस विषय पर प्रारम्भिक चर्चा के दौरान हमने देखा कि सभी कंसलटेंट इस बात से सहमत हैं, अब जरूरत सिर्फ सरकार द्वारा इस पद्धति को मान्यता देने की है।

इस जानकारी के बाद किसानों को एक बार ऐसा जरूर लग सकता है कि ओर्गेनिक फार्मिंग तो सिर्फ बड़े स्तर पर यानि कई सौ या हजारों हैक्टर में खेती करने वाले किसानों या कम्पनियों के लिये ही है। हां, हमें भी जब इन नियमों की जानकारी हुई तो हमें भी ऐसा ही लगा था, लेकिन जब हमने इन नियमों का विस्तृत विश्लेषण एवं अध्ययन किया तो पाया कि स्थिति बिल्कुल विपरीत है। यह जरूर है कि वर्तमान में नियम जिस रूप में लिखे गये हैं उनको समझना भी अपने आप में एक बड़ी समस्या है।

छोटे स्तर पर खेती करने वाले किसानों के संगठनों द्वारा ओर्गेनिक खेती के सर्टिफिकेशन के नियम अभी तक किसी भी सरकार द्वारा नहीं बनाये गये हैं। इस वर्ष मई 2001 में आईफोम द्वारा सर्टिफिकेशन के नये नियमों में इसका प्रावधान किया गया है। इन नियमों के बिन्दु संख्या 7.3 में इसकी पूरी व्याख्या दी गई है। हमारे अपने अध्ययन एवं विश्लेषण के आधार पर यह छोटे किसानों के संगठनों को सर्टिफाइड ओर्गेनिक खेती के लिये आगे बढ़ने का स्वर्ण अवसर है।

क्वालिटी की चर्चा करते समय कुछ अन्य महत्वपूर्ण मुद्दों को भी शामिल करना चाहिये। यदि हम क्वालिटी के पैरामीटर्स् के बारे में उत्पादकों यानि किसानों के दृष्टिकोण को देखें, तो पता चलता है कि उनके स्तर पर क्वालिटी के प्रति बहुत ही लापरवाह नजरिया अपनाया जाता है। कई वर्षों तक सरकारी खरीद की प्रथा के प्रचलन में आने से बड़े पैमाने पर क्वालिटी के महत्व को गौण कर दिया गया है। क्वालिटी के सन्दर्भ में व्यापारियों का नजरिया भी बहुत महत्वपूर्ण भूमिका निभाता है। होलसेल मण्डी में एवरेज फेयर क्वालिटी में औसतन करीब 10–15 प्रतिशत तक का अन्तर रहता है। रिटेल लेवल पर इसमें एक अन्य मुददा और जुड़ जाता है। कई रिटेलरों से चर्चा करने पर पाया गया कि प्रत्येक बाजार में कृषि उपज की अपनी औसत क्वालिटी आधारित कीमत प्रचलन में होती है। दुकानदार और ग्राहक इस औसत क्वालिटी का ही माल बेचते हैं। इसमें यदि दुकानदार बढ़िया क्वालिटी का माल रखे तो उसे इसका प्रीमीयम नहीं मिलता, चूंकि ग्राहक थोड़ी बेहतर क्वालिटी के नाम पर किसी भी प्रकार की अतिरिक्त कीमत देने को तैयार नहीं है इसलिये दुकानदार को ग्राहकी में बड़ा नुकसान पहुंचाता है।

एक मोटे अनुमान के अनुसार प्रत्येक शहर के बाजारों में 100 दुकानदारों में से एक या दो ही दुकानदार क्वालिटी के आधार पर स्टॉक रखते है और उसका प्रीमीयम भी वसूल करते हैं। अनाज, दालों, तिलहन एवं मसालों के लिये मार्केट के दुकानदार क्वालिटी के प्रति अपने तरीके से उत्पादक एवं उपभोक्ता के नजरीये को प्रभावित करते हैं। करीब करीब सभी दुकानदारों का मानना है कि 90 प्रतिशत ग्राहक क्वालिटी के बारे में अनभिज्ञ हैं। अधिकतर ग्राहक क्वालिटी के लिये अपने दुकानदार की राय से चलते हैं। जयपुर के एक मशहूर किराणा व्यापारी श्री सुनील के अनुसार **''ग्राहक क्वालिटी के मामले में दुकानदार की राय को बीमारी में डाक्टर की सलाह के समान मानते हैं।''** उनके अनुसार किसानों के स्तर पर क्वालिटी आधारित खेती की उत्पादन प्रक्रिया तब तक बेमानी है जब तक ग्राहक स्वयं क्वालिटी के बारे में पूर्णतया जानकार न हों। उपभोक्ता के स्तर पर सभी खाद्य पदार्थों की क्वालिटी की उचित जानकारी होने पर ग्राहक विभिन्न क्वालिटी की वस्तु की कीमत में अन्तर को समझ सकेंगे और तभी क्वालिटी पदार्थों की मांग बढ़ने लगेंगी।

क्वालिटी के सन्दर्भ में मोरारका फाउण्डेशन ने अब तक करीब 1500 उपभोक्ताओं के साथ 30 बायर–सेलर मीटस् के रूप में जन–जन से चर्चा की है। इन चर्चाओं में यह सामने आया है कि उपभोक्ता को क्वालिटी का मोटा ज्ञान तो जरूर है, लेकिन बारीकियों की जानकारी लगभग नगण्य है। इन चर्चाओं के विश्लेषण से पता चला कि खाद्य पदार्थों की क्वालिटी को दो भाग में बांटा जा सकता है। पहली क्वालिटी की परीक्षा में देखने, सूंघने और महसूस करने की प्रक्रिया है। दूसरी क्वालिटी की परीक्षा खाद्य पदार्थ के खाने में स्वाद, खुशबू एवं पोषक तत्वों के बारे में है। आमतौर पर ग्राहक खरीददारी के समय भौतिक गुणों के आधार पर खरीदने का निर्णय करते हैं। लेकिन दुकान पर माल खरीदते समय उसके खाने वाले गुणों के आधार पर क्वालिटी के आंकलन का कोई तरीका नहीं अपनाते हैं। आमतौर पर बेहतर दिखने वाले खाद्य पदार्थों को ही बढ़िया क्वालिटी का माना जाता है।

अनाज के लिये कुछ हद तक वैरायटी की सूचना एवं अनुभव के आधार पर खरीदने का निर्णय प्रभावित होता है। उदाहरण के लिये गेहूं की 1482 वैरायटी को अच्छा माना जाता है। अधिकतर दुकानदार इसे देशी गेहूं के नाम पर थोड़े बहुत प्रीमीयम पर बेचते हैं। ठीक इसी प्रकार चावल में भी दो–तीन वैरायटीयां प्रचलन में है। लेकिन किसी कैटेगरी जैसे बासमती की विभिन्न वैरायटी में अन्तर करना ग्राहक के लिये थोड़ा मुश्किल है। चावल की मार्केटिंग में गत् 15–20 सालों में ब्रान्डेड चावल के बाजार में प्रीमीयम होना बहुत पोजिटिव डवलपमेंट है। लालकिला पहली ब्रान्ड है जिसने ग्राहकों की चावल खरीदने की समस्या को बहुत हद तक कम कर दिया है।

ओर्गेनिक फार्मिंग के प्रचलन में आने से क्वालिटी एक महत्वपूर्ण मुद्दा होने की संभावना है। ओर्गेनिक फार्मिंग का आधार ही क्वालिटी है। लेकिन क्या खाद्य पदार्थों की मार्केटिंग की वर्तमान व्यवस्थाओं में क्वालिटी के आधार पर ग्राहक, व्यापारी और किसान तीनों के लिये अतिरिक्त लाभ अथवा फायदा पहुंचाने की क्षमता है? यदि इस प्रश्न का उत्तर नहीं है तो ओर्गेनिक फार्मिंग का आन्दोलन शुरू करने वालों को ग्राहकों को इस विषय का सम्पूर्ण ज्ञान देकर जागरूक बनाने का कार्यक्रम भी लेना होगा।

उत्पादक यानि किसान के स्तर पर भी क्वालिटी के पैरामीटर की बहुत सीमित जानकारी है। वर्तमान जानकारी के आधार पर क्वालिटी की गारंटी का कॉन्सेप्ट ही किसानों को समझाना मुश्किल हो रहा है। अधिकतर किसानों द्वारा स्वयं अपने खेत पर पैदा होने वाले कृषि उत्पादों की अलग–अलग क्वालिटी होने पर भी वह उन्हें अलग नहीं रखते हैं और सारा माल एक साथ मिला देते हैं। उनके अनुसार क्वालिटी के पैरामीटर दो आधार पर विभाजित किये जा सकते हैं। पहला वैरायटी और दूसरा उपज में मिला हुआ कचरा–कूड़ा–कंकर इत्यादि की मात्रा है। किसानों द्वारा अपनी खेती में फायदे की पैमाइश उपज की कुल मात्रा के आधार पर ही की जाती है। अतः ओर्गेनिक फार्मिंग के तहत क्वालिटी के सर्वमान्य पैरामीटर्स् की जानकारी दिये बिना उनके द्वारा क्वालिटी की गारंटी दिया जाना लगभग असंभव है।

इसके लिये ओर्गेनिक फार्मिंग के आन्दोलन में किसानों को आगे आकर स्वयं अपने स्तर पर तथा उपभोक्ताओं के तालमेल से पहले सभी फसलों और उनमें विभिन्न वैरायटी के लिये सर्वमान्य क्वालिटी के पैरामीटर बनाने होंगे।

इन पैरामीटर्स के बनने के बाद प्रोसेस सर्टिफिकेशन की तरह किसी रोज प्रोडक्ट सर्टिफिकेशन भी किया जाना संभव हो जायेगा। क्वालिटी के नये कान्सेप्ट की शुरूआत करने में इंडियन स्टेण्डर्ड (BIS) में भी परिवर्तन करने होंगे।

दैनिक भास्कर

उदयपुर • सोमवार 27 अगस्त, 2001

'उपभोक्ता खुद वरीयता देगा जैव कृषि उत्पादों को'

■ नगर संवाददाता

उदयपुर, 26 अगस्त। राष्ट्रीय कृषि विपणन संस्थान (नियाम) कृषि मंत्रालय भारत सरकार द्वारा प्रायोजित एवं मोरारका फाउंडेशन जयपुर तथा विज्ञान एवं प्रौद्योगिकी विभाग के क्षेत्रीय कार्यालय की ओर से आयोजित आर्गेनिक फार्मिंग उत्पादन एवं विपणन विकास कार्यक्रम के अंतिम दिन रविवार को क्रेता-विक्रेता विचार गोष्ठी हुई। कृषि महाविद्यालय में विस्तार निदेशालय सभागार में हुई गोष्ठी में मृदा एवं विज्ञान विभाग के डा. एस.सी. भंडारी ने किचन गार्डन के लिए आर्गेनिक विधि की जानकारी दी।

विस्तार निदेशालय के डा. वी.पी. शर्मा ने बताया कि जैसे ही उपभोक्ताओं को आर्गेनिक उत्पाद मिलेंगे, उपभोक्ता जैव कृषि के महत्त्व को स्वयं पहचान पाएंगे। राजस्थान विद्यापीठ के प्रबंध संस्थान के नवनीत शर्मा ने कहा कि जैव कृषि के टिकाऊपन के लिए विपणन व्यवस्था मजबूत की जानी चाहिए। कार्यक्रम में मोरारका फाउंडेशन के वी.के. लोढ़ा ने बताया कि जैव कृषि में एकीकृत विकास कार्यक्रम द्वारा छोटी जोत वाले किसानों को लाभान्वित किया जा सकता है। विज्ञान एवं प्रौद्योगिकी विभाग की परियोजना अधिकारी श्रीमती रूपा पारीक ने बताया कि जैव कृषि उत्पादों के कारण इनके प्रति रुझान में वृद्धि हो रही है। महाराणा प्रताप कृषि विवि के नव निर्वाचित छात्रसंघ अध्यक्ष गुरुमनप्रीतसिंह ने बताया कि जैव कृषि क्षेत्र के अनुसंधानों एवं बुजुर्गों की अजमाई स्वदेशी तकनीकों में सामंजस्य आवश्यक है। नव निर्वाचित छात्रसंघ महासचिव मनोज मंडोरा ने जैव कृषि क्षेत्र में प्राकृतिक कीट व्याधि से शुद्ध उत्पादन प्राप्त करने के लिए चर्चा की आवश्यकता बताई। कार्यक्रम संयोजक एवं अनुसंधान अधिकारी गिरधारीलाल गर्ग ने कहा कि ग्रामीण युवाओं को जैव कृषि की वर्तमान आवश्यकता को देखते हुए इसे उद्यम के रूप में अपनाकर गांव को खुशहाल करना चाहिए जिससे शहरीकरण पर अंकुश लगे। मोरारका फाउंडेशन की दीप कौर, ए.के. मिश्रा, लक्ष्मीकांत चतुर्वेदी ने प्रतिभागियों से क्रेता-विक्रेता से चर्चा कर विपणन एवं वितरण विक्रय व्यवस्थाओं की रूपरेखा तैयार करने के तरीकों की योजना तैयार की, ताकि जैव कृषि के लिए राष्ट्रीय स्तर पर कार्य योजना प्रस्तावित की जा सके

अभ्यास, विवरण एवं विश्लेषण–6

1. आप अपने खेत पर होने वाले उत्पादनों की क्वालिटी किस प्रकार नापते हैं (How do you measure the quality of your farm produce) ....

2. आप अपने कृषि उत्पादनों की क्वालिटी की क्या गारंटी दे सकते हैं (How do you propose to gurantee the quality of your farm produce) ....

ORGANIC STANDARDS AND CERTIFICATION RULES

This unit will enlighten the readers about the prevalent standards for organic farming. It will also enable very good comprehension of certification requirements.

- Why standards?
- A brief analysis of organic standards applicable in USA.
- Comments & observations on organic standards proposed by IFOAM from year 2002.
- Complete text of organic standards with brief comments by Ministry of Commerce, Government of India made applicable from year 2001 for exports.

यूनिट 7 – ओर्गेनिक स्टेण्डर्डस् एवं सर्टिफिकेशन के नियम

ओर्गेनिक फार्मिंग की सफलता का पूरा दारोमदार उसके बेहतर क्वालिटी के होने में है। क्वालिटी की गारंटी के लिये स्टेण्डर्ड और सर्टिफिकेशन होना बहुत जरूरी है। जैसा कि पहले कहा गया है कि ओर्गेनिक फार्मिंग कान्सेप्ट की मान्यता विदेशों से प्रारम्भ हुई और वहीं ग्राहकों द्वारा स्वीकार किये जा सकने वाले स्टेण्डर्ड बनाये गये हैं। लेकिन भारत एवं अन्य देशों में बहुत अन्तर है। हमारे देश में भी बड़े स्तर पर कोर्पोरेट खेती करने वाले जैसे चाय बागान, प्लान्टेशन इत्यादि में और आम किसान में बहुत फर्क है। बड़े स्तर पर खेती करने वाले क्वालिटी की गारंटी के लिये बने स्टेण्डर्ड की पालना करते हुए अपनी उपज का सर्टिफिकेशन आसानी से करा सकते हैं, लेकिन छोटे किसानों के लिये यह एक बहुत मुश्किल काम है।

भारत में सबसे पहले भारत सरकार के वाणिज्य एवं उद्योग मंत्रालय द्वारा मार्च 2000 में ओर्गेनिक फार्मिंग के नियमों को बनाया गया। इन नियमों के तहत खेती एवं पशुपालन दोनों के सम्बंध में नियम बनाये गये हैं। भारत सरकार के विदेश व्यापार कार्यालय द्वारा दिनांक 11 जून 2001 को पब्लिक नोटिस संख्या 19 (आर.ई.–2001)1997–2002 द्वारा 1 जुलाई 2001 से ओर्गेनिक प्रोडक्ट के रूप में निर्यात करने के लिये नये नियमों को लागू कर दिया गया है। ओर्गेनिक प्रोडक्ट के प्रमाणीकरण के लिये चार संस्थाओं स्पाईस बोर्ड, टी बोर्ड, कॉफी बोर्ड एवं अपीडा को अधिकृत एजेन्सी बनाया गया हैं।

इण्डिया ओर्गेनिक के नाम का लोगो लगाने की प्रक्रिया के तहत चार उप नियम भी बनाये गये हैं। इन नियमों के अनुसार कोई भी व्यक्ति, संस्था, विभाग इन चार अधिकृत एजेन्सीयों में से किसी एक के द्वारा प्रस्तावित आवश्यकताओं को पूरा कर प्रमाणीकरण एजेन्सी बन सकता है। इसके पश्चात् कोई भी कृषक इन प्रमाणीकरण एजेन्सीयों के निर्देशन में अपना पंजीकरण करा कर सर्टिफाइड ओर्गेनिक प्रोड्कूस का निर्यात कर सकेगा।

वर्तमान में सर्टिफिकेशन एवं एक्रेडिशन के बारे में जिस प्रकार की अंग्रेजी भाषा लिखी गई है उसको समझना एवं लागू करना अपने आप में एक बहुत बड़ी समस्या है। अतः इन नियमों के व्यापक प्रचलन से पहले विषय आधारित प्रशिक्षण देने होंगे।

ओर्गेनिक सर्टिफिकेशन के लिये अन्तरराष्ट्रीय स्तर पर लागू नियमों में से हमने अमेरिका में बनाये गये नियमों का विस्तृत अध्ययन किया है। ठीक इसी प्रकार ओर्गेनिक फार्मिंग की सबसे बड़ी अन्तरराष्ट्रीय संस्था **आईफोम** द्वारा भी ओर्गेनिक सर्टिफिकेशन के नियम बनाये गये हैं। इन सभी नियमों के विश्लेषण से एक बात अवश्य समझ में आती है कि पूरे विश्व में नियमों

का आधार ओर्गेनिक फार्मिंग को बढ़ावा देने की मूल भावना पर आधारित है। कुल मिलाकर सभी जगह यह प्रयास किया जा रहा है कि ओर्गेनिक फार्मिंग अपनाने वाले कृषकों को कम से कम कठिनाईयां हों और उपभोक्ताओं द्वारा स्टेण्डर्ड के आधार पर ओर्गेनिक फूड की क्वालिटी को स्वीकार किया जा सके।

अमेरिका के फेडरल रजिस्टर संख्या '7 सी.एफ.आर. पार्ट 205 नेशनल ओर्गेनिक प्रोग्राम, फाइनल रूल' जो कि गुरूवार दिसम्बर 21, 2000 में जारी किया गया है इस विषय को समझने में बहुत सहायक है। हालांकि इससे पहले हम कई बार विदेशी / पश्चिमी तकनीक एवं तौर तरीकों की खिलाफत कर चुके हैं। लेकिन ओर्गेनिक फार्मिंग के नियमों के सम्बंध में हमारा मानना है कि अमेरिका के नियमों को हमारे देश के सन्दर्भ में भी बहुत हद तक थोड़ी बहुत फेर बदल के साथ लागू किया जा सकता है।

<u>अमेरिका में ओर्गेनिक फार्मिंग के सर्टिफिकेशन से सम्बंधित नियम एवं उनका विश्लेषण</u>

इन नियमों की जानकारी से किसानों के लिये ओर्गेनिक फार्मिंग को और बेहतर तरीके से समझने में आसानी होगी। (इन नियमों के बारे में अधिक जानकारी www.ams.usda.gov/nop से ली जा सकती है।)

○ अमेरिका में ओर्गेनिक फार्मिंग के नियमों को यूनाइटेड स्टेटस डिपार्टमेंट ऑफ एग्रीकल्चर (USDA) के एग्रीकल्चर मार्केटिंग सर्विस (AMS) विभाग द्वारा बनाया गया है। यह नियम नेशनल ओर्गेनिक प्रोग्राम (NOP) कहे जाते हैं। इसका कानून ओर्गेनिक फूड प्रोडक्शन एक्ट 1990 में बना था। यह नियम 20 फरवरी 2001 से लागू किये गये हैं।

○ एन.ओ.पी. में फ्रेश और प्रोसेस फूड दोनों को शामिल किया गया है। इसके सब पार्टस् (A) में परिभाषाऐं (B) में एप्लीकेबिलीटी (C) में ओर्गेनिक प्रोडक्शन एवं हैन्डलिंग (D) में लेबल, लेबलिंग और मार्केट इन्फोर्मेशन (E) में सर्टिफिकेशन (F) में सर्टिफिकेशन की मंजूरी तथा (G) में प्रशासनिक व्यवस्थाओं के तहत उपयोग में लिये जाने वाले इनपुटस् तथा ऐसे तत्व जिनका उपयोग नहीं किया जा सकता है के बारे में लिखा गया है।

○ इन अध्यायों में दिये गये कुछ प्रमुख बिन्दु निम्न प्रकार हैं। इनकी प्रारम्भिक जानकारी होने से पाठक इस विषय के बारे में बेहतर समझ विकसित कर सकेंगे।

(A) परिभाषाऐं

• खेती की विस्तृत परिभाषा के तहत उपजे सभी उत्पाद जिसमें पशु भी शामिल हैं और जिनका मनुष्य या पशु उपयोग करते हैं को एग्रीकल्चर प्रोडक्ट में शामिल किया गया है। इसमें ओर्गेनिक ऐग्रीकल्चर के उत्पादन में काम आने वाले इनपुट भी सम्मलित हैं।

• बफर जोन में सर्टिफाइड ओर्गेनिक फार्म व अन्य खेतों के बीच कम से कम हवा की गति रोकने के विण्ड ब्रेक या खाई को जरूरी माना गया है।

• कम्पोस्ट की परिभाषा में ऐसे पदार्थों जिनका प्रारम्भिक सी:एन अनुपात 25:1 से लेकर 40:1 तक हो और उस पदार्थ को कम से कम तीन दिन 131 डिग्री फारनेहाइट से 170 डिग्री फारनेहाइट तक पाइल सिस्टम में तथा 15 दिन विण्ड रोज में रखा जाना जरूरी है।

• रेसीड्यू में वही रसायनिक पदार्थ शामिल किये जायेंगे जिन्हें वर्तमान एनेलिटिकल पद्धति द्वारा जांचा जा सकेगा।

• एक्सक्लूडेड मेथड में जेनेटिकली मोडीफाइड पदार्थों को शामिल करा गया है। इसमें ट्रेडिशनल ब्रिडिंग, क्जूगेशन, फर्मन्टेशन, हाइब्रिडाइजेशन, इन विट्रो फर्टिलाइजेशन और टिश्यु कल्चर पर रोक नहीं है।

• ओर्गेनिक प्रोडक्शन वह स्थिति है जिसमें किसी खेत विशेष पर की जाने वाली सभी क्रियाऐं हैं जिनके द्वारा साधनों के उपयोग से इकोलोजिकल बेलेन्स बना रहे और बायोडाइवर्सीटी की सुरक्षा की जा सके।

• सिन्थेटिक पदार्थों में उन्हीं पदार्थों को शामिल किया जायेगा जो किसी रसायनिक क्रिया द्वारा एक रूप से दूसरे रूप में परिवर्तित होते हैं। लेकिन यह परिवर्तन यदि बायोलोजिकली किया जाये तो उसे सिन्थेटिक पदार्थ नहीं माना जायेगा।

(B) एप्लीकेबिलिटी

• ऐसे ओपरेशन जो एन.ओ.पी. के तहत किये जायें, उसमें पूरी प्रक्रिया, उत्पादन का कुछ भाग अथवा स्थान विशेष की कुछ गतिविधियां जिनको सौ प्रतिशत ओर्गेनिक या ओर्गेनिक द्वारा बनाया जा कर बेचा जाना हो को सम्मिलित किया जायेगा।

• ऐसे कृषक जिनकी ओर्गेनिक उत्पाद की बिक्री कुल पांच हजार डालर प्रति वर्ष से कम है वह ओर्गेनिक के नाम पर अपनी फसल बेच सकते हैं और उन्हे सर्टिफिकेशन कराने की जरूरत नहीं है। लेकिन उन्हें इसकी पूरी प्रक्रिया का पालन करना होगा।

• आयोनाइजिंग रेडियेशन के लिये फूड एण्ड ड्रग एडमिनिस्ट्रेशन के नियम 21CFR179.26 लागू होंगे। इसमें x-ray द्वारा इंस्पेक्शन को स्वीकृत किया गया है।

(C) ओर्गेनिक प्रोडक्शन और हेन्डलिंग

• ओर्गेनिक प्रोडक्शन प्लान को एक्रीडिटेड सर्टिफाइड एजेन्सी द्वारा स्वीकृत किया जाना जरूरी है। इस प्लान में सभी प्रक्रियाओं का विवरण होना चाहिये। इसमें उत्पादन के काम आने वाले सभी इनपुट का विवरण सम्मिलित होगा। इस प्लान में आवश्यक रिकार्ड, प्रबंध व्यवस्था तथा मोनिटरिंग की पद्धति के बारे में भी जानकारी दी जायेगी। इस प्लान को आपसी सहमती से कभी भी बदला जा सकता है।

• ओर्गेनिक खेती में वही जमीन ली जायेगी जिसमें नियमों के अनुसार उत्पादन हो, बफर जोन से सुरक्षित हो तथा उसमें कम से कम तीन साल पहले से प्रतिबन्धित पदार्थों का उपयोग न किया गया हो। इस जमीन की ड्रेनेज भी इस तरह की होनी चाहिये जिसमें पानी के साथ बाहर से प्रतिबन्धित पदार्थ बहकर न आ सकें।

• भूमि की उर्वरा शक्ति बढ़ाने एवं फसलों की पोषक तत्वों की पूर्ती के लिये, फसल चक्र, कवर क्रोप और पेड़ एवं पशु के अवशेषों का इस्तेमाल किया जा सकता है। कम्पोस्ट बनाने में पेथोजन का न होना जरूरी है। मिनरल फार्म में कम घुलनशील प्राकृतिक पदार्थ भी काम में लिये जा सकते हैं। रसायनिक फर्टिलाइजर एवं सीवेज स्लज का उपयोग प्रतिबंधित है।

• बीज एवं प्लांटिंग मेटिरियल भी ओर्गेनिकली पैदा किया होना चाहिये। ऐसी स्थिति में जब इस प्रकार का बीज या प्लांटिंग मैटिरियल न मिलता हो तो दूसरा काम में ले सकते हैं, लेकिन इसकी पूर्व इजाजत लेनी होगी और कार्य योजना में इस समस्या का निदान शामिल हो।

• फसल नाशी कीट, खरपतवार एवं रोगों की रोकथाम के लिये प्राकृतिक उपाय अपनाने होंगे।

• जंगली उपज के लिये प्रतिबंधित पदार्थों के उपयोग की तीन वर्ष की शर्त रखी गई हैं।

• पशुओं के लिये उनका गर्भधारण के आखरी तीन महिनों से ओर्गेनिक प्रबंध में होना जरूरी है। पुराने पशुओं को कम से कम एक वर्ष पहले से ओर्गेनिक प्रबंध में लाना होगा। पशुओं को खिलाने के लिये कुल खुराक का कम से कम अस्सी प्रतिशत ओर्गेनिक होना चाहिये। नियमों में फीड, केयर एवं रोगों की रोकथाम के सम्बंध में भी विस्तृत नियम बनाये गये हैं।

• ओर्गेनिक प्रोडक्शन के नियमों में टेम्परेरी वेरियेंस (बदलाव) की भी व्यवस्था की गई है। इसमें प्राकृतिक आपदा, सूखा, बाढ़, राजकीय आदेश इत्यादि के सन्दर्भ में कई प्रकार की छूट दी गई है।

• वर्मीकम्पोस्टिंग द्वारा स्टेबिलाइजड किये गये प्लान्ट मैटिरियल को जमीन की उर्वरा शक्ति बढ़ाने के काम में लिया जा सकता है।

(D) लेबल, लेबलिंग और मार्केट इंफोर्मेशन

• ओर्गेनिक लेबल तभी लगाया जा सकता है जब उत्पादन नियमों के अनुरूप हो, बिना स्वीकृति लेबल लगाने पर कानूनी कार्यवाही की जा सकती है।

• विदेशों से आयातित उत्पाद को तभी लेबल लगाया जा सकेगा जब वह इन नियमों के तहत दी गई शर्तो को पूरा करते हैं।

• "100 प्रतिशत ओर्गेनिक" उत्पाद में वजन या आयतन के आधार पर (नमक एवं पानी को छोड़कर) कम से कम 95 प्रतिशत ओर्गेनिक भाग होना चाहिये।

• "मेड विद ओर्गेनिक" लेबल में कम से कम 70 प्रतिशत की शर्त रखी गई है। लेबलिंग के नियमों में उत्पादन, उनके लिये काम में आने वाले इनपुट, पैकिंग, इत्यादि सभी के लिये व्याख्या अलग से दी गई है।

(E) सर्टिफिकेशन

• सर्टिफिकेशन के लिये नियमों की पालना जरूरी है। प्रतिवर्ष कार्ययोजना के अनुसार खेती की सभी गतिविधियां ली जानी चाहिये। सर्टिफिकेशन एजेन्सी द्वारा नियमित इन्सपेक्शन किया जाना चाहिये। सभी रिकोर्ड रखे जायें और आवश्यकता होने पर उनका प्रमाणीकरण किया जा सके। एप्लीकेशन फीस का भुगतान किया गया हो।

• ऑन द स्पॉट इन्सपेक्शन के लिये क्लायन्ट या उसके अधिकृत प्रतिनिधी की मौजूदगी जरूरी है। लेकिन आकस्मिक निरिक्षण में क्लायन्ट का मौजूद होना जरूरी नहीं है।

• सर्टिफिकेशन एजेन्सी की मान्यता के लिये विस्तृत नियमों का अध्ययन किया जाना चाहिये।

(F) स्वीकृत एवं प्रतिबंधित पदार्थ

• किसी भी पदार्थ को स्वीकृत एवं प्रतिबंधित करने के उपनियम अलग से बनाये गये हैं। इसमें ऐसे पदार्थों को स्वीकृत किया जा सकेगा जिनका कोई दूसरा विकल्प न हो। ऐसे पदार्थों को भी इस्तेमाल के लिये स्वीकृत किया जा सकेगा जिनसे किसी प्रकार क़ा नुकसान होने के प्रमाण न दिये जा सकें।

आइफोम के वर्ष 2002 से लागू होने वाले स्टेण्डर्ड

आइफोम द्वारा अपने प्रारम्भ से लेकर लगातार ओर्गेनिक स्टेण्डर्ड बनाये जा रहे हैं। इन्हें आइफोम बेसिक स्टेण्डर्ड (IBS) भी कहा जाता है। इन नियमों को बनाने का सबसे प्रमुख उद्देश्य यह है कि जितनी भी संस्थाऐं या देश ओर्गेनिक के नियम बना रहे हैं उनमें एकरूपता बनी रहे। कृषि के विश्व व्यापार के लिये ओर्गेनिक के विभिन्न देशों के नियमों में तालमेल होना बहुत जरूरी है। वर्तमान में आइफोम द्वारा वर्ष 2002 से लागू होने वाले नियमों का ड्राफ्ट बनाया गया है। अतः पाठकों के लिये हमारा सुझाव है कि वह इन नियमों का विस्तृत अध्ययन करें और यदि उनके कोई सुझाव हैं तो हमें प्रेषित करें या आइफोम को सीधे ही भेजें। इससे हमें अपने लिये ओर्गेनिक खेती के अन्तरराष्ट्रीय स्तर पर बनने वाले नियमों में अपनी भूमिका निभाने का अवसर मिलेगा।

आइफोम के नियमों की दो विशेषताऐं हैं। जिसमें सबसे पहले ओर्गेनिक फूड के उपभोक्ताओं को सर्वोपरी माना गया है, दूसरे इसमें इस बात का ध्यान रखा जा रहा है कि ओर्गेनिक के नियम वर्तमान परिस्थितियों को ध्यान में रखकर बनाये जायें, जिससे अधिक से अधिक किसान ओर्गेनिक फार्मिंग की शुरूआत कर सकें।

ड्राफ्ट नियमों को सेक्शन A-जनरल, सेक्शन B-स्टेण्डर्डस् तथा सेक्शन C-एपेंडिक्स में विभाजित किया है।

सेक्शन A-जनरल

o इसमें सबसे महत्वपूर्ण बिन्दु परिभाषाओं का है। हम इस पुस्तक के अन्त में आइफोम द्वारा प्रस्तावित परिभाषाओं को अंग्रेजी में ही दे रहे हैं। इन परिभाषाओं के अध्ययन से पाठकों को आइफोम के नये नियमों को समझने में आसानी होगी।

सेक्शन B-स्टेण्डर्डस्

o इसमें सबसे पहले ओर्गेनिक उत्पादन के उद्देश्यों को बताया गया है। इन उद्देश्यों का प्रमुख सार यही है कि धरती पर प्रकृति ने मानव के रहने की जो व्यवस्थाऐं की हुई हैं, उनको भूलना नहीं चाहिये और प्रकृति के तालमेल से ही मानव सुखी समाज की परिकल्पना को साकार कर सकता है।

o ओर्गेनिक इकोसिस्टम में प्राकृतिक संसाधनों के टिकाऊ उपयोग, बायोडाइवर्सिटी एवं पर्यावरण की सुरक्षा के बारे में लिखा गया है। जेनेटिक इंजिनियरिंग द्वारा किये जा रहे बदलावों को ओर्गेनिक प्रोडक्शन से बाहर रखा गया है।

o फसल एवं पशुपालन के लिये बनाये गये नियमों में सबसे प्रमुख बात पूर्णतया प्राकृतिक तरीकों को अपनाने की कही गई है। आइफोम हालांकि पूरे फार्म को ओर्गेनिक में बदलने को जरूरी मानता है लेकिन वह जब तक पूरा फार्म परिवर्तित न हो तब तक समानान्तर प्रोडक्शन की इजाजत भी देता है।

○ फसल उत्पादन में बीज, प्लान्टिंग मैटिरियल इनपुट के बारे में एक महत्वपूर्ण विशेषता यह है कि आइफोम कोमर्शियल अवेलेबिलीटी को मुख्य आधार मानता है। इससे जो इनपुट नियमों के तहत उपयोग करने जरूरी हैं, वह यदि बाजार में न मिलते हों तो आल्टरनेटिव इनपुट का उपयोग किया जा सकता है। सोइल फर्टिलिटी के लिये भी यही आधार रखा गया है।

○ पशुपालन में भूमिहीन पशुपालन की गतिविधियों को ओर्गेनिक प्रोडक्शन के बाहर रखा गया है। पशु चारे के बारे में भी परिस्थितियों के अनुसार किये गये उपायों को स्वीकृती दी गई है। पशुचारे के लिये बाहर से खरीदे गये या अन्य किसानों के साथ मिलकर किये गये उत्पादन को काम में लेने की इजाजत दी गई है।

○ ओर्गेनिक प्रोडक्शन में मछलीपालन के लिये भी नियम बनाये गये हैं।

○ प्रोसेसिंग, हेण्डलिंग, पैकिंग, ट्रांसपोर्ट, लेबलिंग के लिये नियम बने हैं।

○ प्राकृतिक जंगलों से मिलने वाले उत्पादनों और प्लान्टेशन फसलों के लिये भी ओर्गेनिक प्रोडक्शन के नियम बनाये गये हैं।

○ सामाजिक न्याय एवं समरसता के बारे में नये नियमों में कई प्रावधान है।

सेक्शन C-स्टेण्डर्डस्

○ पहली सूची में जमीन की उर्वरा शक्ति बढ़ाने के उपायों की स्वीकृत सूची दी गई है। इस सूची में वर्मीकास्टिंग शामिल है। आइफोम द्वारा दी गई सूची उपभोक्ताओं और किसानों दोनों के हितों को ध्यान में रखकर बनाई गई है।

○ दूसरी सूची में कीटनाशक, बिमारियों पर नियंत्रण इत्यादि के बारे में स्वीकृत उपायों एवं उनके उपयोग की शर्तों का विवरण है।

○ तीसरी एपेंडिक्स में किसी भी नये पदार्थ या उपाय के उपयोग की इजाजत लेने की प्रक्रिया का वर्णन दिया गया है।

○ एपेंडिक्स चार में प्रोसेसिंग के काम के लिये स्वीकृत पदार्थ एवं प्रक्रियाओं की सूची दी गई है।

○ एपेंडिक्स पांच में प्रोसेसिंग के लिये चाहे गये परिवर्तनों को स्वीकृत कराने की प्रक्रिया का वर्णन है।

○ एपेंडिक्स छः में प्लान्टिंग मेथड एवं मैटिरियल की सूची दी गई है।

नेशनल प्रोग्राम फोर ओर्गेनिक प्रोडक्शन (NATIONAL PROGRAMME FOR ORGANIC PRODUCTION)

नेशनल प्रोग्राम फोर ओर्गेनिक फार्मिंग यहां अंग्रेजी में ही दिया गया है। लेकिन प्रत्येक अध्याय के अन्त में हिन्दी में भी छोटी सी व्यारव्या की गई है। पाठक के लिये यह जरूरी है कि वह कोशिश करके अंग्रेजी में लिरवे गये पाठ को समझें। इसके द्वारा उन्हें ओर्गेनिक फार्मिंग की बारीकियों का ज्ञान हो सकेगा।

Organic production of farmed and processed farm products is the practice of a production process that **develops a viable and sustainable agro ecosystem** in a production environment. The national Programme recognizes that:

All species and varieties of plants that are cultivated should be adapted to the soil and climate conditions that they are introduced to. An innate resistance to pests and diseases must emerge in such varieties:
That seed an plant material must be sourced from the existing organic farm to be obtained from another organic farm;
That the fertility of the soil is to be maintained and increased with the biological activity of the soil held intact;
That organic material is to be returned to the soil to retain the humus content of the soil: Such organic material must be the product of organic farms and the farms must become self sufficient in producing such organic material;
That pest and weed control is to be resorted to by means of rotation of crops, activating natural predators, companion planting, or the use of mechanical means of pest and weed elimination;
That cultivation has to guard against the possibility of pesticide and weedicide contamination and the carriage of inorganic chemicals used as fertilizers by irrigation and drainage,
That soil loss through erosion and the depletion of water resources to be prevented;
That organic produce must be stored, transported and conveyed to the final consumer in it's pristine state. Storage must ensure that the care taken in production is not lost by association with non-organic products especially in the course of reaching the produce to the final consumer;
That transportation of organic products must be appropriate to the product, minimizing damage to the product;
That pests at the storage and processing stage must be controlled by means of physical barriers, sound and light, with temperature and atmospheric control being permissible;
That mixture of organic and non organic products must be prevented during the course of processing. Additives and substances that diminish or alter the nature of organic produce are to be avoided;
That processing methods should be based on mechanical, physical and biological processes;
That packaging must take care to prevent material contact to diminish the organic purity of produce. Biodegradable material should be the preferred medium of packing. Waste generating packaging; pollution causing packaging material is discouraged;
That conformity to ILO conventions is a requirement and equal wages for equal tasks is a practices principle;
That direct sales by producers is to be encouraged. Intermediary traders are to demonstrate that price benefits accrue to original producers;
That women's and children's rights are left inviolate;
That organic production is employment enhancing and therefore labour encouraging;
That labeling of organic produce must declare openly the fact of totally organic or under conversion period. Where a geographic application is employed the produce must be from that geographic region;
That declaring ingredients is essential on the labels of processed items when such ingredients are above a certain part of the product. Listing processing steps that are not immediately obvious.
That declaring ingredients is essential on the labels of processed items when such ingredients are above a certain part of the product. Listing processing steps that are not immediately obvious.

That the Government of India having recognized the practice of organic farming and production as a socially and economically useful activity,

That the practice of organic farming is found to be compatible with the preservation and improvement of the environment;

That the Government of India having concern for the health and well being of its citizenry finds it necessary to institute a system to assure them a supply of food and food materials free fro in unnatural treatments or additives,

That there being no recognized system for encouraging the controlled practice of organic production;

Towards serving the afore-recognized features, the Government of India introduces the National Programme for Organic Production, which aims at:

- *Declaring standards for Organic Production;*
- *Recognizing specific bodies for preparing approved package of practices for specified products and approving certification programs*
- *According the recognized bodies to accredit agencies to inspect and certify that products are the result of following the prescribed practices*
- *Seek recognition from and accord reciprocal recognition to standards of other nations and trading blocks; and*
- *Institute a logo and prescribe its award by accrediting bodies on products qualifying for bearing the Indian Organic Label.*

Towards these aims the Government of India defines the scope of these standards to:

- *Lay down policies for development and certification of organic products;*
- *Facilitate certification of organic products conforming to the National Programme containing the Standards for Organic Production;*
- *To do all such things to encourage the development of organic farming and organic processing.*

The proposed standards are to take into consideration the basic standards evolved by the International Federation of Organic Agriculture Movements (IFOAM) aligned to agriculture and climatic conditions prevailing in India. Recognising the value of traditional practices prevalent throughout the country, the package of practices will incorporate those of use in the practices to be prescribed by the Accrediting Agencies.

इन नियमों के पहले की गई व्याख्या में ओर्गेनिक फार्मिंग की अवधारणा और इसके लिये क्या किया जाना जरूरी है के बारे में जानकारी दी गई है। हालांकि इनको पढ़ने से ऐसा लगेगा कि यह सब आम किसान के लिये संभव नहीं है। कुछ हद तक ऐसा सही भी है लेकिन अब सभी सम्बन्धित लोगों को इस दिशा में सोचना प्रारम्भ करना चाहिये। शुरूआत में बनाये गये नियम एक्सपोर्ट के लिये हैं, लेकिन लोगों की राय के आधार पर इन नियमों को आवश्यक फेर बदल के साथ भारत में लोकल मार्केट के लिये भी लागू किया जा सकता है।

NATIONAL STANDARDS

1. CROP PRODUCTIONS AND ANIMAL HUSBANDRY IN GENERAL

1.1 CONVERSION REQUIREMENT

General Principles: Organic agriculture means a process of developing a viable and sustainable agro-ecosystem. The time between the start of organic management and certification of crops and/or animal husbandry is known as the conversion period.

The whole farm, including livestock, should be converted according to these standards over a period of time.

Recommendations: For a sustainable agro-ecosystem to function optimally, diversity in crop production and animal husbandry must be arranged in such a way that all the elements of the farming and management of animal husbandry harmonize.

Conversion may be accomplished over a period of time. A farm may be converted in segments on a systematic pattern.

The totality of the crop production and all animal husbandry of the segment under conversion should be converted to organic management by the end of the conversion period.

Accrediting Agencies shall prescribe, through a package of practices, how to proceed with the conversion. This plan shall be updated if necessary and should cover all aspects relevant to these standards.

The accrediting Agencies should set norms for how different farming systems can be clearly separated in production as well as in documentation, and the standards should determine how to prevent a confusion of input factors and products.

Standards

1.1.1: The standards prescribed shall be met during the conversion period. All the standards requirements shall be applied on the relevant aspects from the beginning of the conversion period onward.

1.1.2: Where the whole farm is not converted, the accredited certification programme shall ensure that the organic and conventional parts of the farm are separate, distinct an inspectable.

1.1.3: Before products from a farm/project can be certified as organic, inspection shall have been carried out during the conversion period. The start of the conversion period may be calculated from the date of application to the accredited certification programme or from the date of last application of unapproved farm inputs provided it can demonstrate that standards requirements have been met from that date of implementation.

1.1.4: Simultaneous production of conventional, in conversion and/or organic crops or animal products that cannot be clearly distinguished from each other, is not allowed.

1.1.5: To ensure a clear separation between organic and conventional production, the accredited certification programme shall inspect the whole production system, where appropriate.

1.1.6: A full conversion period is not required where de facto full standards requirements have been met for several years and where this can be verfied through several means and sources. In such cases inspection shall carried out with a reasonable time interval before the first ahrvest.

1.2 MAINTENANCE OF ORGANIC MANAGEMENT

General Principles: Organic certification is based on continuity.

Recommendations: The accredited certification programme should only certify production that is likely to be maintained on a long-term basis.

Standards

1.2.1: Converted land and animals shall not alternate between organic and conventional management.

1.3 LANDSCAPE

General Principles: Organic farming should contribute beneficially to the ecosystem.

Recommendations: Areas, which should be managed carefully and linked to facilitate biodiversity:

- Extensive grassland such as moorlands, reed land or dry land
- In general all areas which are not under rotation and are not beavily manured
- Extensive pastures, meadows, extensive grassland, extensive orchards, hedges, hedgerows, groups of trees and/or bushes and forest lines
- Ecological rich fallow land or arable land
- Ecologically diversified (extensive) field margins
- Waterways, pools, springs, ditches, wetlands and swamps and other water rich areas which are not used for intensive agriculture or aqua production
- Areas with ruderal flora

The accredited certification programme shall set standards for a minimum percentage of the farm area to facilitate biodiversity and nature conservation.

Standards

1.3.1: The accredited certification programme shall work towards landscape and biodiversity improvement.

इस अध्याय में वर्तमान खेती से ओर्गेनिक खेती में बदलाव के नियम दिये गये हैं। इनमें सबसे प्रमुख बात यह है कि किसानों को अपने पूरे फार्म और उस पर होने वाली सभी गतिविधियों को ओर्गेनिक पद्धति में बदलना होगा।

2. CROP PRODUCTION

2.1 CHOICE OF CROPS AND VARIETIES

General Principles: All seeds and plant material should be certified organic.

Recommendations: Species and varieties cultivated should be adapted to the soil and climatic conditions and be naturally resistant to pests and diseases of the region.

Preservation of biodiversity shall not be lost sight of.

Standards

2.1.1: When organic seed and plant materials are available, they shall be used. The accredited certification programme shall set time limits for the generation of certified organic seed and other plant material.

2.1.2: When certified organic seed and plant materials are not available, chemically untreated conventional seed and planting materials shall be used, that are not chemically treated.

Where no other alternatives are available chemically treated seed and plant material may be used.

The accredited certification programme shall define conditions for exemptions and set time limits for chemical treatment of seeds and plant materials.

2.1.3: The use of genetically engineered seeds, pollens, transgenic plants or plant material is not allowed.

2.2: DURATION OF CONVERSION PERIOD

General Principles: The establishment of an organic management system and building of soil fertility requires an interim period called the conversion period. The conversion period may not always be of identical duration to improve soil fertility and re-establish the balance of the ecosystem in all cases. It is the period in which all the actions required to reach these goals take.

Recommendations: The duration of the conversion period must be adapted to:

- the past use of the land
- the ecological situation

Standards

2.2.1: Plant products produced annually can be certified organic when these National Standards stipulations have been met for a minimum of twelve months before the start of the production cycle. Perennial plants (excluding pastures and meadows) can be certified organic at the first harvest after at least thirty six months of management according to the national standards stipulations. Pastures, meadows and their products can be certified organic after 12 months of organic management.

2.2.2: The conversion period can be extended by the accredited certification programme depending on factors such as past use of the land and environmental conditions.

2.2.3: The accredited certification programme may allow plant products to be sold as "produce of organic agriculture in process of conversion" or a similar description when these National Standards stipulations have been met for at least twelve months.

2.2.4: For the calculation of inputs for feeding, the feed produced on the farm unit during the first year of organic management may be classed as organic. This refers only to feed for animals which are themselves being produced within the farm unit and such feed may not be sold or otherwise marketed as organic. Feed produced on the farm in accordance with these National Standards is to be preferred over conventionally grown or brought-in feeds.

2.3 DIVERSITY IN CROP PRODUCTION

General Principles: The basis for crop production in gardening, farming and forestry is consideration of the structure and fertility of the soil and surrounding ecosystem and to provide a diversity of species while minimizing nutrient losses.

Recommendations: Diversity in crop production is achieved by a combination of:

- a versatile crop rotation with legumes
- an appropriate coverage of the soil during the year of production with diverse plant species

Standards

2.3.1: Where appropriate, the accredited certification programme shall require that sufficient diversity is obtained in time or place in a manner that takes into account pressure from insects, weeds, diseases and other pests, while maintaining or increasing soil, organic matter, fertility, microbial activity and general soil health. For non-perennial crops, this is normal but not exclusive achieved by means of crop rotation.

2.4 FERTILISATION POLICY

General Principal: Sufficient quantities of biodegradable material of microbial, plant or animal origin should be returned to the soil to increase or at least maintain its fertility and the biological activity within it. Biodegradable material of microbial, plant or animal origin produced on organic farms should form the basis of the fertilisation programme.

Recommendation:

- Fertilisation management should minimize losses.
- Accumulation of heavy metals and other pollutants should be demonstratively prevented.
- Non synthetic mineral fertilizers and brought in fertilizers of biological origin should be regarded as supplementary and not a replacement for nutrient recycling.
- Adequate pH levels should be maintained in the soil.

Standards

2.4.1: Biodegradable material of microbial plant or animal origin shall form the basis of the fertilisation programme.

2.4.2: The accredited certification programme shall set limits to the total amount of biodegradable material of microbial, plant or animal origin brought onto the farm unit, taking into account local conditions and the specific nature of the crops.

2.4.3: The accredited certification programme shall set standards that prevent animal runs from becoming over manured where there is a risk of pollution.

2.4.4: Brought-in material (including potting compost) shall be in accordance with Appendices 1 and 2.

2.4.5: Manures containing human excreta (faeces and urine) shall not be used on vegetation for human consumption, except where thorough sanitisation treatment has been applied.

2.4.6: Mineral fertilizers shall only be used in supplementary role to carbon based materials. Permission for use shall be given only when all other fertility management practices have been optimized.

2.4.7: Mineral fertilizers shall be applied in their natural composition and shall not be rendered more soluble by chemical treatment. The accredited certification programme may grant exceptions that shall be well justified. These exceptions shall not include mineral fertilizers containing nitrogen (see Appendix 1).

2.4.8: The accredited certification programme shall lay down restrictions for the use of inputs such as mineral potassium, magnesium fertilizers, trace elements, manures and fertilizers with a relatively high heavy metal content and/or other unwanted substances, e.g. basic slag, rock phosphate and sewage sludge (Appendices 1 and 2).

2.4.9: Chilean nitrate and all synthetic nitrogenous fertilizers, including urea, are prohibited.

2.5 PEST, DISEASE AND WEED MANAGEMENT INCLUDING GROWTH REGULATORS

General Principles:_Organic farming systems should be carried out in a way that ensures those losses from pests, diseases and weeds are minimized. Emphasis is placed on the use of a balanced fertilizing programme, use of crops and varieties well-adapted to the environment, fertile soils of high biological activity, adapted rotations, companion planting, green manures, etc.

Growth and development should take place in a natural manner.

Recommendation:_Weed, pests and diseases should be controlled by a number of preventive cultural techniques which limit their development, e.g. suitable rotations, green manures, a balanced fertilizing programme, early and predrilling seeded preparations, mulching, mechanical control and the disturbance of pest development cycles.

The natural predators of pests and diseases should be protected and encouraged through appropriate habitat management of hedges, nesting sites etc.

Pest management should be regulated by understanding and disrupting the ecological needs of the pests.

Standards

2.5.1: Products used for pest, disease and weed management, prepared at the farm from local plants, animals and micro-organisms, are allowed. If the ecosystem or the quality of organic products are likely to be jeopardized, the Procedure to Evaluate Additional Inputs to Organic Agriculture (Appendix 3) and other relevant criteria shall be used to judge if the product is acceptable. Brand name products must always be evaluated.

2.5.2: Thermic weed control and physical methods for pest, disease and weed management are permitted.
2.5.3: Thermic steritisation of soils to combat pests and diseases is restricted to circumstances where a proper rotation or renewal of soils cannot take place. Permission may only be given by the accredited certification programme on a case by case absis.
2.5.4: All equipment from conventional farming systems shall be properly cleaned and free from residues before being used on organically managed areas.
2.5.5: The use of synthetic herbicides, fungicides, insecticides and other pesticides is prohibited. Permitted products for plant test and disease control is listed in Appendix 2.
2.5.6: The use of synthetic growth regulators and synthetic dyes are prohibited.
2.5.7: The use of genetically engineered organisms or products are prohibited.
2.5.8: Accredited certification programmes shall ensure that measures are in place to prevent transmission of pests, parasites and infectious agents.

2.6 CONTAMINATION CONTROL

General Principles: All relevant measures should be taken to minimize contamination from outside and within the farm.

Recommendations: In case of risk or reasonable suspicious of risk of pollution, the accredited certification programme should set limits for the levels of heavy metals and other pollutants. Accumulation of heavy metals and other pollutants should be limited.

Standards

2.6.1. In case of reasonable suspicion of contamination the accredited certification programme shall make sure that an analysis of the relevant products and possible sources of pollution (soil and water) shall take place to determine the level of contamination.
2.6.2: For protected structure coverings, plastic mulches, fleeces, insect netting and silage repping, only products based on polyethylene and polypropylene or other polycarbonates are allowed. These shall be removed from the soil after use and shall not be burnt on the farmland. The use of polychloride based products is prohibited.

2.7 SOIL AND WATER CONSERVATION

General Principles: Soil and water resources should be handled in a sustainable manner.

Recommendations: Relevant measures should be taken to prevent erosion, salination of soil, excessive and improper use of water and the pollution of ground and surface water.

Standards

2.7.1: Clearing of land through the means of burning organic matter, e.g. slash-and-burn, straw burning shall be restricted to the minimum.
2.7.2: The clearing of primary forest is prohibited.
2.7.3: Relevant measures should be taken to prevent erosion.
2.7.4: Excessive exploitation and depletion of water resources is prohibited.
2.7.5: The accredited certification programme shall require appropriate stocking rates that do not lead to land degradation and pollution of ground and surface water.
2.7.6: Relevant measures should be taken to prevent salination of soil and water.

2.8 COLLECTION OF NON CULTIVATED MATERIAL OF PLANT ORIGIN AND HONEY.

General Principles: The act of collection should positively contribute to the maintenance of natural areas.

Recommendations: When harvesting or gathering the products, attention should be paid to maintenance and sustainability of the ecosystem.

Standards

2.8.1: Wild harvested products shall only be certified organic if derived from a stable and sustainable growing environment. Harvesting or gathering the product shall not exceed, the sustainable yield of the ecosystem, or threaten the existence of plant or animal species.
2.8.2: Products can be certified organic only if derived from a clearly defined collecting, area, which is not exposed to prohibited substances, and which is subject to inspection.
2.8.3: The collection area shall be at an appropriate distance from conventional farming area, pollution and contamination sources.
2.8.4: The operator managing the harvesting or gathering of the products shall be clearly identified and be familiar with the collecting area in question.

2.9 FORESTRY

Recommendations: Until national standards for organic forestry are declared, accredited certification programme shall develop standards for forestry on the principle aims for organic agriculture and on the standards for social justice.

इस अध्याय में ओर्गेनिक खेती के तहत बीज एवं प्लांटिंग मैटिरियल खेत पर ही तैयार करने की शर्त रखी गई है। खेत पर क्रोप रोटेशन एवं अधिक से अधिक बायोडाइवर्सिटी रखने से प्राकृतिक तरीकों से सभी साधनों का समुचित उपयोग हो सकेगा। फर्टीलाइजेशन के लिये अधिक से अधिक इनपुट खेत पर ही तैयार करने होंगे। कीट नियंत्रण के लिये कल्चरल प्रेक्टिस और प्राकृतिक रूप से तैयार कीटनाशकों का उपयोग करने की बात कही गई है। यहां तक कि भू संरक्षण को बढ़ावा देने के भी नियम बताये गये हैं। जंगल एवं बिना खेती की उपज के लिये भी उत्पादन के सम्बंध में नियम बनाये गये हैं।

3. ANIMAL HUSBANDRY

3.1 ANIMAL HUSBANDRY MANAGEMENT

General Principles: Management techniques in animal husbandry should be governed by the physiological and ethological needs of the farm animals in question. This includes:

- That animals should be allowed to live by their basic behavioural habits.
- That all management techniques, including those where production levels and speed of growth are concerned, should be directed for the good health and welfare of the animals.

Recommendations: For welfare reasons the herd or flock size should not adversely affected the behavioural patterns of the animal.

Standards

3.1.1: The accredited certification programme shall ensure that the management of the animal environment takes into account the behavioural needs of the animals and provides for:

- Sufficient free movement
- Sufficient fresh air and natural daylight according to the needs of the animals
- Protection against excessive sunlight, temperatures, rain and wind according to the withstanding capacity of the animals
- Enough lying and/or resting area according to the needs of the animal. For all animals requiring bedding, natural materials shall be provided.
- Ample access to fresh water and feed according to the needs of the animals.
- Adequate facilities for expressing behaviour in accordance with the biological and ethological needs of species.

No compounds used for construction materials or production equipment shall be used which might detrimentally affect human or animal health.

3.1.2: All animals shall have access to open air and/or grazing appropriate to the type of animal and season taking into account their age and condition, to be specified by the accredited certification programme.

The accredited certification programme shall allow exceptions in cases where:

- *The specific farm or settlement structure prevents such access provided animal welfare can be guaranteed.*
- *Areas where feeding of animals with carried fresh fodder are a more sustainable way to use land resources than grazing providing animal welfare is not compromised.*

Restrictions shall always include a time limit that shall be set for each exception

Poultry and rabbits shall not be kept in cages.

Landless animal husbandry systems shall not be allowed.

3.1.3: When the natural day length is prolonged by artificial lighting, the accredited certification programme shall prescribe maximum hours respective to species, geographical considerations and general health of animals.

3.1.4: Herd animals shall not be kept individually.

They accredited certification programme may allow exceptions e.g. male animals, small holdings, sick animals and those about to give birth.

3.2 LENGTH OF CONVERSION PERIOD

General Principles: The establishment of organic animal husbandry requires an interim period, termed the conversion period.

Recommendations: The whole farm, including livestock, should be converted according to the standards set down. Conversion may be accomplished over a period of time.

Replacement poultry should be brought onto the holding at the start of the production enterprise.

Standards

3.2.1: Animal products may be sold as "product of organic agriculture" only after the farm or relevant part of it has been under conversion of at least twelve months and providing the organic animal production standards have been met for the appropriate time.

3.2.2: The accredited certification programme shall specify the length of time for which the animal production standards shall have been met. With regard to dairy and egg production this period shall not be less than 30 days.

3.2.3: Animal present on the farm at the time of conversion may be sold for organic meat when the organic standards have been met for 12 months.

3.3 BROUGHT-IN ANIMALS

General Principles: All organic animals should be born and raised on the organic holding.

Recommendations: Organic animal husbandry should not be dependent on conventional raising systems. When trading or exchanging livestock, it should preferably take place between organic farms or as part of a long term cooperation between specific farms.

Standards

3.3.1: When organic livestock is not available, the accredited certification programme shall allow brought-in conventional animals according to the following age limits:

- 2 day old chickens for meat production
- 18 week old hens for egg production
- 2 week old for any other poultry
- Piglets up to 6 weeks and after weaning
- Calves up to 4 weeks old that have received colostrums and are fed a diet consisting mainly of full milk.

Accredited certification programmes shall set time limits (not exceeding 5 years) for implementation of certified organic animals from conception for each type of animal.

3.3.2: Breeding stock may be brought in fro-conventional farms. A yearly maximum of 10% of the adult animals of the same species on the farm.

For brought-in breeding stock the accredited certification programme shall allow a higher yearly maximum than 10% in the following cases and with specific time limits.

- *Unforeseen severe natural or man made events*
- *Considerable enlargement of the farm*
- *Establishment of a new type of animal production on the farm*
- *Small holdings*

3.4 BREEDS AND BREEDING

General Principles: Breeds should be chosen which are adapted to local conditions.

Breeding goals should not be in opposition to animal's natural behaviour and should be directed towards good health.

Recommendations: Breeding shall not include methods that make the farming system dependent on high technological and capital intensive methods.

Reproduction techniques should be natural.

Standards

3.4.1: The accredited certification programme shall ensure that breeding systems are based on breeds that can both copulate and give birth naturally.

3.4.2: Artificial insemination is allowed only upon veterinary necessity.
3.4.3: Embryo transfer techniques are not allowed.
3.4.4: Hormonal heat treatment and induced birth are not allowed unless applied to individual animals for medical reasons and under veterinary advice.
3.4.5: The use of genetically engineered species or breeds are not allowed.

3.5 MUTILATIONS

General Principles: The animal's distinctive characteristics should be respected.
Recommendations: Species shall be chosen which do not require mutilation.
Exceptions for mutilations shall only be given so that suffering can be kept to the minimum.

Standards

3.5.1: Mutilations are not allowed
The accredited certification programme shall allow the following exceptions:

- Castrations
- Tail docking of lambs
- Dehorning
- Ringing
- Mulesing

Suffering shall be minimized and anesthetics used where appropriate.

3.6 ANIMAL NUTRITION

General Principles:

The livestock should be fed 100% organically grown feed of good quality.
All feed shall come from the farm itself or be produced within the region.
The diet shall be offered to the animals in a form allowing them to execute their natural feeding behaviour and digestive needs.

Recommendations:

The diet should be balanced according to the nutritional needs of the animals.
Products from the organic food processing industry shall be used.
Colouring agents shall not be used in organic livestock production.

Standards

3.6.1: The accredited certification programme shall draw up standards for feed and feed ingredients.
3.6.2: The prevailing part (at least more than 50%) of the feed shall come from the farm unit itself or shall be produced in cooperation with other organic farms in the region.
The accredited certification programme shall allow exceptions with regards to local conditions under a set time limit for implementation.
3.6.3: For calculation purposes only, feed produced on the farm unit during the first year of organic management, may be classes as organic. This refers only to feed for animals which are themselves being produced within the farm unit and such feed may not be sold or otherwise marketed as organic (as2.2.4).
3.6.4: Where it proves impossible to obtain certain feeds from organic farming sources, the accredited certification programme shall allow a percentage of feed consumed by farm animals to be sourced from conventional farm. The maximum percentage of such feeds are given in the following table and shall be calculated in terms of the average diet for each animal category. These maximum percentages shall be followed the whole year round:

Ruminants (dry matter intake)	15%
Non-ruminants (dry matter intake)	20%

These percentages will be reduced within 5 years to

Ruminants (dry matter intake)	10%
Non-ruminants (dry matter intake)	15%

They following products shall not be included nor added to the feed given to farm animals:

- Synthetic growth promoters or stimulants
- Synthetic appetizers

- Preservatives, except when used as a processing aid
- Artificial colouring agents
- Urea
- Farm animal by-products (e.g. abattoir waste) to ruminants
- Droppings, dung or other manure (all types of excreta) even if technologically processed.
- Feed subjected to solvent (e.g. hexane), extraction (soya and rape seed meal) or the addition of other chemical agents.
- Pure amino acids
- Genetically engineered organisms or products thereof

This covers both organic and conventional feeding stuffs.

3.6.6: Vitamins, trace elements and supplements shall be used from natural origin when available in appropriate quantity and quality.

The accredited certification programme shall define conditions for use of vitamins and minerals from synthesized or unnatural sources.

3.6.7: All ruminants shall have daily access to roughage.

3.6.8: The following fodder preservatives shall be used:

- Bacteria, fungi and enzymes
- By-products of food industry (e.g. molasses)
- Plant based products

Synthetic chemical fodder preservatives shall be allowed in special weather conditions. The accredited certification programme shall specify conditions for use of substances from synthesized or unnatural sources e.g. acetic, formic and propionic acid, vitamins and minerals.

3.6.9: The accredited certification programme shall set minimum weaning times takin into account the natural behaviour of the relevant animal species.

3.6.10: Young stock from mammals shall be raised using systems that rely on organic milk, preferably from their own species.

In emergencies the accredited certification programme shall allow the used of milk from non-organic farming systems or dairy based milk substitutes so long as they do not contain antibiotics or synthetic additives.

3.7 VETERINARY MEDICINE

General Principles: Management practices should be directed to the well being of animals, achieving maximum resistance against disease and preventing infections.

Sick and injured animals shall be given prompt and adequate treatment.

Recommendations: Natural medicines and methods, including homeopathy, ayurvedic medicine and acupuncture, shall be emphasized.

When illness does occur, the aim should be to find the cause and prevent future outbreaks by changing management practices.

Where appropriate the accredited certification programme should set conditions based on the farm's veterinary records to minimize the use of medicines.

The accredited certification programme should make a list of medicines specifying the withholding periods.

Standards

3.7.1: The well-being of the animals is the primary consideration in the choice of illness treatment. The use of conventional veterinary medicines are allowed when no other justifiable alternative is available.

3.7.2. Where conventional veterinary medicines are used, the withholding period shall be twice the legal period.

3.7.3: Use of the following substances is prohibited:

- Synthetic growth promoters
- Substances of synthetic origin for production stimulation or suppression of natural growth.
- Hormones for heat induction and heat synchronization unless used for an individual animals against reproductive disorders, justified by veterinary indications.

3.7.4: Vaccinations shall be used only when diseases are known or expected to be a problem in the region of the farm and where these diseases cannot be controlled by other management techniques. The accredited certification programme shall define conditions for such cases.
Legally required vaccinations are allowed.
Genetically engineered vaccines are prohibited.

3.8 TRANSPORT AND SLAUGHTER

General Principles: Transport and slaughter should minimize stress to the animal. Transport distance and frequency should be minimized.
The transport medium should be appropriate for each animal.

Recommendations: Animals should be inspected regularly during trasport.
Animal should be watered and fed during transport depending on weather conditions and duration of the transport.
Stress to the animal shall be minimized, especially taking into consideration:

- Contact (by eye, ear or smell) of each animal with dead animals or animals in the killing process
- Existing group ties
- Resting time to release stress

Each animal shall be stunned before being bled to death. The equipment used for stunning should be in good working order. Exceptions can be made according to cultural practice. Where animals are bled without prior stunning this should take place in a calm environment.

Standards

3.8.1: Throughout the different steps of the process, there shall be a person responsible for the well-being of the animal.
3.8.2: Handling during transport and slaughter shall be calm and gentle. The use of electric sticks and such instruments are prohibited.
3.8.3: The accredited certification programme shall set slaughter and transportation standards that will take into consideration:

- Stress caused to the animal and person in charge
- Fitness of the animal
- Loading and unloading
- Mixing different groups of animals or animals of different sex
- Quality and suitability of mode of transport an handling equipment
- Temperatures and relative humidity
- Hunger and thirst
- Specific needs of each animal

3.8.4: No chemical synthesized tranquillizers or stimulants shall be given prior to or during transport.
3.8.5: Each animal or group of animals shall be identifiable during all steps.
3.8.6: Where the transport is by road, the journey time to slaughter house shall not exceeds eight hours.
Accredited certification programmes may grant exceptions on a case by case basis.

3.9 BEE KEEPING

General Principles: The collection area should be organic and/or wild and should be as varied as possible to fulfill the nutritional needs of the colony and contribute to good health.
The feed supplied should be fully organic.
Bee keeping is considered to be part of animal husbandry. The general principles therefore also apply to bee keeping:

Recommendations: The feeding of colonies shall be seen as an exception to overcome temporary feed shortages due to climatic conditions.
The foundation comb should be made from organic wax.
When bees are grown in wild areas, consideration should be taken of the indigenous insect population.

Standards

3.9.1: Hives shall be situated in organically managed fields and/or wild natural areas. Hives shall not be placed close to fields or other areas where chemical pesticides and herbicides are used.

Exceptions can be made by certification bodies on a case-by-case basis.

3.9.2: Feeding shall only take place after the last harvest before the season when no foraging feed is available.

3.9.3: Each beehive shall primarily consist of natural materials. Use of construction materials with potentially toxic effects are prohibited.

3.9.4: Persistent materials may not be used in beehives where there is a possibility of permeation of the honey and where residues may be distributed in the area through dead bees.

3.9.5: Wing clipping is not allowed

3.9.6: Veterinary medicine shall not be used in bee keeping.

When working with the bees (e.g. at harvest) no repellent consisting of prohibited substances shall be used.

3.9.7: For pest and disease control and for hive disinfections, the following products shall be allowed:

- caustic soda
- lactic, oxalic, acetic acid
- formic acid
- sulphur
- etheric oils
- bacillus thuringiensis

इस अध्याय में ओर्गेनिक पशु पालन के नियम दिये गये हैं। जिनमें पशुओं की देखभाल, उनको बाहर से लाने, ओर्गेनिक बदलाव का समय, उनकी उत्पत्ती, न्यूट्रिशन एवं इलाज के बारे में विस्तृत नियम बने हैं। कुल मिलाकर पूर्णरूप से प्राकृतिक तरीकों से किया गया पशुपालन ही ओर्गेनिक नियमों के तहत लाया जा सकेगा।

4. FOOD PROCESSING AND HANDLING

4.1 GENERAL

General Principles: Any handling and processing of organic products shall be optimized to maintain the quality and integrity of the produce and directed towards minimizing the development of pests and diseases.

Recommendations: Processing and handling of organic products shall be done separately in place where handling and processing of non organic products take place.

Pollution sources shall be identified and contamination to be avoided.

Flavouring extracts shall be obtained from food (preferably organic) by means of physical processes.

Standards

4.1.1: Organic products shall be protected from co mingling with non-organic products.

4.1.2: All products shall be adequately identified through the whole process.

4.1.3: The accredited certification programme shall set standards to prevent and control pollutants and contaminants.

4.1.4: Organic and non-organic products shall not be stored and transported together except when labeled or physically separated.

4.1.5: Accredited certification programme shall regulate the means and measures to be allowed or recommended for decontamination, cleaning or disinfection of all facilities where organic products are kept, handled, processed or stored.

4.1.6: Besides storage at ambient temperature, the following special conditions of storage are permitted (See Appendix 4):

- Controlled atmosphere
- Cooling

- Freezing
- Drying
- Humidity regulation

Ethylene gas is permitted for ripening.

4.2 PEST AND DISEASE CONTROL

General Principles: Pests and vermin should be avoided by good manufacturing practices. This includes general cleanliness and hygiene.

Treatments with pest regulating agents must thus be regarded as the last resort.

Recommendations: Recommended treatments are physical barriers, sound, ultra-sound, light, and UV-light, traps (incl. pheromone traps and static bait traps), temperature control, controlled atmosphere and diatomaceous earth.

A plan for pest prevention and pest control shall be developed.

Standards

4.2.1: For pest management and control the following measures shall be used in order of priority:

- Preventive methods such as disruption, elimination of habitat and access to facilities
- Mechanical, physical and biological methods
- Pesticide substances contained in the Appendices of the national standards
- Other substances used in trap

Irradiation is prohibited.

4.2.2: There shall never be direct or indirect contact between organic products and prohibited substances. (e.g. pesticides). In case of doubt, it shall be ensured that no residue are present in the organic product.

4.2.3: Persistent or carcinogenic pesticides and disinfectants are not permitted.

The accredited certification programme shall set up rules to determine which protection agents and disinfectants may be used.

4.3 INGREDIENTS, ADDITIVES AND PROCESSING AIDS

General Principles: 100% of the ingredients of agriculture origin shall be certified organic.

Recommendations: For the production of enzymes and other micro-biological products the medium shall be composed of organic ingredients.

The accredited certification programme should create limiting lists that take into consideration:

- The maintenance of nutritional value
- The existence or possibility of producing similar products.

Standards

4.3.1: In cases where an ingredient of organic agriculture origin is not available in sufficient quality or quantity, the accredited certification programme may authorize use of non organic raw materials subject to periodic re-evaluation. Such non-organic raw material shall not be genetically engineered.

4.3.2: The same ingredient within one product shall not be derived both from an organic and non-organic source.

4.3.3 Water and salt may be used in organic products.

4.3.4: Minerals (including trace elements), vitamins and similar isolated ingredients shall not be used. *The accredited certification programme may, grant exceptions where use is legally required or where severe dietary, or nutritional deficiency will be demonstrated.*

4.3.5: Preparations of micro-organisms and enzymes commonly used in food processing may be used, with the exception of genetically engineered micro-organisms and their products.

4.3.6: The use of additives, preservatives and processing aids shall be restricted.

4.4 PROCESSING METHODS.

General Principles: Processing methods should be based on mechanised, physical and biological processes. The vital quality of an organic ingredient shal lbe maintained throughout each step of its processing.

Recommendations: Processing methods shall be chosen to limit the number and quantity of additives and processing aids.

Standards

4.4.1: The following kind of processes are approved:

- Mechanical and physical
- Biological
- Smoking
- Extraction
- Precipitation
- Filtration

4.4.2: Extraction shall only take place with water, ethanol, plant and animal oils, vinegar, carbon dioxide, nitrogen or carboxylic acids. These shall be of food grade quality, appropriate for their purpose.

4.4.3: Irradiation is not allowed.

4.4.4: For filtration, substances shall not be allowed which may negatively affected the product.

4.5 PACKAGING

General Principles: Waste generating packaging material is to be avoided.

The use of material for packaging shall be eco-friendly.

Packaging material should in no way reduce the organic quality of the product.

Recommendations: Unnecessary packaging materials shall be avoided.

Recycling and reusable systems shall be used wherever possible.

Biodegradable packaging materials shall be used.

4.5.1: Material used of packaging shall not contaminate food.

4.5.2: The accredited certification programme shall have a policy to reduce the environmental effects of packaging material.

इस अध्याय में फसल एवं कृषि उत्पाद की कटाई के बाद प्रोसेसिंग के बारे में नियम बनाये गये हैं।

5. LABELLING

General Principles: Labelling shall convey clear and accurate information on the organic status of the product.

Recommendations: When the full standards requirements are fulfilled, products shall be sold as "produce of organic agriculture" or a similar description.

The use of in-conversion labels may be confusing to the consumer and is not recommended.

On the label, the name and address of the person or company legally responsible for the production or processing of the product shall be mentioned.

Product labels shall list processing procedures that influence the product properties in a way not immediately obvious.

Additional product information shall be made available on request. All components of additives and processing aids shall be declared.

Ingredients or products derived from wild production shall be declared as such.

Standards

5.1.1: The person or company legally responsible for the production or processing of the product shall be identifiable.

5.1.2: Single ingredient products may be labeled as "produce of organic agriculture" or a similar description when all Standards requirements have been met.

5.1.3: Mixed products where not all ingredients, including additives, are of organic origin may be labeled in the following way (raw material weight):

Where a minimum of 95% of the ingredients are of certified organic origin, products may be labeled "certified organic" or similar and should carry the logo of the accredited certification programme.

Where less than 95% but not less than 70% of the ingredients are of certified organic origin, products may not be called "organic". The word "organic" may be used on the principal display in statements like "made with organic ingredients" provided there is a clear statement of the proportion of the organic ingredients. An indication that the product is covered by the accredited certification programme may be used. close to the indication of proportion of organic ingredients.

Where less than 70% of the ingredients are of certified organic origin, the indication that an ingredient is organic may appear in the ingredients list. Such product may not be called "organic".

5.1.4: Added water and salt shall not be included in the percentage calculations of organic ingredients.

5.1.5: The label for conversion products shall be clearly distinguishable from the label for organic products.

5.1.6: All raw materials of a multi-ingredient product shall be listed on the product label in order of their weight percentage. It shall be a apparent which raw materials are of organic certified origin and which are not. All additives shall be listed with their full name.

If herbs and/or spices constitute less than 2% of the total weight of the product, they may be listed as "spices" or "herbs" without stating the percentage.

5.1.7: Organic products shall not be labeled as GE (genetic engineering) or GM (genetic modification) free in order to avoid potentially misleading claims about the end product.

लेबलिंग वाले अध्याय में उत्पादनों पर ओर्गेनिक लेबल लगाने की शर्तों को बताया गया है।

Appendix 1

Products For Use In Fertilizing And Soil Conditioning

In organic agriculture the maintenance of soil fertility may be achieved through the recycling of organic material whose nutrients are made available to crops through the action of soil micro-organisms and bacteria. Many of these inputs are restricted for use in organic production. In this appendix "restricted" means that the conditions and the procedure for use shal be set by the accredited certification programme. Factors such as contamination, risk of nutritional imbalances and depletion of natural resources shall be taken into consideration.

Matter Produced on an Organic Farm Unit

- Farmyard manure, slurry, urine
- Crop residues and green manure
- Straw and other mulches

Matter Produce Outside the organic Farm Unit

· Blood meal, meat meal, bone meal and feather meal without preservatives.	Restricted
· Compost made from any carbon based residues	Restricted
· Farmyard manure, slurry, urine	Restricted
· Fish and fish products without preservatives	Restricted
· Guano	Restricted
· Human excrement (see 2.4.5)	Restricted
· Bio-products from the food and textile industries of biodegradable material of microbial, plant or animal origin without any synthetic additives.	Restricted
· Peat without synthetic additives (prohibited for soil conditioning)	
· Sawdust, wood shavings, wood provided it comes from untreated wood.	
· Seaweed and seaweed products obtained by physical processes, extraction with water or aqueous acid and/or alkaline solution.	Restricted
· Sewage sludge and urban composts from separated sources which are monitored for contamination.	Restricted
· Straw	Restricted
· **Vermicasts**	Restricted

Minerals

· **Basic slag**	Restricted
· **Calcareous and magnesium amendments**	Restricted

· Calcified seaweed	
· Calcium chloride	
· Limestone, gyphsum and chalk	
· Magnesium rock	
· Mineral potassium with low chlorine content (e.g. sulphate of potash, kainit, sylvanite, patenkali)	Restricted
· Natural phosphates	Restricted
· Pulverised rock	Restricted
· Sodium chloride	
· Trace elements	
· Woodash from untreated wood	Restricted

Other Products

· Bacterial preparations (bio-fertilizers)
· Biodynamic preparations
· Plant preparations and botanical extracts

फर्टिलाइजेशन के लिये बनाई गई इस सूची में बाहर से लाये गये अधिकतर कम्पोस्ट पदार्थों को रेरिट्रक्टेड लिस्ट में रखा गया है। यहां तक कि वर्मीकास्ट को भी रेरिट्रक्टेड लिस्ट में डाला है। यह कई देशों और यहां तक कि आइफोम द्वारा बनाये गये नियमों से भी कहीं अधिक प्रतिबंधित है। इस प्रकार के प्रावधान ओर्गनिक फार्मिंग को बहुत मुश्किल बना सकते हैं।

Appendix 2

Products for Plant Pest and Disease Control

Certain products are allowed for use in organic agriculture for the control of pests and diseases in plant production. Such products shall only be used when absolutely necessary and should be chosen taking the environmental impact into consideration.

Many of these products are restricted for use in organic production. In this appendix "restricted" means that the conditions and the procedure for use shall be set by the accredited certification programme.

· Carbon dioxide	
· Chloride of lime/soda	Restricted
· Copper salts	
· Clay (e.g. bentonite, perlite, vermiculite, zeolite)	
· Copper salts	Restricted
· Derris root (rotenone)	Restricted
· Diatomaceous earth	Restricted
· Gelatine	
· Light minerals oils	Restricted
· Mechanical traps	
· Azadiracha Neem oil and other Neem preparations	
· Permanganate of potash	Restricted
· Pheromones- in traps and dispensers only	
· Plant and animal preparations	Restricted
· Plant based repellents	
· Propolis	
· Pyrethrum cinerafolium	Restricted
· Quassia amara	Restricted
· Quicklime	Restricted
· Release of parasite predators of insect pests	Restricted

· **Ryania**	**Restricted**
· **Silicates**	
· **Sodium bicarbonate**	**Restricted**
· **Soft soap**	
· **Sterilised insects**	**Restricted**
· **Sulphur**	**Restricted**
· **Tobacco tea (pure nicotine is forbidden)**	**Restricted**
· **Viral, fungal and bacterial preparations (bio-pesticides)**	**Restricted**

इस सूची में भी कुछ कड़ी शर्तें रखी गई हैं। एकदम से किसानों के स्तर पर इस प्रकार की व्यवस्था करना मुश्किल होगा।

Appendix 3

Procedure to Evaluate Additional Inputs to Organic Agriculture

Appendices 1 & 2 look at products for fertilizing of the soil and control of plant pest and diseases in organic agriculture. But there may well be other products which may be useful and appropriate for use in organic agriculture which may not fall under these headings. Appendix 3 outlines the procedure to evaluate other inputs into organic production.

The following checklist should be used for amending the permitted substance list for fertilizing the soil conditioning purposes:

The material is essential for achieving or maintaining soil fertility or to fulfill special nutrient requirements, for specific soil-conditioning and rotation purposes which can not be satisfied by the practices outlined in Part 2 or of other products included in Appendix 1.

The ingredients are of plant, animal, microbial or mineral origin which may undergo the following processes:

- physical (mechanical, thermal)
- enzymatic
- microbial (composting, digestion)

· Their use does not result in, or contribute to , unacceptable effects on, or contamination of, the environment, including soil organisms

· Their use has no unacceptable effect on the quality and safety of the final product

The following checklist should be use for amending the permitted substance list for the purpose of plant disease or pest and weed control:

· The material is essential for the control of a harmful organism or a particular disease for which other biological, physical or plant breeding alternatives and/or effective management techniques are to available

· The substances (active compound) should be plant, animal, microbial or mineral origin which may undergo the following processes:

- physical
- enzymatic
- microbial

· Their use does not result in, or contribute to, unacceptable effects on, or contamination of, the environment.

· Nature identical products such as pheromones, which are chemically synthesized may be considered if the products are not available in sufficient quantities in their natural form, provided that the conditions for their use do not directly or indirectly contribute to contamination of the environment or the product.

Evaluation

When an input is to be evaluated it must first be investigated by accredited certification programmes to see whether it fulfils the following six criteria. An input must fulfill all 6 requirements before it an be accepted as suitable for use in organic agriculture.

Inputs should be evaluated regularly and weighed against alternatives. This process of regular evaluation should result in organic production becoming ever more friendly to humans, animals, environment and the ecosystem.

1. **Necessity**: Each inputs must be necessary. This will be investigated in the context in which the product will be used.

Arguments to prove the necessity of an input may be drawn from such criteria as yield, product quality, environmental safety, ecological protection, landscape, human and animal welfare.

The use of an input may be restricted to:

- Specific crops (especially perennial crops)
- Specific regions
- Specific conditions under which the input may be used.

2. **Nature and Way of Production**

Nature: The origin of the input should usually be (in order of reference):

- Organic – vegetative, animal, microbial
- Mineral

Where there is a choice, renewable inputs are preferred. The next best choice is inputs of mineral origin and the third choice is inputs which are chemically identical to natural products. There may be ecological, technical or economic arguments to take into consideration in the allowance of chemically identical inputs.

Way of Production: The ingredients of the inputs may undergo the following processes:

- Mechanical
- Physical
- Enzymatic
- Action of micro-organisms
- Chemical (as an exception an restricted)

Collection: The collection of the raw materials comprising the input must not affect the stability of the natural habitat nor affect the maintenance of any species within the collection area.

3. **Environment**

Environmental Safety: The input must not be harmful or have a lasting negative impact of the environment. Nor should the input give rise to unacceptable pollution of surface or ground water, air or soil. All stages during processing, use and breakdown must be evaluated.

The following characteristics of the input must be taken into account:

Degradability: All inputs must be bio-degradable.

Inputs with a high acute toxicity to non-target organisms should have a maximum half-life of five days. The natural substances used as inputs which are not considered toxic do not need to be degradable within a limited time.

Acute toxicity to non-target organisms: When inputs have a relatively high and acute toxicity for non-target organisms, restrictions for their use are needed. Measures have to be taken to guarantee the survival of these no-target organisms. Maximum amounts allowed for application may be set. When it is not possible to take adequate measures, the use of the input must not be allowed.

Long-term chronic toxicity: Inputs which accumulate in organisms or systems of organisms and inputs which have, or are suspected of having, mutagenic or carcinogenic properties must not be used. If there are any risks, sufficient measures have to be taken to reduce.

Any risk to n acceptable level and to prevent long lasting negative environmental effects.

Chemical synthesized products and heavy metals: Inputs should not contain harmful amounts of man made chemicals (xenobiotic products). Chemically synthesized products may be accepted only if naturally compatible.

Mineral inputs should contain as few heavy metals as possible. Due to the lack of any alternative, and long-standing, traditional use in organic agriculture, copper and copper salts are an exception for the time being. The use of copper in any form in organic agriculture must be seen, however, as temporary and use must be restricted with regard to environmental impact.

4. **Human Health and Quality**

Human Health: Inputs must not be harmful to human health. All stages during processing, use and degradation must be taken into account. measures must be taken to reduce any risks and standards set for inputs used in organic production.

Product quality: Inputs must not have negative effects on the quality of the product-e.g. taste, keeping quality, visual quality.

5. Ethical Aspects – Animal Welfare

Inputs must not have a negative influence on the natural behaviour or physical functioning of animals kept at the farm.

6. Socio Economic Aspects

Consumers' perception: Inputs should not meet resistance or opposition of consumers of organic products. An input considered by consumers to be unsafe to the environment or human health, although not scientifically proven, it shall be avoided until such time as consumer concerns have been laid to rest.

The principle of equal wages for equal work shall apply.

Those engaged in organic production shall not violate women and children's rights. Accredited certification programmes shall build into the inspection systems, methods to ascertain that such rights are not violated in the course of organic production.

7. Commercial Aspects

Labelling of organic products must be informative and accurate. Customers must have the reassurance that they could be reasonably sure that they may have the satisfaction of being able to trace the origins of the product and have the organic quality of the product confirmed.

Procedures of organic products are entitled to expect a fair share of the price paid for the value-addition in the course of production of organic products. Inspection procedures and accredited certification programmes must ensure this. Intermediate handlers failing to pass on this premium are liable to be denied certification.

किसी पदार्थ के उपयोग की इजाजत लेने की प्रक्रिया में सर्टिफिकेशन एजेंसी और एक्रीडिशन एजेन्सी द्वारा अपनाई जाने वाली विधि प्रत्येक किसान के लिये करनी होगी। अच्छा होता यदि किसी एक प्रकार की विधि एवं पदार्थ की मान्यता किसी एक किसान को देने पर यह सभी के लिये मान्य की जाये।

Appendix 4

List of Approved Ingredients of Non Agricultural Origin and Processing Aids Used in Food Processing

Food Additives and Carriers[1]

International Numbering System	Product	Product Group	Limitation/Note
INS 170	Calcium carbonate	GA	
INS 220	Sulphur dioxide	W	
INS 224	Potassium metabisulphite	W	
INS 270	Lactic acid	FV	Concentrated fruits/ veg. juice & fermented veg. products
INS 290	Carbon dioxide	GA	
INS 300	Ascorbic acid	FV	If not available in natural form
INS 306	Tocopheroles, mixed natural concentrates	GA	
INS 322	Lecithin	GA	Obtained without use of Bleaches& organic solvent.
INS 330	Citric acid	FV	Concentrated fruit/veg. juices, jam, fermented veg. products
		W	Restrictedto1 gm/ltr.

INS 331 Sodium citrates	ME	
INS 332 Potassium citrates	ME	
INS 333 Calcium citrates	ME	
INS 334 Tartaric acid	W	
INS 335 Sodium tartrate	CO/CB	
INS 336 Potassium tartrate	C/CO/CB	
INS 341 Mono calcium phosphate	C	**For rising flour only**
INS 342 Ammonium phosphate	W	**Restricted to 0.3 gm/ltr.**
INS 406 Agar	GA	
INS 407 Carrageenan	GA	
INS 410 Locust bean gum	GA	
INS 412 Guar gum	GA	
INS 413 Traganth cum	GA	
INS 414 Arabic gum	MI/F/CO	
INS 415 Xanthan gum	F/FV/CB/SA	
INS 440 Pectin	GA	**Unmodified**
INS 500 Sodium carbonates	CO/CB	
INS 501 Potassium carbonates	C/CO/CB	
INS 503 Ammonium carbonates	C/CO/CB	
INS 504 Magnesium carbonates	C/CO/CB	
INS 508 Potassium chloride	FA/SA	**Only frozen & canned fruit/veg. sauces, ketchup, mustard**
INS 509 Calcium chloride	MI/F/FV/SO	
INS 511 Magnesium chloride	SO	
INS 516 Calcium sulphate	CB/SO	
	C	**Only in bakers' yeast**
INS 517 Ammonium sulphate	W	**Restricted to 0.3 gm/ltr.**
INS 938 Argon	GA	
INS 941 Nitrogen	GA	
INS 948 Oxygen	GA	

Flavouring Agents

- **Volatile (essential) oils produced by means of solvents such as oil, water, ethanol, carbon dioxide and mechanical and physical processes.**
- Natural smoke flavour
- **Natural favouring preparations approval shall be based on the national procedure to evaluate additives** and processing aids (Appendix 5)

Preparations of Micro-organisms (see also 4.3)

- Preparations of micro organisms accepted for use in food processing. **Genetically modified organisms** excluded.
- Bakers yeast produced without bleaches and organic solvents.

Processing Aids and Other Products

International Numbering System	Product Group	Limitation/Note
INS 170 Calcium carbonate	GA	
INS 181 Tannin	W	
INS 184 Tannic Acid	W	
INS 220 Sulphur dioxide	W	**Filtration aid**
INS 270 Lactic acid	ME	
INS 290 Carbon dioxide	GA	
INS 322 Lecithin	CO/CB	**Greasing agent**

INS 501 Potassium carbonate	FV/W	
INS 513 Sulphuric acid	S	pH adjustment of water
INS 516 Calcium sulphate	GA	Coagulation agent
INS 524 Sodium hydroxide	S	
INS 334-7 Tartaric acid & salts	W	
INS 500 Sodium carbonate	S	
INS 511 Magnesium chloride	SO	For soybean products
INS 551 Silicon dioxide	W/T/FV As	gel or colloidal solution
INS 553 Talc	GA	
INS 901 Beeswax	GA	
INS 903 Carnauba wax	GA	
INS 941 Nitrogen	GA	
Activated carbon	GA	
Abestos free filter materials	GA	
Bentonite	FV/W	
Casein	W	
Diatomaceous earth	S/FV	
Egg white albumen	W	
Ethanol	GA	
Gelatine	FV/W	
Isinglass	W	
Kaolin	GA	
Perlite	GA	
Preparations of bark	S	
Vegetable oils	GA	

Preparations of Micro-organisms and Enzymes: These may be used as processing aids with approval based on the national procedures to Evaluate Additives and Processing Aids for Organic Food Products.

इन नियमों का उपयोग प्रोसेसिंग इंडस्ट्री द्वारा ही किया जायेगा।

Key – list of abbreviations used in above tables:

GA- generally unrestricted	M – milk products	F – fat products
ME- meat products	C – cereal products	FV-fruit/veg. products
W – wine	S – sugar	CO- confectionery
CB – cakers and biscuits		SO – soybean products

Ingredients

- Drinking water
- Salt
- Minerals (including trace elements) and vitamins where their use is legally required or where severed dietary or nutritional deficiency can be demonstrated.

6. INSTITUTIONAL ARRANGEMENT FOR IMPLEMENTING THE NATIONAL PROGRAMME FOR ORGANIC PRODUCTION

The National Programme for Organic Production (NPOP) will be governed, monitored and applied for the benefit of the farmers, processors, traders and consumers through a three tiered organisation under the overall guidance of the Government of India. The Department of Commerce, Ministry of Commerce and Industry, shall be the nodal agency to lay down policy and declare standards for products, accord recognition to standards of other nations; seek recognition from other national bodies for the recognition of Indian standards and co-ordinate with other Minister of the Government of India to attain the aims of the NPOP.

6.1 NATIONAL STEERING COMMITTEE (NSC)

A national level Steering Committee consisting of representatives from the Ministry of Agriculture, Food Processing Industries, Forests and Environment. Science & Technology, Rural Development and Commerce,

Trade and Exports, will act as the ape advisory body for assisting Government in shaping the growth and development of organic production. This body will co-opt such members from time to time for specific purposes on a defined time span.

6.1.1: The functions of the National Steering Committee shall, inter alia, be

- Declare the National Standards for Organic Farming
- Lay down the national accreditation policy
- Set out the general philosophy and principles of organic production
- Prescribe the eligibility criteria for inspection agencies.
- Appoint sub-committees when necessary
- Authorise Accreditation Agencies toward to National Organic Logo to those found eligible to carry the official Logo.

6.1.2: The National Steering Committee will meet as often as is necessary, but not less than twice a year.

6.2 ACCREDITATION AGENCIES (AA)

Accreditation Agencies presently comprising of the Tea Board, Coffee Board, Spices Board and APEDA shall be the executive arm of the NPOP for the products that feature in their respective schedules.

6.2.1: The functions of the Accrediting Agencies are:

- Prescribe the package of practices for organic production of the products in their respective schedules;
- Undertake accrediting of inspections and certifying agencies who will conduct inspection and certify products as having been produced in accordance with NSOP;
- Monitor inspections made by the accredited inspection agencies;
- Lay down inspection procedures;
- Advise the National Steering Committee on organic production;
- Accept accredited certification programmes if such programmes conform to National Standards.

6.2.2: The Accreditation Agencies may define the constitution of the mechanism that they propose to use to help carry out the functions and responsibilities entrusted. If the mechanism is other than the gazette notified board that is constituted, the Accrediting Agencies will seek the prior approval of the National Steering Committee for the group so constituted by them for the purposes of implementing these National Standards. AA's shall evolve accreditation criteria for inspection and/or certifying agencies and programs drawn up by such agencies for their respective areas of operation an products. Such criteria must be submitted to the National Steering Committee for its endorsement. AA's shall prepare an operating manual to assist accredited agencies to abide by. Such a manual must contain appropriate direction, documentation formats and basic agency and farm records for monitoring and authentication of adherence to the organic production programme. The manual, documentation formats and records are to be filed with the NSC for its endorsement. A set of sample format annexed may form the basis for prescribing formats.

6.3 INSPECTION AND CERTIFICATION

6.3.1: Organic production will need certification after periodical inspection to ensure that all prescribed package of practices are followed. For this purpose the NPOP recognizes the need for the role of inspection and certification agencies that are accredited to the AA dealing with the commodity.

6.3.2: Inspection and certification agencies may be drawn from Government Departments, Non Governmental Oragnisations, Trade/Consumer/Producer organisations and such other bodies that meet the eligibility criteria laid down by the NSC.

6.3.3: Agencies seeking accreditation need to be registered bodies, with managements in position, declaring the persons who shall be held liable for any miscarriage of certification and have proof of adequate field staff to undertake periodic inspection.

6.3.4: Accredited inspection/certifying agencies shall maintain a field formation that is proximate and familiar with the region it operates in. It should maintain records of inspection done and the records on behalf of farmers who are yet to learn the formalities required to be met.

6.3.5: The continued accreditation would depend upon the agencies records of fidelity to the principles of organic production, agencies shall submit to the scrutiny of accounts by the AA and shall render an Annual Report on their monitoring of organic production to the AA.

6.3.6: The inspection and certifying agencies may award certificates after due satisfaction that practices have conformed to the package of practices prescribed by the AA in respect of the item certified.

6.3.7: Charges o be levied by inspection and certifying agencies shall be fixed by AAs after taking into consideration local conditions and costs involved in maintaining a reliable inspection and certifying systems.

इस अध्याय में नेशनल प्रोग्राम की ढांचागत व्यवस्था के बारे में लिखा गया है। इस कार्यक्रम के बारे में नीतिगत् निर्णय के लिये एक नेशनल कमेटी बनाई गई है। प्रमाणीकरण की व्यवस्था चलाने के लिये एक्रीडेटेड एजेन्सी की व्यवस्था है और फील्ड लेबल पर सर्टीफिकेशन सेवायें देने के लिये सर्टिफिकेशन एजेन्सी बनाये जाने के बारे में लिखा गया है।

7. SUGGESTED FORMS FOR RECORDS TO BE MAINTAINED IN THE COURSE OF ORGANIC PRODUCTION

Organic production is best served by the ability on the part of producers being able to demonstrate an adherence to the prescribed package of practices adopted for the production of a particular product. Towards this end, a careful record of the steps undertaken, observations made and the diary of events would help build customer confidence and product reliability. Such records will also help in diagnosing causes of problems and deriving factual information drawn from wide range of data.

An illustrative set of forms to be maintained at the farm level. Certifying agency level, wholesale/retail levels are prescribed for adoption. All agencies involved in organic production are expected to maintain records in the forms drawn up.

Special care is to be taken by Accrediting Agencies and Inspecting and Certifying Agencies to maintain farm level records, where the farmers is unable to maintain the records.

सर्टिफाइड ओर्गेनिक फार्मिंग के रिकार्ड सबसे महत्वपूर्ण पहलू हैं। इस अध्याय में उनके फार्मेट दिये गये हैं। इन फोर्मेटस् को इस पुस्तक के परिशिष्ठ 8 में दिया गया है।

THE TIMES OF INDIA

SATURDAY, DECEMBER 1, 2001

Board to promote organic farming mooted

Times News Network

NEW DELHI: A task force on organic farming has recommended a national-level permanent board to oversee the promotion of organic farming in the country and coordinate with various Union ministries, states, agencies, research institutes and universities.

Giving its report to Union agriculture minister Ajit Singh on Thursday, the task force recommended that the government promote the concept as a sustainable and better alternative to create an enabling environment.

It suggested tax incentives and support as well as creation of facilities and certification agencies, and wants governments to lead the way with demonstrations on government farms. Singh has directed his ministry to take up a pilot project.

Organic farming, which involves growing crops without harmful fertilisers or insecticides, is expected to realise Rs 100 crore during the Tenth Plan.

Indian Council of Agricultural Research chief Panjab Singh, a member of the task force, said there could be no doubt that an organic source is the better one — from all aspects, resources, environment and health.

But there could be practical difficulties, ranging from availability of compost to quality parameters requiring testing labs and checks. All this would have to be organised and put in place.

पत्रिका

जैविक खेती के उत्पादों के प्रमाणीकरण में सहयोग का आह्वान

झुंझुनूं, 4 सितम्बर [नि.सं.]। कृषि के क्षेत्र में नित नए अनुसंधान करने वाले एम.आर. मोरारका जीडीसी ग्रामीण अनुसंधान फाउंडेशन ने कृषि विज्ञान केन्द्र सहित विभिन्न सरकारी संस्थाओं से आग्रह किया है कि वे जिले में की जा रही जैविक खेती के उत्पादों के प्रमाणीकरण में सहयोग करें ताकि इन्हें बढ़ावा मिल सके।यह बात फाउंडेशन के अध्यक्ष तथा पूर्व केन्द्रीय मंत्री मोरारका ने सोमवार को निकटवर्ती आबूसर गांव स्थित कृषि विज्ञान केन्द्र में कृषि वैज्ञानिकों से कही। मोरारका का मानना है कि रसायन विहीन खेती को इससे संबल मिलेगा तथा किसान को जब अच्छा दाम मिलेगा तो वे इस ओर तेजी से अग्रसर होंगे। इस संगोष्ठी में फाउंडेशन के परियोजना निदेशक मुकेश गुप्ता ने बताया कि शेखावाटी क्षेत्र की भौगोलिक व अन्य परिस्थितियां वैज्ञानिक ढंग से व्यवस्थित की जाए तो बड़े पैमाने पर जैविक खेती हो सकती है। गुप्ता ने कहा कि इसके लिए सबसे अहम बात है जैविक खेती के उत्पादों का प्रमाणीकरण।इसी प्रकार जिला कलेक्टर ए.भट्ट ने कहा कि कुछ कानूनी बाधाएं हो सकती हैं क्योंकि यह नीतिगत मामला है।

कृषि विज्ञान केन्द्र के मुख्य वैज्ञानिक तथा डॉ. हनुमान प्रसाद ने कहा कि राजस्थान में अलग-अलग क्षेत्रों में जैविक होने लगी है लेकिन बड़े पैमाने पर इसे लोकप्रिय बनाने के लिए किसानों को समझाना होगा। कई संसाधनों की भी जरूरत होगी।संगोष्ठी में यह बात भी उभरकर आई कि जैविक खेती के प्रति रुझान तो बढ़ा ही है क्योंकि झुंझुनूं जिले में पिछले पांच वर्षों के आंकड़े बताते हैं कि यूरिया डीएपी की खपत में कमी आई है। बैठक में कई किसानों ने भी विचार व्यक्त किए। यहां अनेक स्वयंसेवी संगठनों के पदाधिकारी व कृषि विज्ञान केन्द्र के वैज्ञानिक मौजूद थे।

Agri-Business

Govt thrust may spur organic farming

G. Chandrashekhar
MUMBAI, Aug. 15

ORGANIC cultivation and agri-business in organic products is expected to receive a major boost in the country following a series of initiatives taken by the Government. The policy makers have now put a regulatory framework in place so as to ensure proper certification and export promotion.

Last year, the National Programme for Organic Production (NPOP) was released; and in May this year, the National Accreditation Programme was notified by the Ministry of Commerce. NPOP covered the national standards based on guidelines of International Federation of Organic Agriculture Movement, European Union standards and Codex Alimentarius standards.

Agricultural and Processed Food Products Export Development Authority (APEDA), Tea Board, Coffee Board and Spices Board have been designated as the accreditation agencies. To regulate the export of organic products, the Director General of Foreign Trade has issued a notification which will take effect from October 1, 2001. APEDA has set up four model farms for aromatic rice, sugarcane, passion fruit and pineapple. While all the four farms have got organic certification, in case of rice the first harvest is reported to have been sold. APEDA is likely to seek the assistance of experienced exporters of organic products for marketing in either fresh or processed form.

In order to create awareness about organic products and business opportunities associated with them, State Governments have been activated to set up model organic farms as also educate farmers and non-government organisations (NGOs) about the economic benefits of the new thrust. State government are expected to identify the product, location and an NGO for setting up and operating the model farm.

In a meeting exporters of organic products had with APEDA recently, several issues including strategies for promoting exports, constraints in setting up organic farms and certification, procurement of inputs and need for training came up for discussion.

Given the traditional agronomic practices followed by small farmers, Indian agriproducts are known to be more organic than in most developed countries. Ironically, however, growers here have not been able to take advantage of it as a marketing proposition because of the rigours of certification and cumbersome procedure for obtaining an organic certificate.

Now, with NPOP in place, the rigours are much less; but there is need for standardisation of inspection and certification costs at levels affordable for small farmers. Also, testing facilities for inputs such as seeds, fertilisers, water and soil have to be popularised and processing facilities have to be established in remote areas of cultivation.

In view of the hardships associated with organic cultivation and certification, belief is gaining ground that training programme and dissemination of market information is critical. Methods of cultivation and maintenance of farm record are essential. Farmers have to be educated not only about the product, but also about the market and its vicissitudes. In doing so, information technology can play a significant role.

Organic market analysts have forecast 20-30 per cent growth in global demand, and in some countries even up to 50 per cent. Presently, organic products market is an estimated $11 billion which is expected to multiply to $100 billion in the next 10 years with a major share of the growth taking place in the US and Japan.

Most producers of organic products seem to be chasing the export markets for obvious economic benefits. While it is perfectly valid business decision of individual producers, it may not be out of place to point out that the domestic market is too large to ignore.

Even conceding that the domestic market size for organic products is rather limited at present, recent experience in the export of commodities such coffee and tea should provide a valid lesson.

Tea and coffee producers serviced lucrative export markets and ignored the potential of the domestic market. Low international prices and slowdown in exports last two years have created unsettling conditions for the producers. It should not be repeated for organic products.

अभ्यास, विवरण एवं विश्लेषण–7

1. ओर्गेनिक फार्मिंग स्टेण्डर्डस् पर आवश्यक जानकारी एवं सूचनाऐं (Improtant informations on organic farming standards) ....

ORGANIC MARKETING

This unit explores many new opportunities for marketing of organic food products directly by the producers. It also discusses many other issues and benefits of organic farming.

- Organic marketing will initiate a new relationship between producers and consumers. Quality certification will empower producers, preventing them from exploitation.

- Organic farming will improve the self life, benefiting every one in marketing and distribution chain. Many new options for marketing can come into existence within present set up. Separate place in existing mandi yards for organic produce can be a good beginning.

- Advance planning by consumers can play a catalytic role. This will eliminate the risks of uncertainities. IT can play a role in establishing direct relationship between consumers and producers. A model has already been developed and tried for horticulture produce in Jaipur.

- Organic farming will reduce the government expenses in creating and maintaining storage. Organic farming will also bring about complete change in input marketing. Less chemical consumption will save the government from subsidies.

युनिट 8 ओर्गेनिक मार्केटिंग

बहुत वर्षों तक कृषि उपज की कमी के चलते सम्पूर्ण कृषि उत्पाद के व्यवसाय पर सरकारी नियन्त्रण कर लिया गया और शायद व्यापक देश हित में यह जरूरी भी था। सरकार द्वारा सबसे पहले प्रोक्योरमेंट/खरीद पर मोनोपोली की गई। होलसेल एवं रिटेल को रेगुलेट करने के लिये नियम बनाये गये। इसके परिणामस्वरूप हमारे देश में कभी भी निजी क्षेत्र ने विपणन विकास के लिये कोई प्रयास नहीं किया। एक और सच यह भी है कि सरकारी खरीद में मात्रा की हेराफेरी पर नियंत्रण किया जा सकता है, लेकिन गुणवत्ता के आधार पर खरीद की व्यवस्थाओं को नियंत्रित करने में कई कठिनाईयां हैं। परिणामस्वरूप सभी कृषकों के मन में गुणवत्ता नाम की कोई चीज भी होती है यह लगभग भुला दिया गया।

आधुनिक खेती का उत्पादन और उसके विपणन की वर्तमान व्यवस्था उत्पादक से अधिक उपभोक्ता के हितों को ध्यान में रखकर बनाई गई है। मूल्य नियन्त्रण, मंडियों में बिक्री की व्यवस्था एवं व्यापारियों द्वारा लादी गई अनुचित शर्तें आज भी किसानों का कोई बहुत अधिक भला नहीं कर रहीं हैं। यहां 1965 के अकाल के समय प्रचलित कृषि उपज की दर, मजदूरी की दर, राजकीय कर्मचारियों का वेतन इत्यादि की तुलना में वर्ष 2001 में प्रचलित दर से तुलना करने पर यह स्पष्ट तौर पर विदित होगा कि यदि कृषि उत्पाद की दर 35 वर्षों में 10 गुणा बढ़ी है तो अन्य सभी कीमतें 20–100 गुणा तक अधिक हो गईं हैं। हर प्रकार के लेन–देन में लागत और मांग एवं उपलब्धता के बीच के अन्तर के आधार पर कीमतें तय की जाती हैं लेकिन कृषि उत्पाद की कीमतें या तो सरकारी स्तर पर या व्यापारियों की इच्छा पर ही निर्भर है।

40 वर्षों से मात्रा आधारित विज्ञान का विकास, कृषि उत्पादन, विपणन एवं यहां तक कि खपत भी कृषि उत्पाद की गुणवत्ता के महत्व को कम करने में कामयाब रही है। कुछ दिनों पहले तक प्रति व्यक्ति अन्न की खपत को ही विकास का आधार माना जाता रहा है, भला हो अमर्त्य सेन साहब का, उनको नोबल प्राइज मिल गया और उनके द्वारा जो बातें 20–30 साल पहले कही गई थीं उनको आज सुना जाने लगा है जिनमें प्रति व्यक्ति मात्रा की खपत की जगह पोषण का ध्यान रखने की बात कही गई है। इतने वर्षों तक गुणवत्ता के प्रति हर स्तर पर उदासीन रवैये ने आज सही गुणवत्ता की कृषि उपज के विपणन की बड़ी समस्या खड़ी कर दी है।

यह बात ठीक है कि गत् 5–10 वर्षों में न सिर्फ अर्न्तराष्ट्रीय स्तर पर अपितु भारत में भी भोजन पदार्थों की गुणवत्ता के प्रति जागरूकता बढ़ी है। समय समय पर मिडिया रिर्पोटस जिनमें नालों के पानी के उपयोग, बी.एच.सी, तथा डी.डी.टी. के प्रदुषण तथा पेट की बीमारियों को लेकर कई समाचार आते रहे हैं जिनके कारण लोगों ने कृषि उत्पाद की गुणवत्ता को भी महत्व देना शुरू कर दिया है।

उपभोक्ताओं को मीडीया से ओर्गेनिक फूड की जानकारी मिलने लगेगी।

पारिवारिक स्तर पर तो जयपुर शहर में किये गये सर्वेक्षण के आधार पर यह भी कहा जा सकता है कि अब लगभग 80 प्रतिशत से अधिक उपभोक्ता दैनिक जीवन की कई समस्याओं (जैसे भूख न लगना, भोजन में स्वाद न आना, बच्चों का लगातार बीमार रहना इत्यादि) की जड़ में भोजन पदार्थों की गुणवत्ता को भी एक कारण मानने लगे हैं। इसी के परिणामस्वरूप अब उपभोक्ता भी ओर्गेनिक फार्मिंग से उत्पन्न कृषि उत्पाद खरीदना चाहता है और इसके लिये कुछ अधिक कीमत भी देने को तैयार है।

जब कई उपभोक्ताओं से विचार विमर्श किया गया तो हमने पाया कि उनके अनुसार बिक्री के स्थान से अधिक महत्वपूर्ण क्वालिटी की गारंटी के लिये सील बन्द पैकिंग और प्रमाणीकरण है। चाहे इसके लिये उन्हें अतिरिक्त कीमत ही क्यों न देनी पड़े। दूसरी तरफ जब कृषकों से बातचीत की गई तो उनका कहना था कि आज की तरह मण्डी में प्राकृतिक/ओर्गेनिक फार्मिंग के उत्पाद बेचने में कोई लाभ नहीं मिलने वाला। अतः दोनों ही वर्गों की आवश्यकताओं को ध्यान में रखते हुये हमारा सुझाव है कि उत्पादन, प्रोसेसिंग एवं भंडारण की सुविधा कृषक स्तर पर करने के साथ कृषकों द्वारा ही सीधे विपणन किया जाना उचित होगा। छोटे स्तर पर बनाये गये "स्वयं सहायता समूह" बड़े स्तर पर फेडरेशन के रूप में एक बड़ा संगठन बना लें और थोड़ी बहुत बाहरी मदद से स्वयं अपनी ब्राण्ड निकाल दें तो लम्बे समय तक इस कार्यक्रम का लाभ ले सकेगें।

कई वर्षों से प्राकृतिक/ओर्गेनिक फार्मिंग कार्यक्रम से जुड़े होने के कारण मोरारका फाउण्डेशन ने यह पाया है कि कृषि उत्पाद की गुणवत्ता इतनी जरूर बेहतर है कि जानने समझने वाले लोग उसे हाथों हाथ 10–20 प्रतिशत अधिक दाम पर खरीद लेते हैं। अतः सभी उत्पादकों को मिला कर एक सगंठन बना दिया जाये तो उपभोक्ता तक पहुंचने के अतिरिक्त खर्च की भी भरपाई की जा सकती है। धीरे–धीरे ब्राण्ड नेम की पहचान, कुछ चुने हुये रिटेल स्टोर्स पर विपणन तथा घर–घर सप्लाई के द्वारा प्रीमियम भी प्राप्त किया जा सकेगा।

किसी भी नये प्रयास में उसकी सफलता के लिये सभी स्टेक होल्डर का शामिल होना जरूरी है। हमारा मानना है कि ओर्गेनिक फार्मिंग भी तभी सफल होगी जब इसमें किसान, व्यापारी एवं उपभोक्ता तीनों की भूमिका रहे। कहने को सभी लोग व्यापारी की भूमिका को निगेटिव मानते हैं। लेकिन इनके विकल्प के रूप में जितने भी प्रयास किये गये हैं, वह भी आंशिक सफलता से आगे नहीं बढ़ पाये हैं। एक मात्र 'अमूल' नामक आन्दोलन ही इस दिशा में सबसे सफल प्रयास माना जा सकता है। अतः यह जरूरी है कि ओर्गेनिक मार्केटिंग में व्यापारी की भूमिका पर एक बार फिर विचार किया जाये। उन्हें भी अवसर दिया जाय कि वह अपनी कमियों को दूर करें तथा उनकी स्ट्रेन्थ का सदुपयोग करें। बहुत हद तक व्यापारिक प्रायोजनों में एक्सप्लोइटेशन तभी संभव है जब दोनों पार्टियों की बारगेनिंग पावर में अन्तर हो। **ओर्गेनिक फार्मिंग पहली बार किसानों के हाथ में आया वह हथियार है जो उन्हें किसी भी बारगेनिंग में बराबर का हिस्सेदार बना सकती है।**

प्राईवेट सेक्टर द्वारा उपभोक्ताओं की जरूरत के अनुसार नये रिश्ते बनाये जायेंगे

जब तक ओर्गेनिक फूड का बहुतायत से उत्पादन न हो तब तक कन्जयूमर को भी अपनी वर्तमान भूमिका में कुछ फेर बदल करना होगा। जब तक यह कार्य बहुत छोटे स्तर पर किया जायेगा तब तक किसानों एवं उपभोक्ता, दोनों के स्तर पर अनिश्चय की स्थिति बनी रहेगी। एक तरफ किसान परेशान रहेगा कि जब उसकी उपज तैयार होगी तब क्या उपभोक्ता उस समय उसे खरीद लेगा। दूसरी तरफ उपभोक्ता की परेशानी यह होगी कि क्या उसे वांछित मात्रा समय पर मिल पायेगी। इस अनिश्चय को दूर करने में उनका आपसी तालमेल महत्वपूर्ण भूमिका निभा सकता है। जिस प्रकार हमने किसानों के संगठन के महत्व के बारे में विचार किया, उसी प्रकार का महत्व उपभोक्ताओं के संगठन का भी है। यदि उपभोक्ता व्यक्तिगत् स्तर पर या संगठित होकर अपनी मांग किसानों के सामने रखने लगें तो किसानों के लिये उत्पादन की प्लानिंग करना आसान होगा। दोनों अपने आपसी तालमेल से मात्रा, किस्म, गुणवत्ता, भाव, पैकिंग, प्रोसेसिंग इत्यादि से सम्बन्धित निर्णय पहले ले सकते हैं और अनिश्चय की स्थिति समाप्त हो जायेगी।

अनाज, दालें, तिलहन एवं मसालों की वार्षिक खपत का अन्दाज सभी परिवारों को होता है। जरूरत सिर्फ इस बात की है कि इस खपत को मांग में परिवर्तित कर दिया जाय। यहां यह भी कहना उचित होगा कि यदि किसी उपभोक्ता की गेहूं की वार्षिक खपत 200 किलो की है और उसे यदि 50–100 किलो गेहूं ही मिलने वाला हो तो वह संतुष्ट नहीं होगा और ओर्गेनिक फूड कार्यक्रम को इससे बहुत बड़ा धक्का लग सकता है। उत्पादन एवं मांग में संतुलन किसान एवं उपभोक्ता दोनों को इस दिशा में आगे बढ़ाने में सहायक होंगे। दोनों में से किसी एक की चूक इस पूरे कार्यक्रम को फेल कर सकती है, जिसका खामियाजा भी दोनों को ही भुगतना पड़ेगा।

ओर्गेनिक फूड की मार्केटिंग में साग सब्जियों एवं फलों के बारे में अब तक के अध्ययन से यह बात सामने आई है कि जब तक इनका सीमित उत्पादन होगा, यह फैंसी दामों पर प्रीमीयम क्लायन्ट के लिये ही उपलब्ध होगी। फैंसी दाम दुकानदार को मिलते हैं और किसान इस लाभ में कोई हिस्सा बटाई करने से वंचित रह जाता है। अतः यह जरूरी है कि ओर्गेनिक फार्मिंग एक ऐसी व्यवस्था को जन्म दे जिसमें सभी लाभान्वित हों। आमतौर पर साग सब्जियों एवं फलों की परिवार के स्तर पर एडवांस प्लानिंग नहीं हो पाती। लेकिन जब कई उपभोक्ताओं को संगठित कर दिया जाये, तब उनकी सम्मिलित मांग की एडवांस प्लानिंग 5–10 प्रतिशत अन्तर से अवश्य की जा सकती है।

कई राज्यों में फल सब्जी के किसानों को उपभोक्ता तक सीधे पहुंचाने के कई प्रगोग किये गये हैं। इनमें से कई को आंशिक सफलता भी मिली है। शुरूआत में किसानों को थोड़ी रिस्क लेकर आगे आना होगा। स्थानीय मण्डी प्रशासन द्वारा यदि उन्हें स्थान उपलब्ध करा दिया जाये तो वह ब्रांडेड ओर्गेनिक फल सब्जी का ग्राहकों को सीधे बेचान कर सकते हैं।

एक बार का ग्राहक ओर्गेनिक फूड का परमानेन्ट ग्राहक होगा।

उन्हें इस बात के लिये तैयार रहना होगा कि जो भी माल एक निश्चित समय के बाद बच जायेगा, उसे वह सामान्य माल के समान एवं उसकी प्रचलित कीमत पर बेच देंगे। धीरे–धीरे ओर्गेनिक फूड की क्वालिटी एवं उचित दाम के कारण मांग में बढ़ोतरी होने लगेगी और किसान अपना सभी माल इस प्रकार बेचने में सफल हो जायेगा।

कृषि उत्पादों विशेषतः फल–सब्जी की मार्केटिंग में एक समस्या सीजन के अनुसार भावों में अन्तर की है। वर्तमान व्यवस्था में मांग एवं उपलब्धता में अन्तर होने पर भी भावों में भारी फेर बदल देखा जाता है। क्वालिटी के आधार पर किसी भी समय इंफिरियर क्वालिटी की तुलना में सुपीरियर क्वालिटी का दाम औसत 50 प्रतिशत अधिक होता है और यह करीब करीब जाना मान सत्य है। भावों में आने वाले उतार चढ़ाव के विस्तृत अध्ययन के बाद हमने देखा कि भाव बढ़ने के समय किसान को मिलने वाले लाभ में औसत तीन दिन का अन्तर है। ठीक इसी प्रकार जब भाव गिरते हैं तो उपभोक्ता को भी औसत तीन दिन बाद इसका फायदा होता है। वर्तमान व्यवस्था में भावों के उतार चढ़ाव का सबसे अधिक फायदा रिटेलर को होता है। कई बार रिटेलर से चर्चा करने पर उनका आमतौर पर कहना होता है कि बचे हुए माल को कम कीमत पर बेंचने से होने वाले नुकसान की भरपाई करने के लिये यह आवश्यक है। जबकि वह इस फेक्टर को पहले ही काउण्ट कर लेते हैं और इसीलिये होलसेल एवं रिटेल सेल में 100 से 200 प्रतिशत भावों में अन्तर होता है।

उपर लिखे गये अनुसार एडवांस प्लानिंग एवं किसानों द्वारा डाइरेक्ट मार्केटिंग से भावों में उतार चढ़ाव में कमी आयेगी और ट्रेडर के द्वारा किया जा रहा एक्सप्लोइटेशन भी कम होगा। भावों में उतार चढ़ाव को कम करने के लिये मोरारका फाउण्डेशन द्वारा एक अभिनव प्रयोग की शुरूआत की गई है। संस्था ने नेशनल होर्टीकल्चर बोर्ड से टाई अप किया और हर रोज जयपुर शहर की थोक मण्डियों में फल सब्जियों के थोक भाव मोदी पेज कम्पनी के सहयोग से पेजर पर देने शुरू किये। जिन किसानों को भाव की सूचना घर बैठे मिली उनको यह निर्णय करने में आसानी हुई कि वह आज अपनी फसल की तुड़ाई करे या एक दो दिन की और देरी करे। इस प्रकार की व्यवस्था अब मोबाइल फोन के युग में ओर्गेनिक मार्केटिंग को सही मायने में हाईटेक बना देगी।

यदि ओर्गेनिक फूड के उत्पादक एवं उपभोक्ता दोनों किसी सेन्ट्रल सूचना केन्द्र से जुड़े हों तो वह आपसी विचार विमर्श एवं एडवांस प्लानिंग, बिना एक दूसरे के फिजिकल कान्टेक्ट में आये भी कर सकेंगे। मोरारका फाउण्डेशन द्वारा बनाये गये एक मोडल प्लान के अनुसार मोबाइल कम्पनी के थोड़ा सहयोग करने पर यह व्यवस्था स्वयं अपने खर्चे से उपभोक्ता तथा किसान दोनों की जरूरतों को पूरा करने में सामर्थ है।

आज कृषि उत्पादों में विशेषतः फल सब्जी में जिस प्रकार की उपज बाजार में आ रही है उसकी शेल्फ लाइफ बहुत कम है। आम गृहणियों का कहना है कि जब घरों में फ्रिज नहीं होते थे तो

भी बाजार से लाई गई फल सब्जी कई दिनों तक रह जाते थे। लेकिन अब बाजार से लाकर फ्रिज में रखते हैं तो भी एक दो दिन में ही खराब हों जाते हैं। फल सब्जी की शेल्फ लाइफ में क्यों कमी हो गई है यह तो विस्तृत विश्लेषण से ही पता चल पायेगा लेकिन गत् पांच वर्षों में करीब 3000 प्रयोगों में हमने यह जरूर देखा है कि ओर्गेनिक फूड की शेल्फ लाइफ बहुत ज्यादा है। पत्ते वाली सब्जियां आजकल दो दिन से ज्यादा नहीं रखी जा सकतीं, लेकिन ओर्गेनिक पत्ते वाली सब्जियां एक सप्ताह तक आसानी से रखी जा सकती हैं। टमाटर औसतन इसलिये कच्चे तोड़ लिये जाते हैं क्योंकि तो ने से लेकर खाने में औसत दो दिन तक का अन्तर आता है। कच्चे टमाटर तोड़ने के बाद बेचने तक उनका रंग तो जरूर लाल हो जाता है लेकिन उनके स्वाद में बहुत कमी होती है। ट्रांसपोर्ट की सुविधा के विकास के बाद अब फल सब्जियां हजारों किलोमीटर दूर तक लाई लेजाने लगी हैं। जब इतनी दूर उनका ट्रांसपोर्ट किया जाना हो तो उनको कच्ची अवस्था में तोड़ना लाजमी है। डेस्टीनेशन पर पहुंचने के बाद भी जब वह कच्ची रहती हैं तो उन्हें मसाले से आर्टीफिशियल तरीके से पकाया जाता है। इस प्रकार पकने से एक तो उनका स्वाद खराब हो जाता है दूसरे वह पकने के बाद अधिक नहीं रूक सकती है।

फल सब्जी की शोर्ट (कम) शेल्फ लाइफ अपने आप में एक महत्वपूर्ण पहलू है। जब सब्जी दुकान पर पहले रोज सजती है तो उसकी ताजगी एवं रंग रूप के कारण उसका भाव अधिक मिलता है, चलिये इसे प्रीमियम कह देते हैं। जैसे ही फल सब्जी का रंग रूप हल्का पड़ता है, प्रीमियम समाप्त हो जाता है यानि भाव गिर जाते हैं और अन्त में ओने–पौने दाम पर उसे खपा दिया जाता है। कोई भी रिटेलर अपने औसत मार्जिन की गणना के अनुसार प्रीमियम एवं डिस्काउन्ट की नीति तय करता हैं। अब यदि फल सब्जी की शेल्फ लाइफ कम हो तो प्रीमीयम बढ़ जायेगा और यदि शेल्फ लाइफ अधिक हो तो प्रीमीयम कम हो जायेगा। इसमें किसी का व्यक्तिगत दोष न होने पर भी इस सिस्टम के सभी स्टेक होल्डर शेल्फ लाइफ में कमी की बहुत बड़ी कीमत चुका रहे हैं।

ओर्गेनिक फार्मिंग इस समस्या को दूर करने का एक बेहतरीन उपाय है। इस पद्धति में शेल्फ लाइफ बढ़ने से किसानों को फल सब्जी बहुत कच्ची अवस्था में नहीं तोड़नी होगी, इससे उन्हें अच्छी क्वालिटी और उचित वजन के अनुसार अधिक भाव मिलेगा। व्यापारी को शेल्फ पर अधिक दिन मिलने से उसके द्वारा पहले से तय किये गये डिस्काउन्ट में कमी आयेगी और प्रीमीयम कम हो जायेगा। इस कम प्रीमीयम का लाभ उपभोक्ता को उचित दाम एवं अच्छी क्वालिटी के रूप में मिलेगा। यह आने वाले समय के अनुरूप भी होगा।

ओर्गेनिक मार्केटिंग कृषि की सम्पूर्ण व्यवस्था में आमूल चूल परिवर्तन करने का बेहतरीन अवसर है। पचास सालों से हम राजकीय खरीद, सपोर्ट प्राइस एवं सरकारी भण्डारण की व्यवस्था के फायदों के साथ कई नुकसान भी झेल रहे हैं। किसानों की लॉबी को संतुष्ट करने के प्रयास में टेक्सपेयर को बहुत भारी कीमत चुकानी पड़ रही है। ओर्गेनिक फार्मिंग की उचित मार्केटिंग की

व्यवस्था में कृषि उत्पादों की प्राइमरी प्रोसेसिंग, भण्डारण एवं सीधे उपभोक्ता को बेचने की व्यवस्था राजकीय भूमिका को कम करने का एक विकल्प है। इसमें हर श्रेणी के किसान को लाभ मिलने की व्यापक संभावनाऐं हैं तो ठीक इसी प्रकार उपभोक्ता को भी फायदा होगा।

गत् कुछ दिनों से सुनने में आ रहा है कि सरकार के पास संपोर्ट प्राइस पर खरीदे गये अनाज को सुरक्षित रखने की जगह नहीं है। सरकारी अनाज भण्डारण की लागत दिनों दिन बढ़ती जा रही है। एक निश्चित मात्रा को हर समय बफर स्टॉक के रूप में रखने के अलावा अतिरिक्त मात्रा से सरकार को बहुत नुकसान हो रहा है। ओर्गेनिक फार्मिंग किसानों को अपने स्तर पर प्रोसेसिंग एवं भण्डारण की व्यवस्था को बढ़ाने में सहायक होगी। इससे सरकारी स्तर पर किये जाने वाले खर्चों में कमी आयेगी। मांग और उत्पादन का संतुलन स्वयं किसान एवं उपभोक्ता कर लेंगे तो सरकार द्वारा दी जाने वाली सब्सिडी में भी कमी आयेगी।

अच्छी क्वालिटी की प्रोडयूस एवं प्राइमरी प्रोसेसिंग अधिक मात्रा में उत्पन्न होने वाली कृषि उपज के निर्यात को बढ़ावा देंगे। इससे किसानों को अधिक दाम मिलेंगे और सरकार को विदेशी मुद्रा प्राप्त होगी।

ओर्गेनिक इनपुट की मार्केटिंग

ओर्गेनिक मार्केटिंग की चर्चा में इनपुटस की मार्केटिंग की बात करना भी जरूरी है। आधुनिक खेती में जिस प्रकार के इनपुटस् उपयोग में लिये जाले रहे हैं अंब उनमें आमूल चूल परिवर्तन हो जायेगा। सबसे प्रमुख फर्टीलाइजर है। फर्टीलाइजर की मार्केटिंग आज भी पूरी तरह सरकारी नियंत्रण में है। फर्टीलाइजर की मार्केटिंग एवं उपभोग में सब्सिडी का बहुत महत्व है।

आज तक एग्रीकल्चर इनपुट पर सब्सिडी की व्यवस्था विशेषतः रसायनों पर इसलिये दी जा सकी क्योंकि इनका उत्पादन संगठित क्षेत्र में होता है और उसकी मोनिटरिंग की जा सकती है। लेकिन जब फर्टीलाइजर के रूप में किसान स्वयं अपना जैविक खाद बनाने लगेगा तो उसे सब्सिडी किस आधार पर दी जाये यह बहुत बड़ा प्रश्न है। कुछ चर्चाओं में यूनिट क्षेत्रफल एवं कुछ अधिकारियों द्वारा पोषक तत्वों की पूर्ती के आधार पर सब्सिडी देने के सुझाव दिये गये हैं।

हालांकि हमारे देश में अभी ओर्गेनिक फार्मिंग के इनपुटस् के प्रमाणीकरण की दिशा में कोई प्रगति नहीं हुई है लेकिन अमेरिका में ओर्गेनिक खेती के नियमों में इनपुटस् के बारे में भी बहुत से नियम बनाये गये हैं। अतः भारत में भी ओर्गेनिक खेती के इनपुट्स् की मार्केटिंग एवं उन पर सब्सिडी की नई नीति बनानी होगी।

ओर्गेनिक यानि जैविक खेती के प्रचलन में आने से रसायनों के उपयोग में कमी आयेगी। ओर्गेनिक फार्मिंग में भूमि की फर्टीलिटी को प्राकृतिक/जैविक तरीकों से ही बढ़ाया जायेगा। रसायनिक खादों की वर्तमान कीमत को कम रखने में एक बड़ा भाग सरकार द्वारा दी गई

ओर्गेनिक फार्मिंग के प्रचलन से रसायन उत्पादक नये सिरे से सोचने लगेंगे।

सब्सिडी होती है। इस कारण टैक्सपेयर को बहुत बड़ी कीमत चुकानी पड़ रही है। ओर्गेनिक फार्मिंग के क्षेत्र में यदि पांच वर्षों में 10.00 लाख हेक्टर भूमि आ जाये तो रसायनिक खाद की सब्सिडी में होने वाली बचत भी कई सौ करोड़ रूपयों की हो सकती है।

पचास वर्षों में और विशेषतः हरित क्रांति के दौर में खेती में सब्सिडी की बहुत बड़ी भूमिका हो गई। आज किसान हर बात पर सब्सिडी की मांग करने लगा है। अधिकतर सब्सिडी का लाभ बड़े किसानों द्वारा ही लिया गया है और यह एक परम्परा सी बन गई है। जब हमने ओर्गेनिक फार्मिंग की चर्चा शुरू की तब भी हमारे सामने किसानों ने यह प्रश्न रखा। यहां तक कि निचले एवं मध्यम स्तर पर कृषि विभाग में कार्यरत लोग भी सब्सिडी की चर्चा जरूर करते रहे हैं। पांच वर्षों के अनुभव ने हमें यह दिखा दिया कि ओर्गेनिक फार्मिंग अपने आप में एक टिकाऊ एवं लाभदायक व्यवस्था है।

हालांकि हमारा मानना है कि सरकार यदि योजनाओं में वांछित सुधार करे तो ओर्गेनिक इनपुटस् की मार्केटिंग की नई व्यवस्था खड़ी की जा सकती है। मोरारका फाउण्डेशन द्वारा ट्रायल के लिये ऐसे मोडल सर्विस सेन्टर बनाये गये हैं। अब तक का अनुभव बताता है कि मेहनत करने वाले लोग मात्र एक बीघा जमीन और करीब पांच लाख के निवेश से औसत 2.5 से 3 लाख सालाना कमा सकते हैं। इस प्रकार का एक एग्रो सर्विस सेन्टर करीब 250 से 300 किसानों को अपनी सेवाऐं दे सकता है।

इस प्रकार के एग्रो सर्विस सेन्टर किसानों को ओर्गेनिक इनपुट देने के साथ उनके आउटपुट (उत्पादन) की प्रोसेसिंग एवं मार्केटिंग में भी अपनी भूमिका निभा सकते हैं। यह एग्रो सर्विस सेन्टर किसानों के संगठन बना सकते हैं या बेरोजगार युवकों द्वारा स्थापित किये जा सकते हैं।

ओर्गेनिक फार्मिंग का विश्व बाजार प्रतिवर्ष 25–30 प्रतिशत की दर से बढ़ रहा है। और अधिक दर से वृद्धि में मांग की कमी नहीं है, लेकिन उत्पादन की सीमा जरूर है। भारत में किये गये कई मूल्यांकनों के आधार पर यह कहा जा सकता है कि शहरों में रहने वाले करीब 50 प्रतिशत लोग उचित दाम पर सर्टिफाइड ओर्गेनिक फूड की अवश्य खरीद करेंगे। एक मोटे अनुमान के अनुसार भारत में आने वाले समय में 40000 करोड़ रूपयों के बराबर सालाना बाजार मांग हो सकती है।

आज हमारे देश में कुल कृषि उत्पादन का बहुत बड़ा भाग ओर्गेनिक की सभी शर्तों को पूरा कर सकता है। बस जरूरत इस बात की है कि उत्पादक एवं उपभोक्ता दोनों आगे आयें। इसमें मीडिया की भूमिका भी बहुत महत्वपूर्ण है। छोटे छोटे स्तर पर प्रारम्भ किये जाने वाले प्रयास कुछ ही वर्षों में भारत को अन्तरराष्ट्रीय फूड बाजार में ग्लोबल प्लेयर बना सकते हैं।

Business Standard
NEW DELHI MONDAY 1 OCTOBER 2001

M&M plans chain of farming shops

Arijit De & V Phani Kumar
MUMBAI, 30 SEPTEMBER

As part of the group's plan to develop into a "mother brand" for rural India, Mahindra & Mahindra (M&M) is planning to roll out a national chain of one-stop farming shops under the brand name "Shubh Laabh". These shops will offer the entire spectrum of farming products and services under one roof.

The outlets will house farm equipment ranging from farming tools to seeds, pesticides and fertilisers. They will provide advisory services and finance at lower rates through M&M Financial Services.

Anand Mahindra, vice-chairman and managing director of M&M, told *Business Standard*: "We are also planning to get into commodities trading wherein we will assure a firm offtake of farm output, depending on our offtake capabilities."

"Our ambition is to become India's dominant rural brand. If the rural economy improves, so will the demand for our two main businesses—tractors and utility vehicles," Mahindra added.

The company has been quietly running two brick-and-mortar pilot shops at Madurai in Tamil Nadu and Miriyalaguda in Andhra Pradesh.

"We have plans to roll out the Shubh Laabh outlets nationally," Mahindra said. But he declined to reveal the number of outlets to be opened or the investment proposed.

M&M getting into corporate farming

MAHINDRA & MAHINDRA is planning a foray into corporate farming, aimed at applying biotechnology to increase farm yields.

The company is looking at the new business area as an extension of its tractors business, and plans to purchase tracts of land in Gujarat to start a pilot project.

"We will take a formal decision on the business, provided the pilot project takes off," Anand Mahindra, vice-chairman and managing director of M&M, told *Business Standard*.

Govt asked to encourage private sector in agriculture marketing

Subhendu Ray

CONSIDERING THE limited reach of public extension service in agriculture marketing, private participation should be enhanced with adequate financial backup from the public sector. The NGOs, Cooperatives, trade associations and private limited companies should be allowed and encouraged to undertake marketing extension. These were the recommendations of an expert committee constituted by the union agriculture ministry.

According to the report of the expert committee on strengthening and developing of agricultural marketing, little or no extension services existed at present at the village level.

According to the State Agriculture Department, mass production and mass marketing were being replaced by the customer based or market-driven strategies. An effective marketing extension service is necessary now.

An agri-economist VNS Bhatnagar said, if the farmers have to withstand the possible onslaught of international competitors, both in domestic and overseas markets, the marketing extension would be an effective appliance to defend the farmers' interest through proper education and guidance on regular basis.

According to Lalkothi Fruit and Vegetable Mandi secretary Keshar Singh, the farmers need information on two aspects of marketing –current price and market arrival information and forecasting of market trends. He said, information about reaching a particular price, arrangements available in the market related to storage, transactional methods, quality requirements, post-harvest handling requirements should be added with other informations. Each agriculture market in the State should have an extension cell equipped with internet, e-catalogues and other audio-visual facilities in order to educate farmers in various aspects of marketing functions and services, he said and added that the information required by other market functionaries shoul[d] also be collected and disseminat[ed] to its users.

The report also stated that i[n] order to avoid 'gluts' in the smal[l] local markets, farmers of th[e] state can be benefited by th[e] warehousing with pledg[e] finance schemes, entering int[o] forward contracts or going fo[r] future trading. He emphasize[d] the need of making a planne[d] marketing strategy for the financial benefits of the producers which would also help stabilizing local market prices and market supplies in terms of raising farmers' income, it added.

It further stated that in order to strengthen agricultural marketing, efforts should be made at three levels , includes policy level, managerial level and farm level On the policy front, it is necessary to formulate an effective policy under which various components of marketing programmes and activities can be integrated. At managerial level, the managerial capabilities o[f] the technical institutes must be enhanced, so that works can be carried out more efficiently.

NABARD to facilitate setting up of agri-business centres

HT LIVE CORRESPONDENT

NATIONAL BANK for Agriculture and Rural Development (NABARD) has started a scheme for setting up agri-clinics and agri-business centres by graduates in agriculture related subjects. The scheme has been formulated after consultation with the Union Government's ministry of agriculture and with selected nationalised banks.

The scheme would aim at supplementing the existing extension network to accelerate the process of technology transfer to agriculture and providing supplementary sources of input supply and services for which by and large farmers presently have to depend upon State agencies.

According to the sources, the banks would get cent per cent automatic refinance under the scheme. Facility allowing the financing banks to appraise the viability of the scheme at their level and seek refinance on automatic basis upto the prescribed project cost ceiling which is at present Rs 25 lakh.

Beyond this amount, project proposals might be submitted to NABARD under the pre sanction procedure, sources said. The scheme is open to the graduates in agriculture, horticulture, animal husbandry, forestry, dairy, veterinary, poultry farming etc.

अभ्यास, विवरण एवं विश्लेषण–8

1. आपको अपने कृषि उत्पादों की मार्केटिंग में क्या समस्याऐं होती हैं (What problems are being faced by you in your marketing of farm produce) ....

2. ओर्गेनिक फार्म प्रोड्यूस की मार्केटिंग किस प्रकार की जानी चाहिये (How can organic farm produce be marketed) ....

3. क्या आप स्वयं अपने स्तर पर अथवा ग्रुप में ओर्गेनिक मार्केटिंग कर सकेंगे (Do you think that you can do your own organic marketing) ....

4. आपकी ओर्गेनिक इनपुटस् की मार्केटिंग के बारे में क्या राय है (What is your opinion about organic input marketing) ....

5. ओर्गेनिक मार्केटिंग में अतिरिक्त खर्च एवं लाभ के बारे में विचार करें (List extra costs and benetifs of organic marketing) ....

CONSUMERS OF ORGANIC FOOD

This unit is based on a study conducted in small towns and cities of Rajasthan. This explains the market potential and will help in understanding the consumer attitude towards organic food.

- Organic marketing will require us to explore markets in small towns and cities. These markets are well within the reach of farmers for their direct marketing efforts.

- The consumers of organic farming have some very definite opinions about different product attributes. The marketers will need to make their own assessments for consumer's satisfaction.

- The forward looking approach by consumers in terms of their requirements, packings and willingness to pay a premium for organic food will help increase the availability.

यूनिट 9 ओर्गेनिक फूड का उपभोक्ता और बाजार

ओर्गेनिक फूड की मार्केटिंग की बात शुरू होते ही सभी लोगों को बड़े शहरों जैसे दिल्ली, मुम्बई, कोलकाता, चैन्नई इत्यादि ही ध्यान में आते हैं। लेकिन क्या ओर्गेनिक फूड का बाजार तथाकथित बड़े शहरों में ही है? क्या टी.वी. देखने, अंग्रेजी अखबार पढ़ने वाले लोग ही भोजन पदार्थों की क्वालिटी के सन्दर्भ में जागरूक है? और यदि वस्तुस्थिति यही है तो ओर्गेनिक फूड का आन्दोलन कभी आगे नहीं बढ़ पायेगा। देश के कोने कोने में पैदा होने वाले खेती के उत्पादों को कुछ चुने हुए 10–20 शहरों में ही ले जाना बहुत मंहगा साबित होगा। उत्पादन के बाद बडे बाजारों तक माल ले जाने का खर्च और फिर हर उत्पादक द्वारा अपना माल इन्हीं शहरों में ले जाने से वहां डिमाण्ड से अधिक सप्लाई हो जायेगी। इसका परिणाम यह होगा कि ओर्गेनिक फूड के दाम घटने लगेंगे और फिर जिस आशा यानि अधिक कीमत/लाभ के लिये ओर्गेनिक फार्मिंग की शुरूआत की गई है वही समाप्त हो जायेगी।

इस विषय पर जब से हमने काम करना शुरू किया है तभी से हमें यह चिन्ता रही है। हमारे सामने हमेशा से यह प्रश्न रहा है कि "क्या ओर्गेनिक फूड की मार्केटिंग उसके उत्पादन करने के स्थान के आसपास किया जाना सम्भव है? क्यो छोटे–छोटे शहरों और कस्बों में भी ओर्गेनिक फूड़ की मांग हो सकती है?" यदि देश के हर छोटे–बड़े कस्बे में भी ओर्गेनिक फूड की मांग है तो उस क्षेत्र के किसानों के लिये वहां डाइरेक्ट मार्केटिंग करना संभव हो सकता है। अधिक दूरी होने पर वह उन बाजारों तक स्वयं नहीं पहुंच पायेगा और वह एक बार फिर से बिचौलियों के हाथों में चला जायेगा। सभी किसान अपने क्षेत्र के कस्बों व छोटे शहरों से परिचित हैं। वहां रहने वाले लोगों को जानते हैं। उनके इन स्थानों से लिंक बने हुए हैं। यह सब फेक्टर उनके द्वारा प्रस्तावित डाइरेक्ट मार्केटिंग को सुगम बनाने में सहायक हैं।

उपभोक्ताओं की ओर्गेनिक फूड के सम्बन्ध में मांग एवं जानकारी के बारे में मोरारका फाउण्डेशन द्वारा एक अध्ययन पहले भी किया गया था। पहले अध्ययन में दिल्ली, जयपुर, अहमदाबाद, इत्यादि बड़े शहरों में रहने वाले उपभोक्ताओं का सर्वेक्षण किया गया था। इस अध्ययन के आधार पर बड़े शहरों में ओर्गेनिक फूड की मांग का आंकलन बहुत पोजिटिव रहा। लेकिन एक दूसरा अध्ययन भारत के खेती में पिछड़े समझे जाने वाले राजस्थान प्रदेश के भी छोटे कस्बों व शहरों के उपभोक्ताओं का वर्ष 2001 में सर्वेक्षण है। हमारा मानना है कि यदि इन छोटे कस्बों और शहरों में भी ओर्गेनिक फूड की मांग स्थापित की जा सके तो ओर्गेनिक आन्दोलन सार्थक हो जायेगा।

इन सम्भावनाओं का पता लगाने के लिये मोरारका फाउण्डेशन के द्वारा किये गये दूसरे विस्तृत अध्ययन के तहत किसानों के साथ ओर्गेनिक फार्मिंग की उत्पादन सम्बन्धी चर्चाओं के साथ हमने राजस्थान के करीब 20 छोटे कस्बों एवं शहरों में बायर–सेलर मीट द्वारा ओर्गेनिक फूड

के बारे में उपभोक्ताओं की जानकारी एवं मांग का आंकलन किया है। इस अध्ययन के दौरान हमने करीब 400 महिलाओं के साथ विस्तृत विचार विमर्श किया और फिर प्रश्नोत्तर द्वारा उनके विचारों को जाना। इस अध्ययन से प्राप्त कुछ परिणाम यहां दिये गये हैं। आगे दी गई सूचना स्वयं एक कहानी कह देती है। जिसका सारांश इतना ही है कि हमें बड़े शहरों की ओर देखने की जरूरत नहीं है और सारे देश में हर वर्ग का उपभोक्ता ओर्गेनिक फूड का इन्तजार कर रहा है। अब जरूरत इतनी ही है कि हम संगठित प्रयासों द्वारा इस मांग को पूरा कर दिखाऐं। इस अध्ययन के तहत निम्न लिखित जानकारी ली गई। इस जानकारी की सूचना एवं उनका संक्षिप्त विश्लेषण आगे दिया गया है।

- **खेती में रसायनिक खाद एवं दवाओं के उपयोग से होने वाले प्रभाव की जानकारी।**

- **वर्तमान में बाज़ार में उपलब्ध भोजन पदार्थों के उपभोग से मानव स्वास्थ्य पर होने वाले प्रभावों की जानकारी।**

- **वर्तमान में बाजार में उपलब्ध भोजन पदार्थों की क्वालिटी के बारे में उनकी राय।**

- **उपभोक्ताओं में ओर्गेनिक फूड के कॉन्सेप्ट की जानकारी।**

- **उपभोक्ताओं द्वारा बाजार में कृषि उपज खरीदते समय निर्णायक गुणों की जानकारी।**

- **उपभोक्ताओं द्वारा भविष्य में उपलब्ध किये जाने वाले ओर्गेनिक फूड में सबसे पहली आवश्यकता वाले भोजन पदार्थों की वरियता सूची।**

- **उपभोक्ताओं द्वारा ओर्गेनिक फूड में जरूरी क्वालिटी के पैरामीटर।**

- **उपभोक्ताओं द्वारा ओर्गेनिक फूड की अतिरिक्त कीमत देने की मंशा।**

- **उपभोक्ताओं द्वारा ओर्गेनिक फूड के प्रमाणीकरण के बारे में विचार।**

इस अध्ययन के साथ जब हमने पहले अध्ययन को मिलाकर विश्लेषण किया तो पाया कि आज का उपभोक्ता चाहे वह बड़े शहरों में रहता हो या वह छोटे कस्बों में, उनकी जानकारी एवं राय करीब करीब समान है। इस अध्ययन से यह स्पष्ट हो जाता है कि भविष्य में मार्केटिंग की योजनाओं में शहरों की साइज के अनुसार कई सालों से किये जा रहे श्रेणीकरण की स्ट्रेटेजी ओर्गेनिक फूड के लिये अलग बनानी होगी। यह मार्केटिंग के विशेषज्ञों के लिये भी एक नई चुनौती है।

टेबल–1

रसायनिक खाद एवं दवाओं का प्रभाव

इस टेबल में महिलाओं से जब यह पूछा गया कि वर्तमान नें जिस प्रकार से रसायनिक खाद एवं दवाऐं काम में ली जा रही हैं, उनसे क्या प्रभाव पड़ रहे हैं? यह ओपन प्रश्न था, जिसमें उन्हें किसी एक या एक से अधिक प्रभाव लिखने की जगह दी गई थी। 400 महिलाओं में से करीब 27 महिलाओं ने इस प्रश्न का जवाब नहीं दिया तथा 216 महिलाओं ने एक से अधिक प्रभाव बताऐ। होने वाले प्रभावों की वरियता सूची निम्न प्रकार है।

0 जमीन की उपजाऊ क्षमता में कमी हो रही है	**258**
0 हवा, पानी एवं जमीन का प्रदुषण बढ़ रहा है	**186**
0 लाभकारी जीवाणुओं की कमी होती जा रही है	**42**
0 उपजाऊ क्षमता बढ़ गई है	**39**
0 जमीन की भौतिक संरचना में विकार आऐ हैं	**33**
0 जमीन जहरीली एवं बंजर हो रही है	**27**
0 प्राकृतिक रूप में उपलब्ध पोषक तत्वों की कमी हो रही है	**18**

इस विश्लेषण से यह स्पष्ट हो जाता है कि सभी जगह उपभोक्ता जागरूक हैं और वह अपने सीमित ज्ञान एवं सूचना के आधार पर अपनी राय रखते हैं। एक रोचक तथ्य यह भी है कि कुछ लोग रसायनों के उपयोग को लाभकारी भी मानते हैं।

टेबल–2

वर्तमान भोजन पदार्थों का मानव स्वास्थ्य पर प्रभाव

इस टेबल में यह पूछा गया था कि क्या वर्तमान में उपलब्ध भोजन पदार्थों से मानव स्वास्थ्य पर कोई प्रभाव पड़ता है? 400 में से 391 महिलाओं ने इसके जवाब में हाँ कहने के साथ ही, किस प्रकार का प्रभाव पड़ता है के बारे में विचार लिखें। करीब 130 महिलाओं ने इसके लिये एक से अधिक प्रभावों के बारे में बताया। स्वास्थ्य पर पड़ने वाले प्रभावों की वरियता क्रम में सूची इस प्रकार है। नोटः इस सूची में हमने उपभोक्ताओं द्वारा लिखे गये शब्दों को ही नीचे दिया है ताकि पाठक स्वयं इस सूचना के आधार पर अपनी समझ विकसित कर सकें।

0 बीमारियां बढ़ रही हैं	**141**
0 स्वास्थ्य में कमी हो रही है	**114**
0 पेट की बीमारी बढ़ी है	**105**
0 रोग प्रतिरोधक क्षमता कम हो रही है	**78**
0 भोजन में विषाक्त पदार्थ हैं	**39**
0 कृषि उत्पादों के पोषक तत्वों में कमी आई है	**39**
0 भूख लगना कम हो गया है	**24**
0 बच्चे खाना नहीं खाते हैं	**18**
0 कैंसर रोग बढ़ रहा है	**15**
0 शारिरिक कार्य की क्षमता में कमी हो रही है	**12**
0 शरीर में हानिकारक रसायन मौजूद हैं	**12**
0 आयु कम हो गयी है	**9**
0 हृदय रोग बढ़ रहे हैं	**9**
0 अस्पतालों में मरीजों की संख्या बढ़ रही है	**8**
0 श्वास की बीमारी बढ़ी हैं	**7**
0 त्वचा की बीमारी बढ़ी हैं	**6**
0 आंखों की रोशनी कम हो रही है	**4**

इस विश्लेषण से यह स्पष्ट है कि आज सभी उपभोक्ता प्रचलित स्वास्थ्य समस्याओं को भोजन पदार्थों से जोड़ रहे हैं। वे भोजन पदार्थों से होने वाले नुकसान के बारे में जानते हैं और इसके बारे में अपने विचार भी व्यक्त कर रहे हैं।

टेबल–3

बाजार में उपलब्ध भोजन पदार्थों की क्वालिटी

इस टेबल में यह जानकारी ली गई कि क्या आज बाजार में उपलब्ध भोजन पदार्थों की क्वालिटी को लेकर उनका कोई मत है? और यदि है तो उनसे तीन बिन्दुओं स्वाद, रंगरूप एवं पौष्टिकता के बारे में उनके विचार जाने गये। स्वाद, पौष्टिकता के सन्दर्भ में अधिकतर का कहना था कि इसमें गिरावट आई है, लेकिन रंगरूप के बारे में अधिकतर ने सुधार के बारे में अपनी राय व्यक्त की। उपभोक्ताओं द्वारा क्वालिटी में महसूस किये गये परिवर्तन एवं उनकी वरियता क्रम में सूची इस प्रकार रही।

स्वाद में बदलाव	
0 स्वाद में कमी	**123**
0 प्राकृतिक स्वाद नहीं है	**87**
0 बेस्वाद	**78**
0 मिठास नहीं है	**63**
0 अच्छा स्वाद है	**27**
0 गुणों में कमी	**24**
0 कसैलापन	**18**
0 प्राकृतिक सुगंध नहीं है	**9**
रंग–रूप में बदलाव	
0 दिखने में आकर्षक	**243**
0 प्राकृतिक चमक नहीं है	**33**
0 कोई फर्क नहीं है	**30**
पौष्टिकता में बदलाव	
0 कमी आई है	**282**
0 कोई फर्क नही है	**67**
0 कह नहीं सकते	**52**
0 हानिकारक तत्व बढ़ गये हैं	**21**

इस विश्लेषण से यह विदित होता है कि उपभोक्ताओं में क्वालिटी के सन्दर्भ में अपनी राय बनाने की प्रक्रिया चल रही है। दोनों प्रकार की राय यह संकेत देती है कि वर्तमान खेती की उपज की क्वालिटी में सुधार भी हुआ है।

टेबल–4

ओर्गेनिक फूड की जानकारी एवं क्यों

इस टेबल में उपभोक्ताओं से ओर्गेनिक फूड की साधारण परिभाषा यानि "रसायन विहीन प्राकृतिक खेती से उपजे भोजन पदार्थों" के बारे में उनक़ी जानकारी ली गई। यह भी जाना गया कि उनके अनुसार ओर्गेनिक फूड क्यों जरूरी हैं। 400 में से 319 द्वारा इस प्रश्न का उत्तर इस प्रकार दिया गया।

0 ओर्गेनिक फूड से पौष्टिकता एवं स्वास्थ्य में वृद्धि होगी	**195**
0 ओर्गेनिक फूड की क्वालिटी अच्छी होगी	**129**
0 पर्यावरण में सुधार होगा	**108**
0 भोजन पदार्थों का स्वाद बेहतर होगा	**72**
0 बीमारियां कम होंगी	**60**
0 किसानों का खर्च कम होगा	**54**
0 कीटनाशकों का प्रयोग कम होगा	**36**
0 उत्पादन में कमी आयेगी	**32**

यह बहुत ही रोचक जानकारी है कि राजस्थान जैसे खेती में पिछड़े समझे जाने वाले प्रदेश के छोटे कस्बों एवं शहरों में भी उपभोक्ताओं की जगरूकता बहुत बढ़िया स्तर की है। उनके द्वारा कुछ फायदों के साथ उत्पादन में कमी होने की आशंका भी व्यक्त की जा रही है।

टेबल–5

बाजार में कृषि उपज खरीदते समय निर्णायक गुण

इस टेबल में उपभोक्ताओं से यह पूछा गया कि जब भी वह बाजार में कोई कृषि उपज खरीदते हैं तो उसके कौन–कौन से गुणों के आधार पर खरीदने का निर्णय करते हैं। सभी 400 प्रश्नार्थियों से मिलने वाले परिणामों के आधार पर गुणों की वरियता सूची इस प्रकार है।

0 पौष्टिकता	**348**
0 स्वाद	**300**
0 रोगाणु रहित	**267**
0 आसानी से पचने वाले	**255**
0 ताजापन	**171**
0 रंग	**120**
0 आकार	**111**
0 रोटी का मुलायम होना	**90**
0 आसानी से पकना	**84**
0 खुशबू	**72**
0 रूप /आकर्षक	**66**

यह काफी चौंकाने वाले परिणाम हैं। अब खेती से जुड़े सभी लोगों को यह जान लेना चाहिये कि भोजन सिर्फ पेट भरने के लिये ही नहीं अपितु कई अन्य गुणों को देखकर खरीदा जाने लगा है। ओर्गेनिक फार्मिंग की एक आम समस्या यह भी मानी जाती रही है कि इससे उपजे पदार्थ देखने में उतने आकर्षक नहीं होंगे। लेकिन इस टेबल के अनुसार आकर्षण वाले गुणों को वरियता सूची में नीचा स्थान मिलना इस समस्या का स्वतः ही निदान कर देता है।

टेबल–6

ओर्गेनिक फूड में पहली आवश्यकता वाले भोजन पदार्थ

इस टेबल में दी गई सूचना के लिये लिखे गये प्रश्न को कई बार अलग–अलग तरह से लिखकर प्री–टेस्टिंग की गई। क्योंकि यह एक बहुत ही महत्वपूर्ण जानकारी है और इसी के आधार पर उत्पादकों द्वारा ओर्गेनिक फूड प्रोडक्शन की प्लानिंग की जानी संभव हो सकेगी। इसमें सभी 400 प्रश्नार्थी महिलाओं से उनके द्वारा सबसे पहले ओर्गेनिक फूड के रूप में चाहे गये पांच भोजन पदार्थों की वरियता सूची मांगी गई है। इसमें किसी भी उपभोक्ता द्वारा खरीदे जा रहे सभी भोजन पदार्थों को शामिल किया गया है। पहली से पांचवी वरियता के क्रम की सूचना निम्न प्रकार है।

क्र. सं.	भोजन पदार्थ	पहली वरियता कहने वालों की संख्या	दूसरी वरियता कहने वालों की संख्या	तीसरी वरियता कहने वालों की संख्या	चौथी वरियता कहने वालों की संख्या	पांचवी वरियता कहने वालों की संख्या	कुल वरियता योग
1.	गेहूं	264	24	18	39	15	361
2.	चावल	12	105	18	6	36	177
3.	बाजरा	6	18	12	3	9	48
4.	मक्का	3	39	21	—	15	78
5.	ज्वार	—	3	6	—	9	18
6.	दालें	6	75	135	81	30	327
7.	तिलहन	—	9	33	48	30	120
8.	सब्जियां	57	69	63	111	63	363
9.	मसाले	6	6	27	27	42	108
10.	फल	30	30	42	45	81	228
11.	दूध	3	21	27	18	63	132
12.	अण्डे	—	—	3	—	—	3
13.	मांस	—	—	—	3	3	6

इस अध्ययन में चावल की वरियता इसलिये कम है क्योंकि राजस्थान के ग्रामीण क्षेत्रों में चावल बहुत कम खाया जाता है। मोटे अनाज की वरियता कम होने का कारण यह है कि आमतौर पर राजस्थान में अभी भी मोटा अनाज प्राकृतिक तरीकों से ही उपजाया जा रहा है और लोगों को इसके बारे में बहुत कम शिकायत है। बड़े शहरों की तुलना में सब्जियों को अधिक वरियता मिलने का यह कारण है कि राजस्थान में सब्जियों का अपना उत्पादन बहुत कम होता है और अधिकतर सब्जियां बाहर से ही लाई जाती हैं। इस सूचना की एक अच्छी बात यह भी है कि उपभोक्ताओं द्वारा सभी प्रकार के भोजन पदार्थों की गुणवत्ता को अब महत्व दिया जाने लगा है।

टेबल–7

ओर्गेनिक फूड की क्वालिटी के मापदण्ड

इस टेबल में उपभोक्ताओं से उनकी जरूरत के अनुसार भविष्य में मिलने वाले ओर्गेनिक फूड की क्वालिटी के पैरामीटर की सूचना दी गई है। हमने इस प्रश्न को लिखने से पहले प्री–टेस्टिंग के दौरान विभिन्न गुणों की एक सूची तैयार की थी। इस सूची में विभिन्न सम्भावित गुणों को सन्दर्भ के रूप में प्रश्न पत्र में ही लिख दिया गया था।

क्र. सं.	भोजन पदार्थ	पौष्टिकता	मोटा दाना	चमकदार दाना	स्वाद	खाने में अच्छा लगना	पचने में आसान	रोगाणु रहित	ताजापन	खुशबू	अच्छी किस्म	आसानी से पकना
1	गेहूं	192	90	75	147	69	87	69	9	9	9	–
2	चावल	162	16	72	144	–	75	66	6	129	63	18
3	बाजरा	186	96	60	117	27	72	63	12	18	24	–
4	मक्का	174	93	51	126	21	21	72	21	14	16	3
5	ज्वार	153	78	54	99	15	81	60	9	15	27	3
6	दालें	216	72	63	147	–	57	72	27	27	24	22
7	सब्जियां	195	–	32	99	–	30	138	12	27	21	10
8	मसाले	153	18	45	150	–	14	93	60	123	36	–
9	फल	216	8	28	168	–	15	99	159	42	24	–
10	दूध	258	–	–	120	–	27	96	117	3	18	–

इस टेबल में जिस प्रकार की सूचना प्राप्त हुई है उससे ग्राहकों द्वारा विभिन्न भोजन पदार्थों की क्वालिटी के पैरामीटर्स की समझ का ज्ञान होता है। यह सूचना उत्पादकों को अपनी ओर्गेनिक फार्मिंग के कार्यक्रम में क्वालिटी कंट्रोल के बारे में निर्णय लेने में बहुत सहायक होगी।

टेबल–8

ओर्गेनिक फूड के लिये अतिरिक्त कीमत देने की इच्छा

इस टेबल में यह जानकारी दी गई है कि क्या उपभोक्ता अपने द्वारा चाहे गये गुणों वाले भोजन पदार्थों के लिये प्रचलित बाजार दर से कुछ अधिक कीमत देने को तैयार हैं।

क्र. सं.	भोजन पदार्थ	15 प्रतिशत तक अतिरिक्त कीमत देने के लिये तैयार उपभोक्ताओं की संख्या	15 से 30 प्रतिशत तक अतिरिक्त कीमत देने के लिये तैयार उपभोक्ताओं की संख्या	30 प्रतिशत से अधिक अतिरिक्त कीमत देने के लिये तैयार उपभोक्ताओं की संख्या
1	गेहूं	141	60	27
2	चावल	138	69	6
3	बाजरा	126	45	6
4	मक्का	114	45	6
5	ज्वार	108	42	12
6	दालें	126	51	6
7	सब्जियां	111	75	24
8	मसाले	108	63	15
9	फल	108	93	15
10	दूध	105	66	15

यहां एक सैद्धांतिक बहस का मुद्दा यह भी है कि उपभोक्ता सही क्वालिटी के दाम अधिक क्यों दें? क्या यह उसका हक नहीं है कि उसे प्रचलित दर पर ही अच्छी क्वालिटी मिलनी चाहिये? फिर भी यहां रोचक तथ्य यह है कि उपभोक्ता क्वालिटी को प्राइस प्रीमीयम से जोड़ सकता है और क्वालिटी के लिये अतिरिक्त कीमत भी देने को तैयार है।

टेबल–9

ओर्गेनिक फूड का प्रमाणीकरण

इस टेबल में उपभोक्ताओं से ओर्गेनिक फूड के प्रमाणीकरण के बारे में उनके विचार जाने गये। करीब 60 प्रतिशत उपभोक्ताओं द्वारा ओर्गेनिक फूड के प्रमाणीकरण को जरूरी बताया गया। इसके लिये उनके द्वारा निम्न कारण बताये गयेः

0 गुणवत्ता नियंत्रण के लिये	**63**
0 उपभोक्ता में विश्वास पैदा करने के लिये	**51**
0 उपयोगिता की सही जानकारी के लिये	**33**
0 ओर्गेनिक और बिना ओर्गेनिक में फर्क करने के लिये	**33**
0 स्वास्थ्य में वृद्धि के लिये	**33**
0 अन्तर स्पष्ट करने के लिये	**15**

इस सूचना के आधार पर यह अनुमान अवश्य लगाया जा सकता है कि ओर्गेनिक फूड की कन्ज्यूमर के स्तर पर प्रारम्भिक स्वीकृति के लिये प्रमाणीकरण की व्यवस्था किया जाना अत्यन्त जरूरी है।

THE TIMES OF INDIA

SATURDAY, JANUARY 13, 2001

Good news for health junkies, organic food is here

ANJUL TOMAR
JAIPUR, JANUARY 11

WHAT METROS eat today, the rest of the country eats tomorrow! So, though organic food may take some time to catch on in the city, organic farming, which does not use chemical fertilisers or pesticides, is fast spreading in the State.

It may soon open new export opportunities for farmers in the State, provided they get hybrid seeds and professional support for production, post-production.

"We are trying to make projections for the market and identify the area under organic production. Many small and marginal farmers are traditionally growing crops without using any synthetic material, " says Rakesh Gupta, project director MR Morarka Rural Research Foundation.

The company is planning to make it a big-time business. About 500 farmers have already been identified for organic farming.

Organically grown crops are sold at 20-30 per cent higher prices than those grown non-organically, says Gupta. The agriculturists use traditional seeds, natural (organic) manure, including vermi compost that is prepared using earthworms.

Says Gupta, "We are planning to enrol more than 1,000 farmers by the end of this year, to whom the company would provide technical assistance for producing organic crops."

Food grown organically is rich in vitamins and minerals, says an agriculture specialist. The crops under organic agriculture include wheat, mustard, barley, pulses, cereals and about 150 varieties of vegetables. Presently, about 100 local families are consuming organic food in the city. It would soon be available through an outlet by next month, Gupta disclosed.

The Morarka Foundation has tied up with the National Institute of Agricultural Marketing of India (NIAM) for the marketing of its produce nationally and internationally.

Presently, NIAM is trying to evolve indigenous standards for the marketing of organic food. About 1,000 hectares of land is under organic cultivation in the State, says Sharma. The entire process of cultivating organic crops does not incur any extra cost. It only requires skill development, says Rajendra Sharma, executive director of the Foundation. The company is trying to standardise the crop by introducing quality control parameters such as uniform seeds, uniform procedure for production so that the produce is of high quality, he says. NIAM is working on isolating and identifying the produce for its branding.

The company is holding workshops in Jaipur, Jodhpur, Alwar, Churu and Jhunjhunu to promote organic food. The potential customers –housewives, chefs, hoteliers and retailers — would be invited to give their suggestions.

पत्रिका

साग-सब्जियों में न पहले जैसा स्वाद, न सुगंध

[कार्यालय संवाददाता]

जयपुर, 6 जून। कई गुणा कीमतें बढने के बावजूद साग-सब्जियों का स्वाद जाता रहा। पालक, धनिया, पुदीना समेत अनेक पतेदार सब्जियां में कसैलापन आ गया है। रासायनिक उर्वरकों तथा कीटनाशकों के कारण टमाटर, बैंगन, गोभी, मटर, भिण्डी आदि देखने में तो बेहतर नजर आते हैं, लेकिन स्वाद और सुगन्ध के मामले में

रासायनिक उर्वरकों व कीटनाशकों का असर

अब वे पहले की तुलना में आधे भी नहीं रहे। मानव स्वास्थ्य पर भी इन सब का विपरीत असर पड़ा है।

जयपुर, अलवर और झुन्झुनूं जिलों में करवाए गए एक सर्वेक्षण में करीब पांच सौ लोगों ने यह राय व्यक्त की। गैर-सरकारी संगठन एम. आर. मोरारका जी.डी.सी. रूरल रिसर्च फाउण्डेशन और राष्ट्रीय कृषि विपणन संस्थान, भारत सरकार की ओर से करवाए गए इस सर्वेक्षण में बाजार में उपलब्ध अनाज, दालों, फल-सब्जियों और मसालों की गुणवत्ता पर लोगों ने अनेक सवालिया निशान लगाए। ज्यादातर लोगों का कहना था कि आधुनिक विज्ञान के नाम पर प्रकृति से जो छेड़छाड़ की गई है, उसी के कारण पिछले कुछ दशकों के दौरान पेट व शरीर के अन्य रोगों में बढ़ोतरी हुई है। सर्वेक्षण के अनुसार ज्यादा उपज के चक्कर में पिछले कुछ वर्षों के दौरान जो उर्वरकों और कीटनाशकों का अन्धाधुन्ध प्रयोग किया है, उसी से भोज्य पदार्थों की गुणवत्ता में यह गिरावट आई है। सर्वे में शामिल किए गए 91 से 93 प्रतिशत लोगों का स्पष्ट तौर पर मानना था कि कीटनाशकों, रासायनिक उर्वरकों और गटर के पानी से जो खेती की जा रही है, उसे तत्काल रोका जाना चाहिए। जबकि सिर्फ एक से तीन प्रतिशत लोगों ने कीटनाशकों, रासायनिक उर्वरकों और सीवरेज के पानी के उपयोग से होने वाली खेती को उचित बताया। करीब अस्सी प्रतिशत लोगों ने राय व्यक्त की कि खेती के तरीकों में जो तब्दीली आई है उसकी वजह से खाद्य पदार्थों की पोषण क्षमता में भी

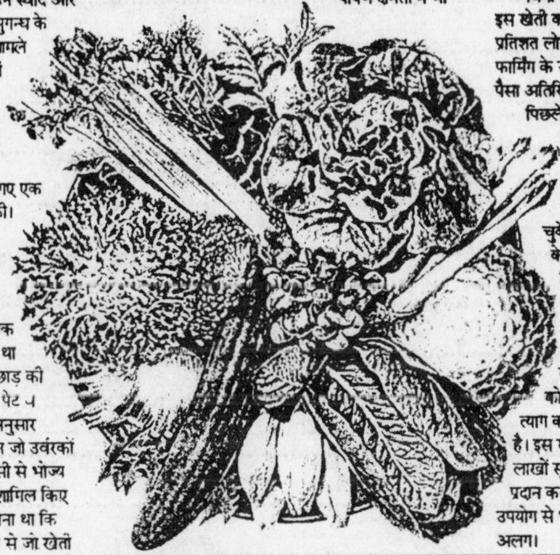

गिरावट आई है। इसी वजह से शारीरिक तकलीफों में भी इजाफा हुआ है। सर्वे में जयपुर के 72, अलवर के 48 तथा झुंझुनूं जिले के 111 लोगों को शामिल किया गया। इसमें से 58 प्रतिशत लोगों को जैविक कृषि [आर्गेनिक फार्मिंग] के बारे में जानकारी थी।

बिना रासायनिक खाद और कीटनाशकों के की जाने वाली इस खेती को ज्यादातर लोगों ने उचित बताया। करीब 73 प्रतिशत लोग इस बात के लिए भी तैयार थे कि वे आर्गेनिक फार्मिंग के जरिए पैदा हुए कृषि उत्पादों को खरीदने के लिए कुछ पैसा अतिरिक्त भी व्यय कर सकते हैं।

पिछले कई वर्षों से आर्गेनिक फार्मिंग के क्षेत्र में कार्यरत मोरारका फाउण्डेशन के निदेशक मुकेश गुप्ता ने बताया कि शेखावाटी सम्भाग के दर्जनों गांवों के किसान रासायनिक उर्वरकों और कीटनाशकों का प्रयोग बन्द कर के वापस परम्परागत खेती को अपना चुके हैं। उन्होंने कहा कि जैविक तकनीक से खेती करने के लिए केंचुए की खाद [वर्मी कम्पोस्ट] का अपना विशेष महत्व है।

कोई भी किसान इसे अपना कर कम खर्च में उत्पादन बढ़ा सकता है। गुप्ता ने बताया कि सभी तरह के कार्बनिक कचरे से यह खाद तैयार की जा सकती है। केंचुआ इस कचरे को भोजन के रूप में प्रयोग करता है। बदले में जो मल त्याग करता है उसका उपयोग खाद के रूप में किया जाता है। इस खाद में नाइट्रोजन के अलावा केंचुए की म्यूकस के लाखों सूक्ष्म जीव भी होते है जो फसलों को विशेष पोषण प्रदान करते हैं। इसके अलावा केचुएं की खाद के लगातार उपयोग से भूमि की उर्वरक क्षमता में बढ़ोतरी होती है, वह अलग।

Business Standard

NEW DELHI MONDAY 1 OCTOBER 2001

M&M weighs foray into biotechnology

Arjit De & V Phani Kumar

MUMBAI, 30 SEPTEMBER

Mahindra & Mahindra (M&M), the tractors and utility vehicles major, is planning to foray into biotechnology. The company, which is looking at corporate farming as an extension of its tractors business, is planning to purchase tracts of land in Gujarat for starting a pilot project.

"We will take a formal decision on the business provided the pilot project takes off. Our focus will be on tissue-culture that, if successful, will help farmers get a better yield," said Anand Mahindra, vice chairman and managing director. The company has already put together a team of officials, comprising agricultural and plant technology experts, who would be focusing on improving farm productivity.

Mahindra said, "We would like to go out there to try and implement new farming techniques, put them to use, and find a business model for it. We are going to focus on the application of biotechnology to raise yields in the field."

The new foray would include work in tissue colour and related areas, which would increase M&M's direct involvement with farmers and agriculture. The pilot project, which is expected to take off soon, will last for about 18 months, or two crop seasons. At the end of it, if the results are encouraging, the company plans to take it further and replicate it at the national level.

अभ्यास, विवरण एवं विश्लेषण–९

1. अपने कृषि उत्पादों की मार्केटिंग के लिये अपने आसपास के कस्बों एवं शहरों में वर्तमान स्थिति का अध्ययन कर, इन बाजारों विशेषताओं के बारे में लिखें। (Kindly undertake an assessment of local markets in your area for organic farm produce) ....

1. अपने कृषि उत्पादों के लिये अपने आसपास के कस्बों एवं शहरों में ग्राहकों से चर्चा कर उनके विचार जानें। (Kindly discuss with consumers in your area about their perceptions of organic food) ....

EMERGING ISSUES IN ORGANIC FARMING

This unit explores the emerging issues in organic farming. The reader is advised to develop his own understanding on these issues.

- Organic farming and nutrition.
- Organic farming for drought proofing and women empowerment.
- Organic farming & Agri-business development.

युनिट 10 ओर्गेनिक फार्मिंग में मुख्य मुद्दे

ओर्गेनिक फार्मिंग और न्यूट्रिशन

ओर्गेनिक फार्मिंग की शुरूआत में खेती की लागत कम् करने और भोजन पदार्थों की क्वालिटी में रसायनिक प्रदुषण की समस्या को दूर करना ही प्रमुख आधार रहा है। विज्ञान के विकास के दौर में रसायनिक जांच की कई एडवांस विधियों का विकास किया गया। इसी के साथ हमें यह मालूम चलने लगा कि भोजन पदार्थों में कई घातक रसायन मिल गये हैं और मानव स्वास्थ्य को नुकसान पहुंचाने लगे हैं। इनमें से अधिकतर रसायनों का स्त्रोत खेती में उनके उपयोग से जुड़ा हुआ पाया गया। ठीक इसी प्रकार मिट्टी एवं पानी की जांच में भी इन घातक रसायनों की मौजूदगी ने हमें मजबूर कर दिया कि हम खेती करने के सुरक्षित तरीकों का विकास करें। ओर्गेनिक फार्मिंग इस बढ़ती हुई चिन्ता के निवारण का एक सफल प्रयास है।

कई वर्षों तक खेती में उपज बढ़ाने और लोगों को पेट भरने के लिये भोजन की आवश्यक मात्रा से एक कदम आगे न्यूट्रिशन/पोषण के बारे में विचार किया जाने लगा है। पचास वर्ष पहले अधिकतर लोग मोटा अनाज खाते थे और शायद तन्दुरूस्त भी रहते थे। धीरे–धीरे लोगों को गेहूं एवं चावल खाना सिखा दिया गया। हमारे देश में हरित क्रांति ने सही मायनों में गेहूं की खेती का ही सबसे अधिक विकास किया है। राजकीय व्यवस्थाओं ने भी गेहूं के उपयोग को बढ़ावा दिया। राशन की दुकान पर और यहां तक कि काम के बदले अनाज योजना में भी गेहूं ही दिया जाने लगा और यह लोगों के भोजन का मुख्य आधार बन गया। गेहूं की खेती में इनपुट के रूप में रसायनों का उपयोग किया जाता है। इसकी तुलना में मोटे अनाज पैदा करने में रसायनों का उपयोग बहुत कम है। अतः यह प्रश्न उठना लाजमी है कि क्या मोटे अनाजों का उत्पादन एवं खपत गेहूं की तुलना में कम फायदेमन्द है।

किसी भी खाद्य पदार्थ की क्वालिटी जांचने में अभी तक उसके रंग रूप, आकार और बाहरी तत्वों की प्रतिशत मात्रा को मुख्य आधार माना जाता रहा है। खाद्य पदार्थों की गुणवत्ता में उनके न्यूट्रिशन की जांच को आधार नहीं माना जाता। अधिकतम, विभिन्न खाद्य पदार्थों में उपलब्ध कैलोरी, विटामिन, प्रोटीन, वसा, कार्बोहाइड्रेट इत्यादि के बारे में एक बार की जांच के द्वारा बेन्च मार्क मान लिये गये हैं। लेकिन क्या एक ही प्रकार के खाद्य पदार्थ में उपलब्ध केलोरी, विटामिन, प्रोटीन, वसा, कार्बोहाइड्रेट इत्यादि की मात्रा में अन्तर हो सकता है। यह एक ऐसा प्रश्न है जिसका उत्तर देना आसान नहीं है। इस विषय में अधिक जानकारी प्राप्त करने के प्रयास में कई चौकाने वाले तथ्य सामने आये हैं।

फलों में न्यूट्रिशन की जांच के लिये उनमें पानी, उर्जा, प्रोटीन, वसा, कार्बोहाइड्रेट तथा मिनरल की गणना की जाती है।

ग्राहक न्यूट्रिशन एवं स्वाद को महत्व देने लगेंगे।

अंगूर, संतरा, केला, सेब, आम, पाइनेपल, आड़ू, आलुबुखारा इत्यादि दस फलों के विश्लेषण में पाया गया कि उनमें पानी की सबसे कम मात्रा केले में 75 प्रतिशत तथा अधिकतम पपीते में 80 प्रतिशत है। जबकि उर्जा के मामले में पपीता सबसे पीछे 32 अंक तथा केला 85 अंकों के साथ सबसे आगे है। अंगूर में सबसे अधिक प्रोटीन 1.3 तथा सेब में सबसे कम 0.2 पाया जाता है। मिनरल की गणना करने के लिये कैल्शियम, फास्फोरस, आयरन और मैग्नीशीयम की जानकारी की जाती है। 41 मिलीग्राम की मात्रा के साथ संतरे में सबसे अधिक कैल्शियम होता है। विटामिनों में विटामिन **A** ,थाइमीन, राइबोफ्लोबिन, निकोटीनिक एसिड और एसोरबिक एसिड की गणना की जाती है। आड़ू में सबसे अधिक तथा पाइनऐपल में सबसे कम विटामिन **A** होता है। इसी क्रम में फलों की विस्तृत जांच तथा उनके केमीकल कम्पोजिशन के बारे में लिटरेचर उपलब्ध है। (इस विषय में अधिक जानकारी के लिये पाठकों को श्री डी.के. सलुंखे और एस.एस. कदम की किताब हेण्डबुक ऑफ साइंस तथा टेक्नोलोजी का अध्ययन करना चाहिये)

फलों में किसी एक प्रकार के फल जैसे नाशपाती की चार प्रजातिया बगुगोशा, नख, कश्मीरी तथा कीफर का अध्ययन करने से पता चलता है कि उनमें पानी की मात्रा में बहुत कम अन्तर है (83.6 से 86.5 ग्राम प्रति 100 ग्राम) लेकिन प्रोटीन के मामले में बगुगोशा 0.4 ग्राम प्रति 100 ग्राम के साथ सबसे आगे है जबकि बाकी तीनों में यह मात्र 0.2 है। अन्य मानकों जैसे वसा, मिनरल, फाइबर, कैल्शियम, आयरन इत्यादि में भी प्रजाती के आधार पर 100 से 300 प्रतिशत तक अन्तर पाया जाता है। यहां तक कि बगुगोशा तथा नख में विटामिन **A** होता ही नहीं है और कश्मीरी में विटामिन **C** नहीं होता है।

ठीक इसी प्रकार पपीते की बारह प्रजाती के विश्लेषण से मालूम हुआ कि उनके गुणों में विटामिन **A,** विटामिन **C,** सुक्रोज, ग्लूकोज, फ्रक्टोज, फूड फाइबर, फास्फोरस, पोटेशियम, कैल्शियम इत्यादि के न्यूनतम व अधिकतम में पांच गुणा तक अन्तर पाया जाता है।

हम यहा दो ही प्रकार के विश्लेषण की सूचना दे रहे हैं लेकिन पाठक के लिये इस सूचना के आधार पर यह अन्दाज लगाना आसान होगा कि जब प्रजाति के आधार पर उनके केमीकल कम्पोजीशन तथा न्यूट्रिशन में अन्तर हो सकता है तो क्या उनके उगाने के तरीकों एव उपयोग में ली गई खाद के कारण भी कोई अन्तर हो सकता है?

एक बात और है कि इस प्रकार की सूचना कुछ फलों के लिये आसानी से उपलब्ध हैं, लेकिन कई प्रकार के खाद्य पदार्थों की इस प्रकार की सूचना भी उपलब्ध नहीं है। शायद इसका एक बहुत बड़ा कारण इस प्रकार की जांच की सुविधाओं का अभाव भी है। कुछ जांच प्रयोगशालाओं से बात करने पर पता चला कि पूरे भारत में इस प्रकार की जांच करने की कोई भी सार्वजनिक सुविधा नहीं है जहां कीमत चुकाकर जांच कराई जा सके।

क्वालटी फूड की मांग को लेकर आंदोलन होने लगेंगे।

आर्गेनिक फार्मिंग के सन्दर्भ में विभिन्न खाद्य पदार्थों की तुलनात्मक जांच एक महत्वपूर्ण विषय है। लेकिन यह तभी हो सकेगा जब इस प्रकार की जांच सुविधाऐं विकसित हों और खाद्य पदार्थों की जांच आधारित गुणवत्ता के अनुसार उपभोक्ताओं को सूचित किया जा सके।

इसी प्रकार का एक अध्ययन हमने पेस्टिसाइडस के लिये भी किया है। कई देशों ने आयात किये जाने वाले फ्रेश फलों में उपलब्ध पेस्टीसाइडस के अधिकतम स्तर के नियम बनाये हुए हैं। इसमें एक महत्वपूर्ण प्रश्न यह उठता है कि पेस्टीसाइडस की अधिकतम मात्रा का आंकलन किस आधार पर किया गया है? क्या ऐसी ठोस जानकारी है कि इस स्तर पर पेस्टीसाइड खाने से मानव को कोई नुकसान न तो हुआ है और न ही होने की संभावना है? पी.एफ.ए. एक्ट 1954 में किसी एक प्रकार के रसायनिक पेस्टिसाइड उदाहरण के लिये डी.डी.टी. की अधिकतम मात्रा में दूध के लिये सबसे कम 1.25 मिलीग्राम प्रति एक किलो तथा मीट, पोल्ट्री और मछली में अधिकतम 7.0 मिलीग्राम प्रतिकिलो तक छूट दी गई है। क्या इसका यह अर्थ है कि दूध में डी.डी.टी. की कम मात्रा से मानव स्वास्थ्य को खतरा है और अन्य में नुकसान के लिये अधिक मात्रा होनी चाहिये? यहि स्थिति हेवी मेटल लेड, कॉपर, ऑर्सेनिक, टिन, जिंक, केडमियम, मर्करी, निकल इत्यादि की है।

ओर्गेनिक फार्मिंग इन दो मुद्दों पर वर्तमान स्थिति में आमूल चूल परिवर्तन करने में सक्षम है। पूर्णतया प्राकृतिक रूप में उपजे भोजन पदार्थों में उनकी नैसर्गिक क्षमता के अनुरूप न्यूट्रिशन होगा। जब किसी भी प्रकार का रसायन उपयोग ही नहीं किया जायेगा तो रसायनों से होने वाले नुकसान की चिन्ता भी समाप्त हो जायेगी।

इसके लिये सम्पूर्ण विश्व में जागरूक उपभोक्ताओं को आगे आना होगा। उन्हें अपनी सरकार को इस विषय में पूर्ण जानकारी देने के लिये मजबूर करना होगा और यदि यह सही है तो उन्हें इस दिशा में राजकीय नीतियों में परिवर्तन लाने की पहल करनी होगी। इसके लिये सबसे पहले देश में इस प्रकार की जांच सुविधा विकसित करनी चाहिये, जहां स्वयं उपभोक्ता बाजार में उपलब्ध भोजन पदार्थों की जांच करा सकें।

फूड एण्ड एग्रीकल्चर ओर्गेनाइजेशन द्वारा भी इस दिशा में पहल की जा सकती है। अन्तरराष्ट्रीय व्यापार के लिये बनने वाले नये नियमों में पोष्टिकता की जांच को भी शामिल किया जा सकता है। कई जगह फसलों में रोगों से लड़ने की क्षमता विकसित करने, कई प्रकार की विटामिन की कमी को दूर करने आदि के लिये जेनेटिक इंजिनियरिंग का सहारा लिया जा रहा है। लेकिन क्या हमने अब तक प्राकृतिक रूप से उपलब्ध भोजन पदार्थों के सभी गुणों की जानकारी कर ली है? शायद नहीं, क्योंकि इससे किसी कम्पनी का व्यापार नहीं बढ़ सकता जबकी जेनेटिक इंजिनियरिंग के विकास के द्वारा बीजों की मोनोपोली की जा सकती है और उनको बेचने से मोटा मुनाफा कमाया जा सकता है।

ओर्गेनिक फार्मिंग – सूखा निवारण एवं महिलाओं का सशक्तिकरण

खेती की नई तकनीक ने फसल चक्र एवं खेती के तरीकों में बदलाव कर दिया। कई ऐसे स्थानों पर जहां बहुत कम खेती होती थी, वहां अब इंटेंसिव एग्रीकल्चर की जाने लगी है। कम वर्षा वाले क्षेत्र प्राकृतिक संसाधनों की उपजाऊ क्षमता के हिसाब से कमजोर रहे हैं। पहले कम आबादी के कारण इन पर दबाव भी कम था। लेकिन बढ़ती आबादी एवं आर्टिफिशियल इनपुट के उपयोग से इन स्थानों पर भी प्राकृतिक संसाधनों का अत्यधिक दोहन किया जाने लगा। परिणामस्वरूप इनमें से कई स्थान बंजर हो गये हैं या रेगिस्तान के समान अकाल पीड़ित हैं।

बिजली की उपलब्धता ने हमें भूमिगत जल के दोहन का मार्ग दिखाया। धीरे धीरे यह दोहन इतना अधिक हो गया कि अब हम पानी की माइनिंग कर रहे हैं और भूमिगत जल स्तर कम होता जा रहा है। आधुनिक खेती के नाम पर वर्तमान पीढ़ी प्राकृतिक संसाधनों का इतना अधिक उपयोग कर रही है मानो अगली पीढ़ी के लिये कुछ छोड़ना ही नहीं चाहती।

ओर्गेनिक फार्मिंग एक बार फिर हमारे सामने ऐसा अवसर है जिसमें प्रकृति के साथ चल कर उसका टिकाऊ उपयोग करने की क्षमता है। ओर्गेनिक फार्मिंग सिंचित एवं असिंचित दोनों ही खेती में प्रकृति की उपजाऊ शक्ति को बढ़ाकर उसके संयमित उपयोग का मार्ग खोलती है। इस पद्धति में परिस्थितकी संतुलन को सबसे अधिक एहमियत दी गई है।

कहने को एक बार जरूर ऐसा लग सकता है कि सूखा संभावित क्षेत्रों में या कम उपजाऊ क्षमता वाली जमीनों में ओर्गेनिक फार्मिंग अपनाने से उत्पादन में कमी होगी। लेकिन जब हम लम्बे अन्तराल के लिये दोनों प्रकार की खेती की लागत एवं लाभ की तुलना करेंगे तो पायेंगे कि रसायनिक खेती में लागत हर साल बढ़ रही है और लाभ कम होता जा रहा है। ओर्गेनिक फार्मिंग में इसके विपरीत होता है, इसमें हर साल लागत में कमी होगी और लाभ बढ़ेगा। ओर्गेनिक फार्मिंग और उसमें भी सर्टिफाइड ओर्गेनिक फार्मिंग सही मायने में इंटीग्रेटेड फार्मिंग की विधा है जिसमें फसलों के साथ वृक्षारोपण, पशुपालन इत्यादि के समग्र विकास का प्रबंध है। ओर्गेनिक फार्मिंग खेत के स्तर पर माइक्रो प्लानिंग द्वार सम्पूर्ण विकास का जरिया है। ओर्गेनिक फार्मिंग की एक और सबसे बड़ी विशेषता इसके लिंकेज की है।

सर्टिफिकेशन के नियमों में कहा गया है कि किसानों को इनपुट स्वयं तैयार करने होंगे। जब किसान सभी इनपुट खेत पर तैयार करने लगेंगे तो उनके केश खर्च में कमी आयेगी और खेती में रोजगार के अवसर बढ़ेंगे। ठीक इसी प्रकार ओर्गेनिक खेती में वेल्यू ऐडीशन के लिये प्रोसेसिंग को अपनाने का भी मार्ग है। किसी भी कृषि उपज की सिम्पल प्रोसेसिंग जैसे साफ–सफाई, ग्रेडिंग, कन्जुमर पैकिंग, भण्डारण इत्यादि में नये रोजगारों को जन्म देने की क्षमता है। ओर्गेनिक फार्मिंग किसानों को अपने पास उपलब्ध मानव शक्ति के सम्पूर्ण उपयोग का रास्ता खोलने का मार्ग है।

ओर्गेनिक फार्मिंग महिलाओं और पुरूषों को बराबर दर्जा देगी।

खेती में मशीनीकरण के युग ने पुरूषों की भूमिका को महत्वपूर्ण बना दिया। धीरे धीरे कुशलता आधारित कार्यों की जिम्मेदारी पुरूषों की हो गई जिसमें सहयोग के लिये नई नई मशीनों का विकास हो गया। इससे पुरूषों द्वारा किये जाने वाले शारीरिक परिश्रम की जरूरतें कम हो गई।इस दौर में महिलाओं द्वारा किये जाने वाले कार्यों में बहुत कम मशीनीकरण हुआ और उनके द्वारा किये जाने वाले शारीरिक परिश्रम में कोई अन्तर नहीं आया है। इस प्रकार के परिवर्तन ने आज खेती को लगभग महिला आधारित बना दिया है हालांकि निर्णय अभी भी पुरूषों द्वारा लिये जाते हैं। ओर्गेनिक फार्मिंग एक बार फिर पुरूषों व महिलाओं को समान भूमिका अपनाने का अवसर प्रदान करती है। ओर्गेनिक फार्मिंग को सफलतापूर्वक अपनाने में परिवार के सभी सदस्यों को मिलकर काम करना होगा। इसमें सभी सदस्यों की कुशलता और क्षमता विकास के द्वारा ही पूरा फायदा उठाया जा सकता है।

ओर्गेनिक फार्मिंग महिलाओं के सशक्तिकरण का एक अनूठा अवसर है। कुशलता एवं क्षमता विकास द्वारा वह इस क्षेत्र में अपनी निर्णायक भूमिका निभा सकती है।

ओर्गेनिक फार्मिंग के प्रचलन में आने से कम पानी में भी फसलें पैदा होने लगेंगी। इससे सूखा प्रभावित क्षेत्रो में कृषि की उपज में वृद्धि होगी। मौसमी प्रकोप से होने वाले दुष्प्रभाव कम होंगे। खेती में फसलों के साथ वृक्ष एवं पशुपालन द्वारा आमदनी के स्त्रोतों में डाइवर्सिटी आयेगी। वर्ष में एक बार होने वाली आमदनी, पूरे वर्ष धीरे–धीरे और थोड़े–थोड़े समय के अन्तराल से मिलने लगेगी।

गांवों में गरीबी का एक प्रमुख कारण लोगों का कर्ज और उस पर दिया जाने वाला ब्याज है। थोड़े समय में होने वाली आमदनी और खर्च के लगातार होने से लोग अपनी आकस्मिक आवश्यकता के लिये ब्याज पर रूपया उधार लेते हैं। एक अध्ययन के मुताबिक गरीबों की अपने जीवन की कुल कमाई का तीसरा भाग ब्याज चुकाने में ही खर्च हो जाता है। ओर्गेनिक फार्मिंग पूरे वर्ष काम दे सकती हैं और इससे पूरे वर्ष आमदनी भी हो सकेगी। इससे ब्याज का खर्च कम हो जायेगा।

गरीबी की सबसे अधिक मार महिलाओं को भुगतनी होती है। गरीबी और उस पर भी महिला होना दोहरे अभिशाप के समान है। गांवों में रोजगार के नये अवसर, प्राकृतिक संसाधनों का टिकाऊ उपयोग और उत्पादकों की बारगेनिंग पावर में बढ़ोतरी महिलाओं के एक्सप्लोइटेशन को समाप्त नहीं तो कम अवश्य कर सकती है। ओर्गेनिक फार्मिंग इसका नया हथियार है। इसकी सबसे बड़ी विशेषता यह है कि यह पूंजी आधारित नहीं है। इसके लिये कोई नई तकनीक सीखने की जरूरत नहीं है। इसके लिये बाहर से लाये गये इनपुट पर निर्भरता नहीं है। यह सिर्फ सोच में परिवर्तन करने और संगठित प्रयास का खेल है। यह सिर्फ़ व्यवस्थाओं को अपने अनुकूल करने का प्रयास है जिसमें हमारे देश की गरीब एवं अनपढ़ महिलाऐं अवश्य सक्षम हैं।

एग्री बिजनेस डवलपमेंट

भारत में 50 वर्षों तक खेती से सम्बन्धित सभी गतिविधियों पर अपने लोह शिकंजे के अनुभवों के बाद सरकार यह समझ गई है कि इस क्षेत्र में अब सरकार को अपनी भूमिका कम करने का समय आ गया है। यह परिवर्तन कई कारणों से हुआ है। अव्वल अन्न का उत्पादन एवं वर्तमान स्टॉक संतोषजनक स्तर से कहीं अधिक है, इसलिये कुछ नये प्रयोग किये जा सकते हैं। सरकार का सब्सिडी का बजट बढ़ता जा रहा है और अब यह उपलब्ध संसाधनों की सीमा पार कर गया है। वर्तमान स्तर से अधिक सब्सिडी देना अब संभव नहीं है। गत् कुछ वर्षों में रसायनिक खाद पर सब्सिडी में कमी इसी समस्या का परिणाम है।

हरित क्रांति के प्रचार–प्रसार एवं किसानों को नई तकनीकें सीखाने के लिये एक बहुत बड़ा कृषि प्रसार सेवा–एक्सटेंशन सर्विस का ढांचा खड़ा किया गया। लगातार बढ़ते वेतन खर्चों से सरकार त्रस्त हो गई है, और इस मद में अधिक खर्चा करने में असमर्थ है। गत् कुछ वर्षों से नई भर्ती बन्द है और वर्तमान में कार्यरत कृषि विस्तार कार्यकर्ताओं को कम करने के कई उपाय किये जा रहे हैं। इससे किसानों को सरकार द्वारा दी जा रही सेवाओं में कमी आती जा रही है।

गत् दस वर्षों में खेती की ऐसी किसी नई तकनीक का विकास नहीं किया गया है जिसको अपनाने से उत्पादन में कई गुना वृद्धि दिखाई पड़ती हो। अधिकतर खोज नई किस्मों के विकास के क्षेत्र में हुई है और इनको किसानों तक पहुंचाने के लिये कोई बहुत अधिक इंटरएक्टिव एक्सटेंशन सर्विस की जरूरत नहीं पड़ती। कुछ अन्य विकास इस प्रकार के हैं जिनमें जब तक कम्पलीट पैकेज और वह भी लिंकेज के साथ न दिया जाय, उनको किसानों के लिये अपनाना बहुत मुश्किल है। वर्तमान सरकारी सेवाऐं इस प्रकार की जिम्मेदारी उठाने में सक्षम नहीं है।

इस सन्दर्भ में कुछ अन्य रोचक परिवर्तन भी हुए हैं। जैसा कि हमने पहले कहा है कि अब खेती की लागत का बहुत बड़ा भाग केश खर्च के रूप में किया जाता है। इससे किसानों को खेती की लागत एवं मुनाफे का हिसाब करना आ गया है। अतः जब तक कोई नई तकनीक मुनाफे में वृद्धि न कर सके, किसान उनको नहीं अपना रहे हैं। दूसरी तरफ ऐसी तकनीक एवं सेवा जिससे मुनाफे में अच्छी वृद्धि की संभावना हो उसके लिये वह केश फीस भी देने को तैयार है। हालांकि इसमें सेवा देने वाले की क्रेडिबिलीटी और सेवा की उचित फीस दोनों प्रमुख मुद्दे हैं।

इस परिप्रेक्ष्य में अब हमारा मानना है कि एग्रीबिजनेस का जमाना आ गया है। कई वर्षों पहले एग्रोक्लिनिक, एग्रो सर्विस सेन्टर इत्यादि के नाम से नये प्रयोग किये गये थे, लेकिन बड़े पैमाने पर सफलता के उदाहरण कम है, शायद वह प्रयास वक्त से पहले किये गये थे। आज ओर्गेनिक फार्मिंग–एग्री बिजनेस सेन्टर की परिकल्पना को साकार सिद्ध करने का स्वर्ण अवसर है। इस दिशा में मोरारका फाउण्डेशन ने स्वयं कुछ प्रयास किये हैं। हमने देखा है कि किसी भी क्षेत्र में

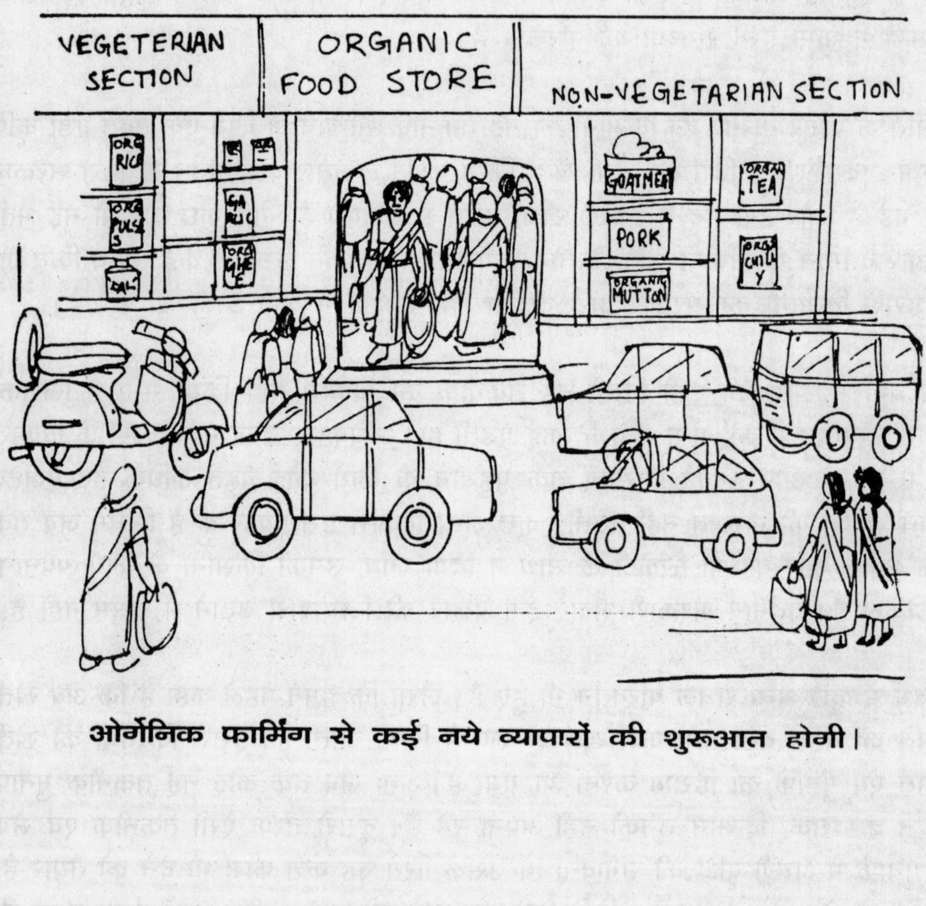

ओर्गेनिक फार्मिंग से कई नये व्यापारों की शुरूआत होगी।

करीब एक एकड़ सिंचित जमीन एवं रू. 2 से 3 लाख के निवेश से ओर्गेनिक फार्मिंग का सर्विस सेन्टर खोला जा सकता है। यह सर्विस सेन्टर 8 से 10 किलोमीटर के दायरे में आने वाले किसानों की आवश्यकता पूर्ण करते हुए स्वयं अपने लिये भी अच्छी कमाई कर सकते हैं। इस प्रकार के एक केन्द्र की स्थापना नवलगढ़ में की गई है। उस की सफलता को देखकर अब तक करीब 20 अन्य केन्द्र भी खुल गये हैं। एक केन्द्र की संक्षिप्त जानकारी यहां दी गई है।

○ यह केन्द नवलगढ़ कस्बे में बस स्टेण्ड, तहसील, पंचायत समिति एवं कोर्ट के नजदीक खोला गया। इससे किसानों को आने–जाने में सुविधा रही। कस्बे में खोले गये केन्द की कई सेवाओं का लाभ किसानों के अलावा अन्य लोगों को भी मिलता है, जो कि केन्द के खर्चों को निकालने में बहुत सहायक रहा।

○ सबसे पहले इस केन्द पर बिजली–पानी की सुविधा विकसित की गई। कुल 4000 वर्ग मीटर क्षेत्र को पांच प्रमुख भागों में बांटा गया। करीब 1000 वर्गमीटर जगह ओर्गेनिक फार्मिंग के इनपुट का प्रोडक्शन करने के लिये, करीब 500 वर्गमीटर जगह जंगलात एवं फलों के पौधों की नर्सरी के लिये, 500 वर्गमीटर जगह सब्जीयों की नर्सरी के लिये, 500 वर्गमीटर जगह कार्यालय, स्टोर शेड एवं स्टॉफ के रहने के लिये रखी गई। शेष 1500 वर्गमीटर जगह में सीजन के अनुसार किसानों को दिये जा रहे तकनीकी परामर्श से सम्बन्धित प्रयोगों के लिये इस्तेमाल की जा रही है।

○ इस केन्द पर ओर्गेनिक इनपुट में वर्मीकम्पोस्ट उत्पादन क्षमता 300 टन प्रतिवर्ष, नादेप–सुपर कम्पोस्ट 100 टन प्रतिवर्ष, नीम की खाद–10 टन प्रति वर्ष तथा विभिन्न प्रकार के तरल नीम पेस्टिसाइड 1000 लीटर प्रतिवर्ष उत्पादन का लक्ष्य रखा गया। इस कार्य में करीब रू. 1.00 लाख पूंजी निवेश किया गया।

○ जंगलात के पौधों की नर्सरी में नीम, शीशम, अरडू, गुलमोहर, ऐलेस्ट्रोनिया इत्यादि के एक हजार पौधे, बड़ी थैलियों में बहुत हाई क्वालिटी के तैयार करे गये। फलों के पौधों में आंवला, आम, अमरूद, नींबू, संतरा, सीताफल इत्यादि के 1500 पौधे तैयार करे गये। छोटे पौधों में फूलों एवं डेकोरेशन के लिये, घरेलू पौधों की संख्या भी 1000 के करीब रही। यह पौधे छोटी थैलियों में लगाये गये। इस काम में करीब रू. 50000 का निवेश किया गया।

○ सब्जियों की पौध तैयार करने के लिये दो ग्रीन नेट के शेड बनाये गये। इसमें एक छोटा शेड 12 फुट गुना 18 फुट तथा एक बड़ा शेड 12 फुट गुना

ओर्गेनिक फार्मिंग मेनेजमेन्ट इन्सटीट्यूटस में पढाई जाने लगेगी।

30 फुट का बनाया गया। इन शेडों में औसत 40 वर्गफुट की छोटी छोटी क्यारियों में करीब 25 दिन के समय में तैयार की जा सकने वाली पौध लगातार तैयार कर बेची जा रही है।

○ ट्रायल के लिये छोड़ी गई जगह में भी कई प्रकार की सब्जियां पैदा हो रही हैं जिनको बेचने से रोजमर्रा के खर्चों का अच्छा इन्तजाम हो जाता है।

○ पहले वर्ष में इस केन्द्र द्वारा करीब तीन लाख रूपये की बिक्री तथा करीब सवा लाख का शुद्ध मुनाफा कमाया गया। जिसमें एक हजार रू. प्रतिटन की दर से 100 टन वर्मीकम्पोस्ट, दो हजार रू. प्रतिटन की दर से 5 टन नीम की खाद, औसत 25 रू. प्रति पौधे की दर से 500 जंगलात के पौधे तथा 40 रू. प्रति पौधे की दर से 800 फलों के पौधे, रू. 10 की दर से 1000 छोटे पौधे बिक्री किये गये।

○ सब्जियों की नर्सरी तथा तैयार सब्जियों की बिक्री से 30000 रू. की आमदनी हुई।

○ इस केन्द्र से 200 किलो से अधिक केंचुए–कीमत करीब एक लाख रूपये के वितरित किये गये।

○ आज बिक्री के बाद पुनः उसी संख्या में नये पौधे तैयार कर लिये गये हैं और सभी तरह के इनपुट का उत्पादन भी लगभग दुगना कर लिया गया है।

कुल मिलाकर इस केन्द्र से दी जाने वाली सेवाओं को किसानों ने न सिर्फ स्वीकार किया है अपितु बहुत सराहा भी है। अब इस केन्द्र द्वारा 12–15 किसानों के ओर्गेनिक फार्मिंग के लिये 40 संगठन (सेल्फ हेल्प ग्रुप) बनाये गये हैं। थोड़ी एडवान्स प्लानिंग द्वारा किसानों की मांग के आधार पर उत्पादन किया जाने लगा है। गत् वर्ष किसानों द्वारा पैदा की गई फसलों में से कुछ की साफ सफाई, ग्रेडिंग एवं छोटी पैकिंग कर सीधे बेचने की शुरूआत भी की गई है। स्थानीय किसानों के यहां पैदा किये गये बीज की क्वालिटी सुनिश्चित करने के बाद केन्द्र से किसानों को स्वयं अपना बीज अन्य लोगों को बेचने की सुविधा भी उपलब्ध करा दी गई है।

अब इस केन्द्र द्वारा करीब 500 किसानों के साथ मिलकर कम्पोजिट ओर्गेनिक फार्मिंग का कार्यक्रम प्रारम्भ किया जा रहा है। इसमें पहले चरण से प्रारम्भ कर सर्टिफिकेशन, प्रोसेसिंग एवं मार्केटिंग तक की सेवाओं को शामिल किया गया है। इस केन्द्र की सबसे प्रमुख विशेषता यह है कि यहां से किसानों को हर तरह की सलाह, परामर्श एवं प्रशिक्षण निःशुल्क दिया जाता है। किसानों को पैसा सिर्फ इनपुट खरीदने पर ही देना होता है, जिनकी कीमतें भी आपसी सहमती से तय की जाती हैं।

ओर्गेनिक फार्मिंग जनप्रतिनिधियों का मुख्य मुद्दा होगा।

यह एक छोटा सा उदाहरण एग्रोबिजनेस के नये कांसेप्ट को समझने के लिये काफी है। हमारा मानना है कि स्थान विशेष पर स्थानीय परिस्थितियों के अनुरूप इस प्रकार के केन्द्र कहीं पर भी खोले जा सकते हैं। आज कई बैंक और विशेषतः नाबार्ड कृषि के क्षेत्र में पढ़े लिखे युवकों को एग्रो बिजनेस के लिये बहुत आसान शर्तों पर ऋण उपलब्ध कराने को तैयार है।

वर्ष 2000–2001 के बजट में एक रूरल गोडाऊन की योजना की घोषणा की गई थी। इसके तहत पच्चीस प्रतिशत अनुदान एवं शेष ऋण दिया जाना प्रस्तावित है। 50 टन से लेकर 10000 टन भण्डारण क्षमता के गोदाम इस योजना में बनाये जा सकते हैं। एक मोटे अनुमान के अनुसार 1000 टन क्षमता के गोदाम के सभी खर्चों को निकालकर उद्यमी करीब 1.5 से 2.0 लाख रू. की सालाना आमदनी कर सकते हैं।

आज घटती हुई जमीन और पढ़े लिखे युवकों के लिये नौकरियों का कमी के दौर में ओर्गेनिक फार्मिंग स्वरोजगार की नई संभावनाओं को जन्म दे रही है। हालांकि इस क्षेत्र में प्रशिक्षण की सुविधाओं का अभाव है, लेकिन फिर भी थोड़े साहस, परिश्रम एवं छोटे पूंजी निवेश से इस क्षेत्र में अच्छा भविष्य बनाया जा सकता है। सफलता मिलने पर जो युवक आज दूसरों से नौकरी मांग रहे हैं वही कल अन्य को नौकरी दे सकेंगे।

गत् कुछ वर्षो में बायोटेक्नोलोजी का व्यापक प्रचार प्रसार हुआ है, आज सभी लोग इस विषय की बात कर रहे हैं। हालांकि आम लोगों को इस विषय की कोई बहुत अधिक जानकारी नहीं है, लेकिन एग्रीबिजनेस के विकास में एग्री–बायोटेक्नोलोजी महत्वपूर्ण भूमिका निभा सकती है। इसमें आने वाली प्रत्येक गतिविधि के लिये नये उद्योग स्थापित किये जा सकते हैं। इनमें से कुछ प्रमुख टेक्नोलोजी जिनकी अपार संभावनाऐं हैं, इस प्रकार हैं।

- क्रोप बायोटेक्नोलोजी
- प्लान्ट टिशू कल्चर
- मेडिसनल एवं हर्बल प्लान्ट
- एल्यिल बायोटेक्नोलोजी
- बायोलोजिकल पेस्ट कन्ट्रोल
- बायो फर्टिलाइजर
- माइक्रोबियल एवं मेडीकल बायोटेक्नोलोजी
- सेरीकल्चर बायोटेक्नोलोजी
- फूड बायोटेक्नोलोजी
- बायो इर्फोमेटिक्स
- बायोमास यूटिलाइजेशन एण्ड बायोफ्यूल
- वेस्ट मेनेजमेंट एण्ड बायोटेक्नोलोजी

- वर्मीकल्चर
- बायो इंजिनियरिंग

बायोटेक्नोलोजी और एग्रीकल्चर मेनेजमेंट दोनों एक दूसरे के पूरक हो सकते हैं। बायोटेक्नोलोजी आधारित वर्मीकल्चर को अपना कर आज सैंकड़ों युवकों ने अपने नये रोजगार खड़े कर लिये हैं। अब यही तरीका अन्य युवक भी अपना सकते हैं।

इसी के साथ ओर्गेनिक फार्मिग का कांसेप्ट और जोड़ देने से बैक्वर्ड और फारवर्ड लिंकेज दोनों बनाये जा सकते हैं। यह काम किसी भी लेवल के पूंजी निवेश से प्रारम्भ किया जा सकता है। अब तक के अनुभव बताते हैं कि ओर्गेनिक फार्मिंग को एग्रीबिजनेस के रूप में करने के लिये किसी भी प्रकार की राजकीय सब्सिडी के बिना भी इसे सफल किया जा सकता है।

कोई भी उद्यमी पढ़ा लिखा हो तो ठीक है, सबसे पहले सर्विस सेन्टर की शुरूआत कर सकता है। धीरे-धीरे वह इस काम को आगे बढ़ाते हुए कम्पलीट पैकेज सर्विस भी दे सकता है।

अब हम एक बात और कहना चाहेंगे। खेती में सरप्लस कमाने वाले बड़े किसान कई वर्षों तक सब्सिडी आधारित अर्थव्यवस्था के इतने आदि हो गये कि उन्होने नये प्रयास करना तक छोड़ दिया। छोटे और गरीब किसानों में इतनी सामर्थ्य नहीं है कि वह कुछ नया कर सकें। इसलिये नयी पहल की जिम्मेदारी जिन लोगों पर थी, उन्होने कुछ किया ही नहीं तो खेती में आज आमूलचूल बदलाव के लिये लोग किससे आशा रखें। अब वक्त आ गया है कि बड़े किसान नये अवसर का लाभ लें। उन्हें ही इस दिशा में अपने कदम बढ़ाने होंगे। 10-20 वर्ष पहले जो बड़े किसान थे वह अब छोटे किसान बनते जा रहे हैं। कुछ समय पहले तक नौकरियां मिल जाती थीं किन्तु अब नौकरियां मिलना भी मुश्किल हो गया है। ऐसे में उनकी नई पीढियों के लिये एग्री-बिजनेस एक स्वर्ण अवसर हैं।

हमारा तो यह भी मानना है कि यदि उन्होने शीघ्र कुछ नहीं किया तो शहरी लोग इस क्षेत्र में आ जायेंगे। हालांकि उनके लिये इसमें थोड़ी मुश्किलें जरूर होंगी, लेकिन अन्य प्रकार के उद्योगों में छाई मन्दी और रोजगार के कम होते जा रहे अवसरों के सामनें उन्हें यह भी एक अच्छा विकल्प दिखाई दे रहा है।

एग्रीबिजनेस 21वीं शताब्दी का स्वर्णिम अवसर है, इसका लाभ लें। इस दिशा में भारत सरकार के कृषि मंत्रालय के अधीन आने वाली संस्था मेनेज, हैदराबाद द्वारा एक दो वर्षीय एग्री बिजनेस मेनेजमेन्ट कोर्स की शुरूआत की गई। इसमें विघार्थी 2-3 लाख रूपये खर्च कर इस कोर्स को करके 4-5 लाख रूपये तक सालाना वेतन की नौकरियां प्राप्त कर रहे हैं। इसी का एक सब सेन्टर वर्ष 2001-2002 में नियाम, जयपुर में भी खुल चुका है। इस देश के युवकों के लिये यह एक नई एवं शानदार संभावना है।

बहुत जल्दी यह वक्त आने वाला है।

फल-सब्जियां खाइए, बीमारियां दूर भगाइए

न्यूयार्क। फोटोकैमिकल्स पौधों में पाए जाने वाले कई रसायन ऐसे होते हैं, जो पौधों में रंग और स्वाद के चयन में महत्त्वपूर्ण भूमिकाएं निभाते हैं। इसके अलावा ये रसायन पौधों में होने वाली बीमारियों से भी उन्हें बचाते हैं और इनसे प्राप्त फल और सब्जियां खाने से ये रसायन हमारे शरीर में भी रोग प्रतिरोधक शक्ति को बढावा देते हैं तथा कई बीमारियों से हमें बचाते हैं। इसमें कैंसर जैसी भयानक बीमारी भी शामिल है। आइए जानें कि इस तरह के फल और सब्जियों में क्या-क्या गुण हैं?

बंदगोभी- बंदगोभी में इनडोल्स नामक ऐसा पदार्थ होता है, जो हमें कैंसर से बचाने में सहायक होता है। बंदगोभी का उपयोग अक्सर हम सलाद और सैंडविच में करते हैं, जिससे इनडोल्स हमारे शरीर में पहुंचकर हमारे सैक्स रोमांस को शक्तिशाली बनाते हैं। इसे हम सूप द्वारा भी ग्रहण कर सकते हैं। बंदगोभी को गर्म करने से भी इनडोल्स का कुछ नहीं बिगड़ता।

प्याज- यह घरों में उपयोग की जाने वाली एक आम सब्जी है। इसके भीतर 50 से भी अधिक फोटोकेमिकल्स पाए जाते हैं, जिनमें एलिलिक सल्फाइड नामक रसायन के समूह कैंसर से हमारी रक्षा करते हैं। चीन में किए गए एक सर्वेक्षण के अनुसार जिन स्थानों पर प्याज की खपत अधिक हुई, वहां उदर संबंधी कैंसर होने की दर कम पाई गई।

शिमला मिर्च- शिमला मिर्च में कैपसेइसिन नामक पदार्थ इसे 'हाट' सब्जियों की श्रेणी में लाता है और यह पेट के अल्सर जैसी घातक बीमारियों से हमारी रक्षा करता है।

नीबू- नीबू क्षारीय फलों में गिना जाता है और इसमें मानोटरपिनिस नामक रसायन पाया जाता है, जो हमारी कोशिकाओं के साथ मिलकर हमें अन्य बीमारियों से निजात दिलाता है। **सोयाबीन-** अध्ययन से यह पता चला है कि सोयाबीन हमें हृदय संबंधी बीमारियों से बचाता है। सोयाबीन में इसोफ्लेवोनिस नामक रसायन कोशिकाओं के भीतर मिलकर शरीर में हृदय संबंधित बीमारियों के विकास को रोकता है और कैंसर से भी हमारी रक्षा करता है। महिलाओं के स्तन कैंसर को सोयाबीन द्वारा बहुत हद तक नियंत्रित किया जा सकता है।

स्ट्राबेरी- स्वादिष्ट फल स्ट्राबेरी भी किसी से कम नहीं है। इसके भीतर एलेजिक एसिड पाया जाता है, जो कैंसर से हमारी रक्षा करने में सहायक होता है। स्ट्राबेरी को अमूमन हम मिल्कशेक और आइसक्रीम में खाते हैं और एलेजिक एसिड स्ट्राबेरी को गर्म या ठंडा करके खाने पर भी खत्म नहीं होता है।

टमाटर- टमाटर एक ऐसी चीज है, जिसका प्रतिदिन सेवन करने से आपके खून में वृद्धि होती है और यह आपकी आयु बढ़ाने में भी सहायता प्रदान करता है।

Hindustan Times

Friday, November 30, 2001

Industry eager to jump onto biotech bandwagon

K V LAKSHMANA

NOW THAT the hyped high-tech bubble has burst, small and medium entrepreneurs, and even some bigger guns, have begun to zero in on emerging biotech and related fields. So lured by the promise of profits that vermiculture holds is that this Delhi-based mosquito coil manufacturer, Knight Queen Group of Industries, is landing here for a technology tie-up with Jaipur-based MR Morarka-GDC Rural Research Foundation.

The foundation, which has done pioneering research work in vermiculture, is also being pursued by Gujarat-based Gujarat Narmada Valley Fertiliser Company for technology transfer and training so that it too can manufacture and market vermicompost, a natural fertiliser. Application of this fertiliser could lead to larger exports of 'natural' vegetables that are now in fashion in the developed world. Of course, the farmers will have to meet the exacting standards that Western nations set for agro products.

Seven big business and industrial houses have begun to explore possibilities for setting up of large-scale units (10,000 MT per annum capacity) with the help of the research foundation.

Lure of profits is the main reason behind the clamour of companies, at present dealing with as diverse products as mosquito coil, transformers, low end engineering goods, IT and fertilisers. The technology is both simple and available free of cost from the foundation, which would give it to anybody and everybody who approaches the body.

Vermiculture is the process through which vermicompost is manufactured. Such is the success story of farmers of Shekhawati region have now emerged as the world's largest vermicompost manufacturers within just two years. In Jhunjhunu, over 23 per cent of the farmers have reported additional price gain from the sale of agricultural produce. Actually, use of vermicompost reduces the agriculture input costs by 30 per cent, Gupta asserted.

Besides what sounds incredible to the entrepreneurs queuing up before the foundation is the low capital investment requirement, easy availability of raw materials and availability of free-of -cost readymade technology.

Said project director at the foundation, Mukesh Gupta, "even though work in this field began abroad, we discovered it through a science journal and later innovated the technique further to evolve a highly cost-eefective manufacturing process. Even a small farmer from Shekhawati region is earning Rs 2,000 per month by selling the vermicompost manufactured from his tiny unit, he said.

"It is possible to manufacture vermicompst worth Rs 20 crore in the market with an investment of just Rs 5 crore," said Gupta. He added that "which is perhaps why large companies are evincing keen interest in us." The foundation, which picked up this stream of biotechnology just six years ago, has proved that it is possible to turn waste material into money.

The Morarka research foundation is also besieged with requests from other research bodies, corporate entities and educational institutes for presentations.

Even the CII wants the foundation to make a presentation. Member, National Commission for Scheduled castes (SCs) and Scheduled Tribes (STs), C Chellappan, has requested the foundation to train members of the weaker and deprived sections of the society, so that they too can benefit from this innovation.

Business Standard
NEW DELHI MONDAY 1 OCTOBER 2001

M&M weighs foray into biotechnology

Arijit De & V Phani Kumar
MUMBAI, 30 SEPTEMBER

Mahindra & Mahindra (M&M), the tractors and utility vehicles major, is planning to foray into biotechnology. The company, which is looking at corporate farming as an extension of its tractors business, is planning to purchase tracts of land in Gujarat for starting a pilot project.

"We will take a formal decision on the business provided the pilot project takes off. Our focus will be on tissue-culture that, if successful, will help farmers get a better yield," said Anand Mahindra, vice chairman and managing director. The company has already put together a team of officials, comprising agricultural and plant technology experts, who would be focusing on improving farm productivity.

Mahindra said, "We would like to go out there to try and implement new farming techniques, put them to use, and find a business model for it. We are going to focus on the application of biotechnology to raise yields in the field."

The new foray would include work in tissue colour and related areas, which would increase M&M's direct involvement with farmers and agriculture. The pilot project, which is expected to take off soon, will last for about 18 months, or two crop seasons. At the end of it, if the results are encouraging, the company plans to take it further and replicate it at the national level.

NABARD to tap talent of agriculture graduates

ECOWISE
K V Lakshmanan

THE NATIONAL Bank for Agriculture and Rural Development (NABARD) has launched a new scheme to spot and nurture entreprenurial talent among agriculture graduates, willing to strike on their own.

So what is exciting about yet another development agency treading the beaten path to nowhere, you may ask. And you would be right, wiser to the track record, nature and quantum of 'achievements' of such schemes and programmes by government.

At the very first glance and taken in isolation, the NABARD scheme too seems just like any other well-intentioned-but poorly-implemented state-run developmental project, which may very well end up like one such entity.

However, if one has kept a watch on some of the recent developments at Doha ministerial meeting of the multilateral trade forum the significance of timing and content of the NABARD scheme seems all the more promising.

The intentions of the NABARD to equip youth with the means to exploit the potential agriculture and agro-based micro businesses present in a changing global trade scenario need to be clearly supported by one and all. For, even before the NABARD stepped in, there are several inspiring success stories of mirco businesses generating wealth, enabling entreprenurs lead a more than comfortable life.

And this is happening when large corporations, in almost every sector of industrial and service sector, are laying of workers to downsize operations and reduce costs

One such example, right here in the Pink City, has two relatively young ladies doing the unthinkable — growing vegetables and marketing them proftably — should inspire several others. That they are an educated couple, a nutritional expert and a housewife married into an agricultural family, makes their growing enterprise more of an inspiration to the educated unemployed.

Then there is this other person, who is highly-educated, making money from decorative plants and flowers. Yes, horticulture too can be a steady income generator if the effort is focused and professional in its approach.

The presence of a host of government owned and private institutes conducting training programmes for aspiring entrepreneurs should infuse a sense of confidence to youth, that they too can do it.

Viewed in this context, both timing and content of the NABARD's new scheme assumes more and more practical significance, especially given the fact that European Union (EU) would be removing domestic and export subsidies to its own farmers and open its markets to produce from digfferent developing countries such as India.

Even if the export front is discounted, the self employment generating potential the State's nascent food processing inductry holds should be a source of confidence to self starters. And if an agency like NABARD comes forward to help aspiring entrepreneurs even with seed money requirements, the opportunity muct not be missed.

The development agency promises to bring banks and other financial institutions around to simplifying loan approval norms for educated unemployed. It all depends on the manner in which the scheme is viewed. One would be as right as to dismiss it as useless old wine in new bottle as to adopt a positive approach and make the most of it.

Of course it all depends on the sincerity and seriousness with which the NABARD implements the scheme. One hopes, for our sake, that this scheme works and goes on to restore faith of the people in anything 'governmental' and helps build a belief that positive things are possible.

Even at a time when any and every government claim is viewed with suspicion (if one is charitable) and rejected as 'humbug' (if one is motivated enough).

Let us hope that some young Rajasthanis try and take advantage of the National Bank of Agriculture and Rural Development's (NABARD) scheme and prove the cynics wrong. If the agency fails, it would be nothing new. But then again, who knows, it might even succeed.

अभ्यास, विवरण एवं विश्लेषण–10

1. क्या ओर्गेनिक फार्मिंग न्यूट्रिशन की समस्या को दूर कर सकेगी (Would organic farming be able to solve the problem of nutrition) ....

2. क्या ओर्गेनिक फार्मिंग सूखा प्रभावित क्षेत्रों में सफल हो सकेगी (**Would organic farming be** able to succeed in dry areas)

3. क्या ओर्गेनिक फार्मिंग महिलाओं के लिये नये अवसरों को जन्म देगी (**Would organic farming provide new opportunities for women)**

4. ओर्गेनिक फार्मिंग कृषि के क्षेत्र में रोजगार के कौनसे नये अवसर पैदा कर सकेगी (What are the new agri-business opportunities, that will come because of organic farming)

परिशिष्ट 1

INTERNATIONAL ORGANIC FOOD PRODUCTION AND MARKETS -A BRIEF REVIEW-

The world market for organic food production is estimated to be worth around $35 billion annually. Annual growth rates of worldwide sales are between 10-30 percent. It is estimated that the market could be worth between $110 and $190 billion by 2006.

The USA is the biggest market for organic food, Japan is the second largest market and is predicted to become the world's largest per capita consumer of organic food with total sales reaching $50-70 billion in next ten years. Europe is another major player in the world organic market with total European sales expected to reach $85 billion by 2006.

More than 130 countries currently produce commercial quantities of certified organic food and agricultural products. Strong consumer demands, high premiums and government subsidies to convert organic production methods are driving further growth in the production, on current trends up to 30 percent of European agricultural land could be certified organic within the next ten years. Despite the growth in production, some of the larger consumer of organic food (the USA, France, UK, Japan) still have less than one percent of land devoted to Organic production and thus are heavily reliant on imported organic products.

It is thought that developing countries, where existing agricultural production techniques are dependent on lower inputs and are close to being organic, could provide source of the production and growth needed to satisfy demand. Countries such as China are already facing difficulties in meeting and enforcing international organic standards.

Trends of organic production, processing and marketing for few major players of organic food market of the world are given below:

1. AUSTRALIA: The organic industry in Australia began to expand in the mid 1980s when more consumers became sensitive to health and environment issues relating to food and agriculture production. The organic agriculture represents around 1-2 percent of total Australian agriculture production. Most products are now available as certified organic produce, although some are in short supply.

Around 12% of organic production is situated in Victoria. However organic food processing, particularly for fruit juices, dairy products, flours and flour mixes is concentrated in Victoria, along with a wide range of retail sale of fresh produce.

2. USA: There are around 12,000 organic farms in the USA, of which about half are formally certified organic. The number of organic farms is increasing at the rate of 12 percent per year. The major organic crops by area produced in the USA, are grains and seeds

(33% in 1997), dry beans (11%), vegetables (4%), fruit (15%) and small amounts of herbs, nuts and coffee. Organic meat production is dominated by poultry for meat (64%) and eggs (28%) and also include dairy-cattle, beef, cattle, sheep and pigs.

The food processing is the fastest growing sector of the organic food industry and organic food is the fastest growing sector of the entire US food industry.

The USA is the world's largest market for organic products with sales worth over $15 billion per year. Although this is less than 2 percent of total food sales in the USA, the organic market has grown at around 20% each year for the past decade. In the United States, organic food generally attracts a premium of around 20% over conventional products.

In 1997, about one third of US organic production was exported. Major export markets for US organic food include Japan, Europe and Canada. Within Europe, the UK is the largest market for US exports ($57 million), followed by Germany ($39 million), the Netherlands ($25 million) and France ($880000). The largest exports are of grains, beans with growing demand for fresh and dried fruit, frozen vegetable, nuts, wine, juice, snacks and prepared food.

3. JAPAN: Major domestic organic production in Japan is on small farms, but future production is likely to be dominated by large producer cooperatives and agricultural co-operations. Organic food production comprises of fresh vegetables (53%), rice (24%) and fresh fruit (22%). It is estimated that about 1 percent of vegetable production is organic.

Organic processing in Japan includes milk, coffee, tea, snack foods, flax seed oil, canola oil, sesonce ail, vinegar paste, ingredients, biodynamic premix flour, noodles, bread, cola, beef, chicken, spreads and beverages.

Japan has the second largest market for organic products of the world, valued at over $6 billion in 2000 and growing annually at the rate of 15 percent. The product category is fresh fruit and vegetables, rice and processed foods. The most common form of distribution of organic products within Japan is by home delivery with consumer co-operatives and super markets being the most important retail outlets.

The estimates of organic produce imported range from 4 to 80 percent of total organic sales. As much of Japanese domestic production is "reduced" chemical rather than organic, the figure of import is likely to be closer to 80 percent for "true" organic products.

Major exporters of organic food to Japan are the USA, Europe, New Zealand and China. Most rely on the Consumers Co-operative Union to arrange imports.

4. UNITED KINGDOM: The UK has 527323 (3563 farms) hectares of farmland under certified organic production. The area devoted to organic production is increasing at around

50 percent per year and it is predicted that 10% of agricultural land will be certified by 2007. Government subsidies are used to encourage farmers to convert to organic production systems. Expanding domestic production should increase the market share supplied by UK producers from 30 to 50 percent and increase the organic share of total agricultural production to 1.5 percent.

The market for organic food products in the UK is worth $1.2 to 1.7 billion every year. It is estimated that the market could be worth $18-21 billion by 2006. Demand is currently growing faster (40%) than supply (25%) per annum. Organic produce currently accounts for around one percent of total food sales in the UK, but this is expected to increase to 8-10 percent as the market expands. About 11 percent of all meat sales are organic, with demand pushed up by disease and animal welfare concerns.

Supermarkets chains are the most important distribution method for organic food, accounting for 69 percent of sales. Independent retailers accounted for 16 percent of sales and markets 15 percent. Organic food products command a 25 to 50 percent premiums in the UK, with an average premium of around 33 percent over conventional food.

Around 70% of the products are imported, as demand for organic food in the UK, currently outstrips supply. The products are imported mainly from European countries, such as Sweden, France and Germany.

5. GERMANY: Germany is one of the largest producer and consumers of organic food products in Europe. In 1998, 8227 farmers and 546023 hectares (12732 farms) were certified organic accounting for about 2.5 percent of agricultural land. Germany is the biggest organic dairy produces in the EU. About 6.3 percent of pulses are produced using organic methods, 0.8 percent of grains. 5.9 percent of vegetables, 4.0 percent of fruit, 2.0 percent of beef, 11.5 percent of sheep and goats, 1.1 percent of milk and 1.0 percent premium of wine.

The Garman market for organic food is worth $4.8 billion and has been growing at over 10 percent per year. German consumers are willing to pay a premium of 20-25 percent for organic products, however some stores are changing 40 percent for organic food.

Organic food imports into Germany were worth $575 million in 1996. Spain and Italy are the largest exporters of organic food to Germany and the USA is the most important source outside Europe.

6. FRANCE: About 370000 hectares of land (9260 farms) is certified organic accounting for 0.3 percent of total cultivated land. The French government is offering subsidies worth $12.5 million to farmers with the aim of increasing organic market share from 0.4 to 2.25-3 percent of total food consumption.

The French Market for organic food is worth about $2.4 billion and accounts for between 0.4 and 1 percent of total food sales. The market has been growing by about 15 percent.

Fresh fruits and vegetables account for 40 percent of organic food sales, followed by grains, processed cereals products, oil, wine and fruit juice. Premiums paid for organic produce in France vary from 20 to 30 percent on cereals and vegetables and up to 100 percent more paid for dairy and meat products.

Between 15-17 percent of organic food production in France is exported. Exports one dominated by value added grain products and bulk cereals going to Germany and Scandinavia. There has been strong trend of import growth of around 20 percent each year since 1993 with 300000 tones of organic food worth $75 million imported in 1998.

7. CHINA: There are 1360 types of organic food produced and processed in China with annual output of 10 million tones, about one percent of total agricultural production. 742 farms are certified organic only 20% of organic food production is processed, compared with 80% in most developed countries.

The Chinese market for organic food is worth around $ 2.3 billion and is expected to reach $4.8 billion in next few years. Organic foods available in China are fresh vegetables, dairy products, fresh or live poultry and seafood. Chinese consumers are price sensitive and premiums are generally low (10%), there are some 30-50% premium on AA grade products.

China exports particularly to Japan and Europe. China's greatest difficulty in penetrating international markets is enforcing national and international organic standards.

8. THE NETHERLANDS: 27820 hectares of land is certified organic (1391 farms). The market for organic food is valued at around $1.3 billion. Organic products currently receive a premium of 20 percent in the Dutch market. The Netherlands plays an important role as an entry point for organic products destined for other European Countries.

9. DENMARK: About 6% of Danish agricultural production is certified organic. About 165258 hectares of land is certified organic, with a further 800 under conversion, the Danish market for organic food is worth just over $1 billion per annum. Organic milk is exported to Germany and most of domestic production is exported to the UK and Germany.

10. ITALY: 1040377 hectares (51120 farms), 5.7 percent of total agricultural land, is devoted to organic farming 40% of organic production is for fodder, with fruit and vegetables making up 10 percent. Italy also have 1300 processing units of organic food.

The domestic market is worth between $1.7 and $2 billion. The market is growing quickly at 20 to 40 percent every year. Premiums paid for organic food in Italy range from 20 to 200 percent.

Half of total organic production is exported to Northern Europe, Argentina and Chile.

11. AUSTRIA: 19031 organic farms and 271950 hectare of certified organic agricultural land representing 10 percent of the total agricultural area.

The market for organic products in Austria is worth around $750 million. Organic products generally attract a premium of 25 to 30 percent.

One-third of total Austrian output is exported to Germany, UK and Sweden.

12. SPAIN: Large producer of organic products with 380838 (13424 farms) hectares are certified organic farmland. Consumption of organic products is limited to less than one percent of the total food market. About 80 percent of production is exported mainly to Germany and the UK. Half of the all-organic foods are imported from Germany and the Netherlands.

13. NEW ZEALAND: Only one percent of New Zealand farms are certified organic, however there are prospects and widespread support for between 5 and 10 percent of farms to be certified organic in the long term.

The domestic market is worth $24 million and growing at the rate of 50 percent per year. Premiums paid on organic food are generally around 15 percent. Total exports from New Zealand of organic products are worth $50 million every year and growing over 50 percent annually. Europe, Japan and USA are major importers from New Zealand of organic fresh fruits, pane and fruits.

Source:

Organic Food World Market Report-2001.
Department of Natural Resource and Environment, Victoria, Australia.

टिप्पणी:

विश्व के कुछ प्रमुख देशों के बारे में संकलित इस जानकारी के आधार पर यह अवश्य कहा जा सकता है कि अब हमें समय नहीं गवाना चाहिये। भारत में ओर्गेनिक फार्मिंग की शुरूआत हो चुकी है। हमारा मानना है कि बीसवीं शताब्दी के अन्तिम दशक में भारत ने आई.टी. के क्षेत्र में एक पहली विश्व स्तरीय पहचान बनाई थी। इक्कीसवीं शताब्दी में हम वर्तमान में ओर्गेनिक तरीकों से उगाये जा रहे भोजन पदार्थों के मात्र दस प्रतिशत निर्यात द्वारा ही विश्व के सबसे बड़े प्लेयर बन सकते हैं। बहुत वर्षों तक आधुनिक तकनीक की मोनोपोली के कारण विकसित देशों से हम पिछड़ते रहे हैं, अब हमारे आगे निकलने का समय आ गया है।

ओर्गेनिक फार्मिंग के बड़े निर्यातक बनने के लिये हमें उत्पादन एवं विपणन दोनों ही क्षेत्रों में समान रूप से ध्यान देना होगा। इसके लिये हम प्रत्येक देश के लिये आवश्यक फूड बास्केट के अनुरूप अपनी स्ट्रेटेजी भी बना सकते हैं।

विश्व में ओर्गेनिक फार्मिंग के क्षेत्रफल की स्थिति

(Expansion of organic farming area as at 15.8.2001)

EU Countries	Hectares 1999	Hectares 2000	% Share of Hectares	+/- Hectares in %	Number of Farms
Italy	958687	1040377	7.01	+8.5	51120
Germany	452279	546023	3.20	+20.7	12732
UK	240000	527323	2.85	119+7	3563
Spain	352164	380838	1.11	+8.1	13424
France	316000	370000	1.31	+17.1	9260
Austria	272635	271950	8.42	-0.25	19031
Sweden	155674	171682	3.70	+17.7	3329
Denmark	146685	165258	5.5	+12.7	3466
Finland	137000	147423	6.79	+7.6	5225
Portugal	47974	50002	0.18	+4.2	763
Ireland	32478	32355	0.69	-0.4	1014
Netherlands	22997	27820	1.48	+20.9	1391
Greece	15849	24800	0.64	+56.5	5270
Belgium	18572	20263	0.94	+9.1	628
Luxembourg	1002	1030	0.81	+0	51
Total	**3,169,996**	**3,777,144**	**2.94**	**+19.5**	**130,267**

Source: SOL,D, www.SOEL.de

विश्व के कुछ चुने हुए देशों में ओर्गेनिक फूड की खपत

Consumption of organic food in selected countries ($ million)

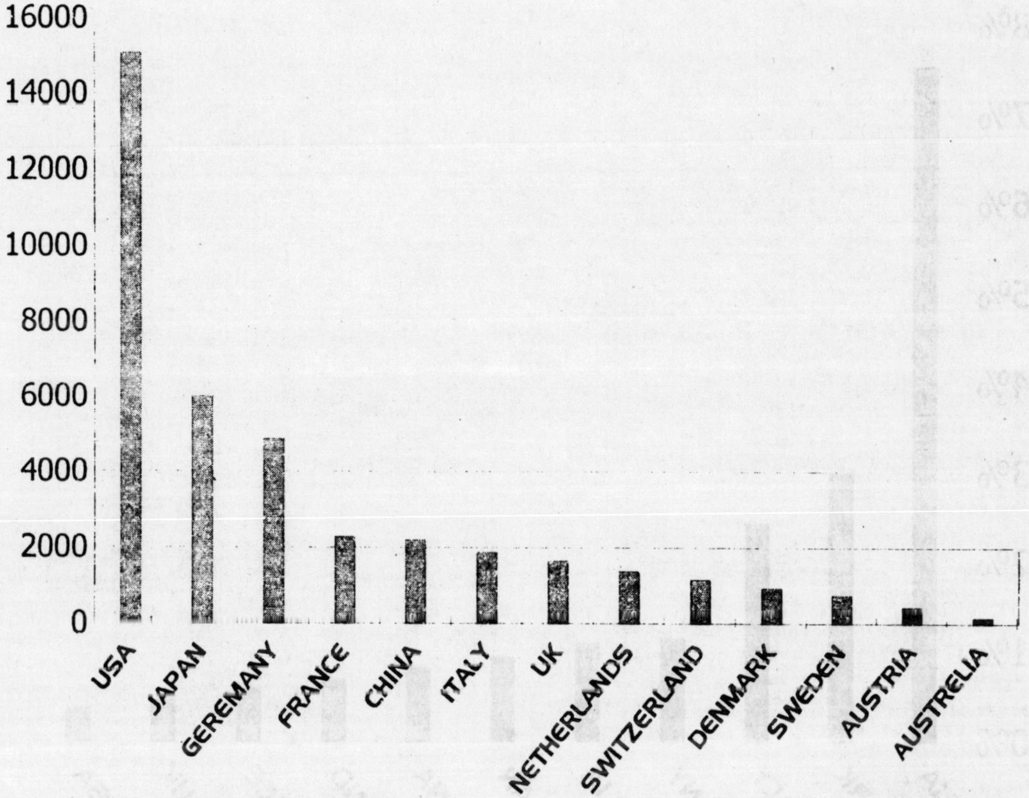

विश्व के कुछ चुने हुये देशों में ओर्गेनिक खेती का प्रतिशत

Importance of organic agriculture in selected countries
(Organic agriculture as % of total agricultural land)

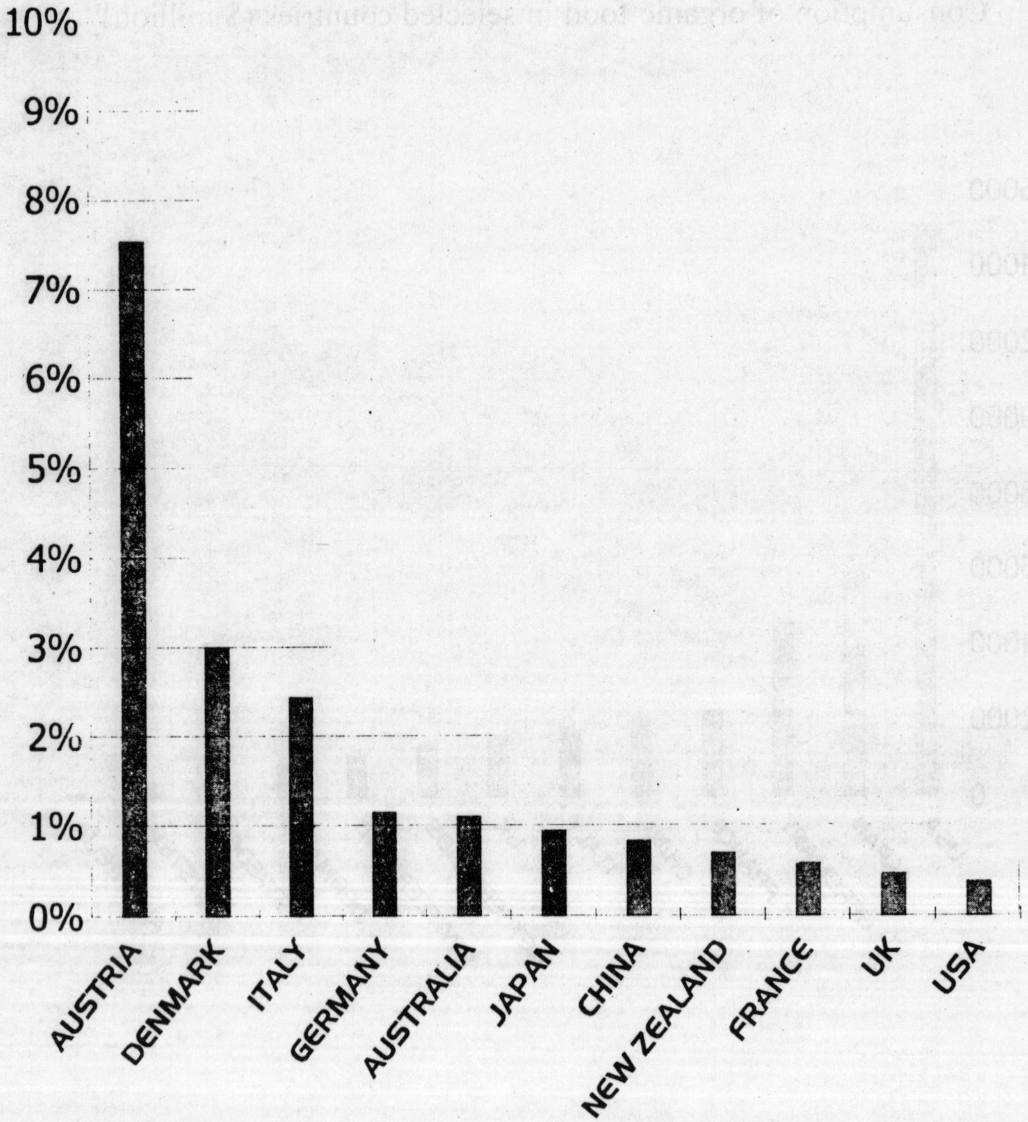

परिशिष्ट 2

IFOAM List of International Certifications Agencies & their Members's Adddress in India

International Federation of Organic Agriculture Mo ements (IFOAM)
IFOAM Head Office, c/o Okozentrum Imsbach,
D-66636, Tholey-Theley
Website: www.ifoam.org

Information Point of India:
Prabha Mahale (Coordinator),
M-13/27, DLF Phase II,
Gurgaon-122 002, Haryana
Tel: 0124-6388769, Email: prabhamahale@vsnl.com

THE INTERNATIONAL ORGANIC ACCREDITATION SERVICES (IOAS)
Suite#15, 118 ½ 1st Ave. South,
Jamestown, ND 58401 (USA)
Tel: +1-701-252-4070, Fax: +1-701-252-4124
Email: ioas@csibable.net

IFOAM ACCREDITED CERTIFICATION BODIES (ACBs)

Naturland e.V
Kleinhaderner Weg 1, 82166 Grafelfing,
Germany
Fax: +49-8989-8082-90
Email: naturland@naturland.de

The National Certifier of China
OFDC
8 Jianwangmiao Street
P.O. Box 4202
Nanjing 210 042, PR China
Fax: +86 25 5420606
Website: www.ofdc.org.cn, Email: ofdcsepa@public1ptt.js.cn

Organic Tea Research and Development Centre
Tea Research Institute
Yunqi Road 1, Hanghou 310 008, China
Tel: +81-571-8659059, Fax: +81-571-86590056
Email: trichina@mail.hz.cj.cn
Web: www.organicteachina.com

Demeter International
Michiel Rietveld (Secretary)
P.O. Box No. 17
NL-3970 AA Driebergen
Tel: ++31/343-512925, Fax: ++31/343-533865
Email: info@kraaybeekerhof.nl

IFOAM MEMBERS IN INDIA

AME-Agriculture Man Ecology
P.O. Box 7836, 368 4th Cross, III Phase
J.P. Nagar
Bangalor 560 078
Tel: 80-658-2303, Fax: 80-658-3471
Email: amebang@giasbg01.vsnl.net.in

Ambootia Sampad Vikas
Sanjay Prakash Bansal
34-A Metcalfe Street
Calcutta 700 013
Tel: 33-260015, 269512, Fax: 33-2259511

BCPSI-Biological Cultivation of Plants Society of India
Pawan Kr. Singhania
39/1, Central Road
Behind Ramthakur Ashram, Javdapur
Calcutta 700 032
Tel & Fax: 33-4124188
Web: www.bioagro.net

ENCON-Division of DECP
Vetha Anbu Selvam Daniel
Kanchan Nagar, Nakshatrawadi
Aurangabad,
Maharashtra State 431 002
Tel: 240-376336, Fax: 240-376866
Email: danielav@md3.vsnl.net.in
Web: www.business.com/decp/

EAB-Enfield Agrobase
C.Sundare Rao
No.3, First Cross Street
Kasturbai Nagar, Adyar
Chennai 600 020
Tel: 44-4420605, Fax: 44-4911396
Email: eab@md3.vsnl.net.in
Web:www. enfieldagro.com

Geag-Gorakhpur Environmental Action Group
Shiraz A. Wajih
224, Purdilpur, M.G. College Road
Tel: 551-339774, Fax: 551-344832
Email: geag@nde.vsnl.net.in
Web: www.geag.org

GREEN Foundation
Vanaja Ramprasad
P.O. Box 7651 Bilekahalli
Bannerghatta Road
Bangalore 560 076
Tel: 80-6097393, Fax: 80-6591729
Email: van@vsnl.com

IMO Control
Umesh Chandrasekhar
78, I Floor, 11th Cross,
Indiranagar 1st Stage
Bangalore, Karnataka
Tel & Fax: 80-5272185
Email: imoind@bir.vsnl.net.in

Indian Organic Food
Harpal Singh Grewal
Himalaya House, 1-142, Kirti Nagar
New Delhi 110 015
Tel: 5123901, Fax: 5437247
Email: himalaya@nda.vsnl.net.in
Web: www.indianorganicfood.com

IIRD-Institute for Integrated Rural Development
A.V. Daniel
P.O. Box 562, Kanchan Nagar, Nakshatrawadi
Aurangabad 431 002
Maharashtra
Tel: 240-332336, Fax: 240-322866
Email: iirdind@bom4.vsnl.net.in

COF-Campaings for Organic Farming
Kranti Prakash
Raghwendra Nivas, Nayatola
Muzaffarpur, Bihar
Tel: 621-247484
Email: kranti_prakash@hotmail.com

ICNEER-International Center for Networking, Ecology, Education & Reintegration
Shirin Gadhia
Old. GIDC Gundlav
Valsad 396 035, Gujrat
Tel & Fax: 2632-36703
Email: gadhia_solar@vsnl.com

Keystone Foundation
Mathew John
P.O. Box 35,
Kotarigi 643217 (T.N.)
Tel & Fax: 4622-72277
Email: keystone.ktg@vsnl.com

LEHO-Ladakh Environment and Health Organization
Razia Sultana
Himalaya Hotel Complex
Leh, Ladakh 194 101
Tel & Fax: 1982-52580

MDHP-Maa Danteshwari Herbal Products
Rajaram Tripathi
Near New Telephone Exchange Office
DNK Colony
Kondagaon 494 266
Tel: 7786-42920, Fax: 7786-42980

Magosan Exports
M.G. Sathyanarayana
157, Magosan Complex, Kukkujadka
Sullia 574 212
Tel: 8257-84228, Fax: 8297-84287

MSS-Manav Sẹva Sansthan
Asha Tripathi
L.I.G.I.-198, Vikas Nagar
P.O. Fertilizer
Gorakhpur 273 007
Tel: 551-261397, Fax: 551-261396
Email: manavseva@vsnl.com

Navadanya
Vandana Shiva
a-60, Hauz Khas
New Delhi- 110 016
Tel: 11-6853772, Fax: 11-6856795
Email: vshiva@giasdl01.vsnl.net.in

OASIS- Organic Agriculture-Scientific Society for Integrated Services
K.Mohan Naidu
49, Bharathi Colony, II Street
Peelamedu
Coimbatore 6410 004
Tel:+91-422-560661
E-mail:organic_agriculture@rediffmail.com

P.D.S.- Peermade Development Society
C. K. George
P.B.No.11
Peermade 685531
Idukki Dist. Kerala
Tel: +91-486-332496
Fax: +91-486-332096
E-mail:pdsexports@sify.com
Web:www.pdsorganicspice.com

PAF-People's Agricultural Farm
P. mariaselvam
Thiruvarangulam
Podukkottai Dist.622303
Tamilnadu
Tel: +91-4322-20613

PARF-Phalada Agro Research Foundations
C.M. Divakar Shastry
59-10/1 3rd Main Road
Gavipuram Extension
Banglore 560019
Tel: +91-80-6675038
Fax: +91-80-651426
Email: ccb@bgl.vsnl.net.nin
Web: www.phaladaagro.com

SEWAK-Society for Employment, Welfare & Agric. Knowledge
Harish Chander Tewari
A-46, Judge Farm, Haldwani
Haldwani Dist.
Nainital, U.P.
Tel: +91-59-4625260
Fax: +91-11-6882618

Email: cds.cds@axcess.net.in

SEVA-Society for Equitable Voluntary Actions
Asok Ghosh
3C Milan Apartment
52/3 Vidyayatan Sarani
Calcutta 700035
Tel: +91-33-5776365
E-mail: seva@cal2.vsnl.net.in

SAFE-Society for Sustainable Agriculture and Forest Ecology
M.Madhukar Reddy
Plot No.36, H.No.17-20/2
Dharmapuri Colony, Uppal
Hyderabad 500039
Tel: +91-40-7151769
Fax: +91-40-7202683

Vinayak Fats & Proteins
Dalmia Shiv Kishan
206, Bentick Chambers
37A Bentick Street
Calcutta-700069
Tel: +91-33-2485312
Fax: +91-33-2487032

Yardi & Soree India
Hay Soree
M-13/27- DLF City, Phase II
Gurgaon 122002
Haryana
Tel: +91-124-6388769
Fax: +91-124-6388900
E-mail: ysindia@giasdl01.vsnl.net.in

Associates:

APEDA-Agricultural & Processed Food Export Development Authority
S.Dave
Ncui Bldg, 3rd Floor, August Kranti Marg
New Delhi 110 016
Tel: +91-124-6388769
Fax: +91-124-6388900
E-mail: org@apeda.com
Web: www.apeda.com

BTTC-The Bombay Burmah Trading Corp.
D.J. Daruvala
Mudis Group Office, Mudis P.O.642117
Coimbatore District
Tamil Nadu
Tel: +91-4253-744244, Fax: +91-4253-744330
E-mail: bbtc@md4.vsnl.net.in

Mahesh Agri Exim
Thakker Mahesh
312 Sharda Chamber No.1 31
Keshavji Naik Rd, Bhat Bazar
Mumbai 400009
Tel: +91-22-3758388
Fax: +91-22-3738816
Email:mahesht@giasbm01.vsnl.net.in
Web: www.maheshagri.com

Priya Chemical
R.Y. Angle
2, Larissa, 396/B
Off. S. Temple Rd, Mahim
Mumbai 400016
Tel: +91-22-4449379
Fax: +91-22-4449459
E-mail:angle@bom2.vsnl.net.in
Web:www.priyachem.com

Spices Board
C.K.George
SPICES BOARD (Govt. of India)
Palarivattom P.O.
Cochin 682025
Kerala
Tel: +91-484-333610
Fax: +91-484-331429
E-mail: spicesboard@vsnl.com
Web: www.indianspices.com

Synergy Systems
B.Jacob
OS49, 4th Fl, GCDA Complex
Marine Drive
Cochin 682031
Tel: +91-484-360499
Fax: +91-484-373800
E-mail: synergee@satyam.net.in
Web: www.synergysys.org

Tea Promoters India
B. Mohan
30 Jawaharlal Nehru Rd.
17 Chowringhee Mansions
Calcutta 700016
Tel: +91-33-229-1660
Fax: +91-33-249-6879
E-mail: vmohan@cal.vsnl.net.in
Trade, Agr. Production, Rural Development, Education, Environment

UNTE-The United Nilgiri Tea Estates
D. Hedge
Chamraj Estate & P.O.
Nilgiris 643204
Tamil Nadu
Tel: +91-423-58737
Fax: +91-423-58837
Email: Chamraj@vsnl.com
Web:www.chamrajtea.com
Agr. Production, Trade, Environment, Social Justice/ Fair Trade

SGS Organic Production Standards
(A worldwide programme for organic production and processing)
Karin van Houten
Organic Certification Manager
SGS
P.O. Box 200
3200 AE Spijkenisse
The Netherlands
Tel: +31-181-693277, Fax: +31-181-693572
Email: Karin_van_houten@spsgroup.com
Website: www.sgsgroup.com

NEW MEMBER-NOVEMBER-2001

M.R. Morarka GDC Rural Research Foundation
RIICO Gem Stone Park, Tonk Road,
Durgapura, Jaipur, Rajasthan-302 011
Tel & Fax: 0141-720202, 720574
Email: morarkaf1@datainfosys.net
Website: www.morarkango.com
Contact Persons: Mr. Mukesh Gupta, Ms. Ravdeep Kaur, Mr. Om Prakash Dhaka, Mr. B.K. Lodha, Mr. Arvind Mishra, Mr. L.K. Chaturvedi, Mr. Satveer, Mr. Madan Puri Gosawami

DEFINITIONS FOR ORGANIC FARMING SUBJECTS BY IFOAM

Aesthetic Landscape Values: Relating to the senses, in particular the appreciation of the natural landscape. Elements of aesthetic landscape management include, but are not limited to, unifying or linking disparate parts of the landscape, providing seasonal change, colour, fragrance, texture, horizontal and vertical design components, enclosure or definition of space and screening undesirable views.

Accreditation: Procedure by which an authoritative body gives a formal recognition that a body or person is competent to carry out specific tasks.

Additive: An enrichment, supplement or other substance which may be added to a foodstuff to affect its keeping quality, consistency, colour, taste, smell or other technical property (For full definition, see Codex Alimentarius).

Ayurvedic: Traditional Indian medicine.

Biodiversity: The variety of life forms and ecosystem types on Earth. Includes genetic diversity (i.e. diversity within species), species diversity (i.e. the number and variety of species) and ecosystem diversity (total number of ecosystem types).

Breeding: Selection of plants or animals to reproduce and/or to further develop desired characteristics in succeeding generations.

Buffer zone : A clearly defined and identifiable boundary area bordering an organic production site that is established to limit application, or contact with, prohibited substances from an adjacent area.

Certification: The procedure by which a third party gives written assurance that a clearly identified process has been methodically assessed such that adequate confidence is provided that specified products conform to specified requirements.

Certification body: The body that conducts certification.

Certification mark: A certification body's sign, symbol or logo that identifies product(s) as being certified according to the rules of a programme operated by that certification body.

Certification programme: System operated by a certification body with its own rules, procedures and management for carrying out certifications of conformity.

Clean: To remove dirt, soil, food residue, mineral deposits, grease or other objectionable matter.

Contamination: Pollution of organic product or land; contact with any material that would render the product impure.

Conventional: Conventional means any material, production or processing practice that is not certified organic or organic "in-conversion".

Conversion period: The practice of alternating the species or families of annual and/or biennial crops grown on a specific field in a planned pattern or sequence so as to break weed, pest and disease cycles and to improve soil fertility and organic matter content.

Culture: A micro-organism, tissue, or organ growing on or in a media.

Derivatives of GOM's: Ingredients made from, by, with the help of, or through the action of GOM's, but where the end product does not necessarily contain GOM's.

Disinfect: To reduce, by physical or chemical means, the number of micro-organisms in the environment, to a level that does not compromise food safety or suitability.

Exception: Permission granted to an operator by a certification body to be excluded from the need to comply with normal requirements of the standards. Exceptions are granted on the basis of clear criteria, with clear justification and for a limited time period only.

Farm unit: The total area of land under control of one farmer or collective of farmers, and including all athe farming activities or enterprises.

Genetic diversity: Genetic diversity means the variability among living organisms from agricultural, forest and aquatic ecosystems; this includes diversity within species and between species.

Genetic engineering: Genetic engineering is a set of techniques from molecular biology (such as recombinant DNA) by which the genetic material of plants, animals, micro-organisms, cells and other biological units may be altered in ways or with results that could not be obtained by methods of natural mating and reproduction or natural recombination. Techniques of genetic modification include, but are not limited to: recombinant DNA, cell fusion, micro and macro injection, encapsulation, gene deletion and doubling. Genetically engineered organisms will not include organisms resulting from techniques such as conjugation, transudation and hybridization.

Genetically Modified Organism (GMO): A plant, animal, or microbe that is transformed by genetic engineering.

Genetic resources: Genetic resources means genetic material of actual or potential value.

Green manure: A crop that is incorporated into the soil for the purpose of soil improvement.

Habitat: The area over which a plant or animal species naturally exists; the area where a species occurs. Also used to indicate types of habitat, e.g. seashore, river bank, woodland, grassland.

Homeopathic treatment: Treatment of disease bases on administration of remedies prepared through dilution and succession of a substance that in large amounts produces symptoms in healthy animals similar to those of the disease itself.

IFOAM accreditation: Recognition by the International Organic Accreditation Service that a certification body is complying with the IFOAM Basis Standards and IFOAM Accreditation Criteria.

Indirect source organism: A plant, animal, or microbe derived from a GMO and used to produce a given input or ingredient.

Ingredient: Any substance, including a food additive, used in the manufacture or preparation of a food or present in the final product although possibly in a modified form.

Irradiation (ionizing radiation): High energy emissions from radio nucleotides, capable of altering a food's molecular structure for the purpose of controlling microbial contaminants, pathogens, parasites and pestes in food, preserving food or inhibiting physiological processes such as sprouting or ripening.

Labelling: Any written, printed or graphic representation that is present on the label of a product, accompanies the product, or is displayed near the product.

Media: The substance in which an organism, tissue, or organic exists.

Multiplication: The growing on of seed stock or plant material ton increase supply for future planting.

Natural fibers: A filament of plant or animal origin that is not synthetic.

Operator: An individual or business enterprise, responsible for ensuring that products meet and, if applicable, continue to meet, the requirements on which the certification is or will be bases.

Organic: "Organic" refers to the farming system and products described in the IFOAM Basic Standards and not to "organic chemistry".

Organic Integrity: Protection of organic product from compromise by commingling with non-organic product or contamination by a prohibited substance.

Organic product: A product which has been produced, processed, and/or handled in compliance with organic standards.

Organic seed and plant material: Seed and plant material that is propagated under organic management.

Organic variety (of crops): A variety obtained by breeding methods that are in compliance with the organic standards.

Parallel production: A producer, handler, or processor who grows, breeds, raise, handles, or processes the same product as certified organic and as otherwise. This includes (a) as non-organic, (b) in conversion or (c) organic but not certified. Parallel production is a special instance of split production.

Primary forest: Forest in a natural or near natural state, that has not been previously cleared.

Primary source organism: The specific plant, animal or microbe that produces a given input or ingredient, or that gives rise to a secondary or indirect organism that produces an input or ingredient (see also secondary and indirect source organism).

Processing aid: Any substance or material, not including apparatus or utensils, and non consumed as a food ingredient by itself, intentionally used in the processing of raw materials, foods or its ingredients, to fulfill a certain technological purpose during treatment or processing and which may result in the non-intentional, but unavoidable presence of residues or derivatives in the final product.

Propagation: The reproduction of plants by sexual (i.e. seed) or asexual (i.e. cutting, root division) means.

Sanitize: To adequately treat produce or food-contact surfaces by a process that is effective in destroying or substantially reducing the numbers of vegetative cells or micro-organisms, but without adversely affecting the product or its safety for the consumer.

Secondary source organism: A plant, animal, or microbe derived from a GMO and used to produce a given input or ingredient.

Split production: Where only part of the farm or processing nit is certified as organic. The remainder of the property may be (a) non-organic, (b) in conversion or (c) organic but not certified. Also see parallel production.

Substrate: The portion of media metabolised by an organism.

Synthetic: Manufactured by chemical and industrial processes. May include products not found in nature, or simulation of products from natural sources (but not extracted from natural raw materials).

टिप्पणीः

इन परिभाषाओं को समझने से हम अन्तरराष्ट्रीय टर्मिनोलोजी से परिचित हो सकते हैं।

परिशिष्ट 4

ओर्गेनिक फार्मिंग में रिसर्च की जरूरतें

अमेरिका में रिसर्च की जरूरतों को जानने के लिये किये गये तीसरे सर्वे की हम यहां संक्षिप्त जानकारी दे रहे हैं। हमारे देश से करीब 10 वर्ष आगे रहने के बाद भी इस सर्वे के दौरान जिस प्रकार की सूचनाऐं मिली हैं वह हमारी आज की स्थिति से बहुत मेल खाती हैं। अतः हमारा मानना है कि हम लोगों के लिये अब भी शुरूआत करने पर ठीक इसी प्रकार की रिसर्च करे जाने की जरूरतें हैं।

अमेरिका में ओर्गेनिक फार्मिंग रिसर्च फाउण्डेशन द्वारा किये गये तीसरे द्विवर्षिय सर्वे द्वारा प्राप्त परिणामों का संक्षिप्त विवरण

इस सर्वे के दौरान 1997 और 1998 में 15 पृष्ठों का 60 प्रश्नों वाला प्रपत्र 4638 सर्टिफाइड ओर्गेनिक किसानों को भेजा गया, इसमें से 1992 प्रपत्र वापस प्राप्त हुए। इस सर्वे द्वारा प्राप्त जानकारी को 8 भागों में विभाजित किया गया है, जिनके अनुसार भविष्य में निम्नलिखित रिसर्च किये जाने की आवश्यकता बताई गई है।

1. ओर्गेनिक फार्मिंग की उत्पादन विधियों में रिसर्च की जरूरतें।

- खरपतवार प्रबंध पर रिसर्च को पहली आवश्यकता माना गया।
- जमीन में पोषक तत्वों का प्रबंध एवं फसल की स्थिति।
- कीट एवं रोग प्रतिरोधकता।
- ओर्गेनिक फार्मिंग से प्राप्त उपज एवं उसमें पोषक तत्व (न्यूट्रिशन)।
- मिट्टी का जैव विज्ञान, फसल चक्र, और कवर क्रोपिंग का महत्व।
- ओर्गेनिक फार्मिंग में पशुपालन के सम्बन्ध में सबसे कम रिसर्च की जरूरत बताई गई।

2. ओर्गेनिक फार्मिंग की जानकारी के स्त्रोत

- अन्य किसान, कंसलटेन्ट, सप्लायर और संगठन सबसे अधिक फायदेमन्द रहे।
- ई–मेल, जनरल, रेडियो और टीवी सबसे कम उपयोगी बताये गये।
- भविष्य में कोन्फ्रेंस, वर्कशाप, सेमिनार एवं पुस्तकों द्वारा जानकारी देने को उपयोगी बताया गया।
- ओर्गेनिक फार्मिंग की सूचना के लिये उगभोक्ता एवं अन्य किसान संगठनों से मिलने वाली जानकारी सबसे अधिक उपयोगी रही।
- ओर्गेनिक गार्केटिंग की सूचना में सबसे महत्वपूर्ण कीमतों की जानकारी, उपभोक्ता की पसंद एवं उनकी लोकेशन को माना गया।

3. ओर्गेनिक उत्पादन में फसलें।

- सबसे अधिक उत्पादक सब्जियों, फूलों और ओर्नामेन्टल फसलों के रहे।
- दूसरे नम्बर पर फल, नट और वृक्षों वाली फसलों का है।
- क्षेत्रफल के अनुसार फील्ड क्रोप का उत्पादन सबसे अधिक किया गया।
- 27 प्रतिशत द्वारा ओर्गेनिक पशुपालन भी किया जा रहा है।

4. ओर्गेनिक मार्केटिंग

o ओर्गेनिक उत्पादकों में से 13 प्रतिशत सीधे उपभोक्ताओं को, 7 प्रतिशत द्वारा रिटेलर के माध्यम से तथा 80 प्रतिशत द्वारा होलसेलर के द्वारा बेचना बताया गया।

o भविष्य में सबसे अधिक किसान अपने उत्पादनों को स्थानीय उपभोक्ताओं को बेचना चाहते हैं। अधिकांश किसान अपने उत्पादनों की मात्रा बढ़ाने की योजना बना रहे हैं।

5. ओर्गेनिक प्रबंध की कार्ययोजना

o 46 प्रतिशत को अपनी जमीन की उर्वरा शक्ति का विकास करने में समस्या आ रही है।

o सभी किसानों को ओर्गेनिक खेती में खरपतवार की समस्या का समाधान चाहिये।

o रोग एवं कीट प्रबंध में क्रोप रोटेशन की तकनीक सबसे अधिक इस्तेमाल की गई।

o 72 प्रतिशत किसानों द्वारा जेनेटिकली मोडीफाइड इनपुट के इस्तेमाल पर रोक की जरूरत बताई गई।

6. ओर्गेनिक उत्पादन में सहायता, समस्याएँ और चैलेंज

o सबसे बड़ी समस्या मोर्डन फार्मिंग से ओर्गेनिक फार्मिंग में परिवर्तन के दौरान आती है। सूचना की कमी, अनुभव न होना तथा एक्सटेंशन एजेन्सी का उपयोगी न होना इस विषय में सबसे बड़ी दिक्कते हैं।

o ओर्गेनिक इनपुट की अनुपलब्धता, उनकी अधिक कीमत एवं दूर से उनको लाने के खर्च की समस्या भी है।

o ओर्गेनिक उत्पादन के बारे में उपभोक्ताओं की जानकारी की कमी है। ओर्गेनिक मार्केटिंग के नेटवर्क नहीं बने हैं और उत्पादक एवं उपभोक्ताओं के बीच बहुत दूरी है।

o पशुपालन में ओर्गेनिक फीड की बहुत बड़ी समस्या है। अभी नियमों की सही जानकारी नहीं है और इसके बाजार भी विकसित नहीं हुए हैं।

7. ओर्गेनिक सर्टिफिकेशन

o किसानों द्वारा अपनी सर्टिफिकेशन एजेन्सी को आमतौर पर बहुत अच्छा बताया गया। उनके द्वारा चार्ज की गई फीस भी ठीक बताई गई। इंसपेक्शन की क्वालिटी को 58 प्रतिशत ने बहुत अच्छा कहा।

o सर्टिफिकेशन एजेन्सी के किसानों के साथ काम करने, स्टेण्डर्ड की पालना कराने को बहुत अच्छा माना गया। लेकिन बड़े फार्म, आयातित उत्पादन एवं प्रोसेसिंग के स्तर पर इंसपेक्शन के बारे में कुछ शंका जाहिर की गई।

o नये नियमों में किसानों ने ओर्गेनिक स्टेण्डर्ड के स्तर को कम नहीं करने के लिये कहा।

8. फार्म मेनेजमेन्ट एवं किसानों को विवरण

o 74 प्रतिशत किसानों द्वारा अपने पूरे फार्म को ओर्गेनिक में तब्दील करा गया, 24 प्रतिशत दोनों तरह की खेती कर रहे हैं।

o 87 प्रतिशत ओर्गेनिक किसान परिवार के रूप में खेती कर रहे हैं और 62 प्रतिशत फुल टाइम किसान हैं। प्रति फार्म 140 एकड़ भूमि पर ओर्गेनिक खेती की जा रही है।

o अधिकतर किसानों की कुल आमदनी में खेती के अलावा अन्य आमदनी के स्त्रोत हैं।

o सर्वे में किसानों की औसत आयु 47 से 50 वर्ष रही जिसमें से 25 प्रतिशत 40 वर्ष से कम आयु के हैं। 40 प्रतिशत डिग्री स्तर तक पढ़े लिखे हैं और कुल सर्वे में 21 प्रतिशत महिलाओं ने भाग लिया।

भारत में भी ओर्गेनिक फार्मिंग के विकास में इन विषयों पर लगातार रिसर्च करने की जरूरत है।

परिशिष्ठ 5

खेती में जेनेटिक इंजिनियरिंग के बढ़ते कदम

लेखक का मत किसी एक प्रकार की पद्धति को आगे बढ़ाने और दूसरी पद्धति को कम करके आंकने का नहीं है। हमारा कुल मिलाकर यह प्रयास है कि किसान जो भी निर्णय करें वह उपलब्ध सूचना के आधार पर हो और वे अपना फैसला सभी विकल्पों पर विचार करने के बाद ही लें।

इस पुस्तक के प्रारम्भ में हमने लिखा कि खेती की पैदावार बढ़ाने के लिये वर्तमान में दो विचारधाराऐं प्रचलित है। एक विचारधारा के अनुसार पूर्णतया प्राकृतिक तरीकों को अपनाने से ही टिकाऊ खेती किया जाना संभव है और ओर्गेनिक फार्मिंग इस विचारधारा की सकारात्मक परिणती है। यह पूरी पुस्तक इस विषय के बारे में ही लिखी गई है। एक दूसरी विचारधारा के अनुसार जेनेटिक इंजिनियरिंग द्वारा खेती में आमूल चूल बदलाव लाने की खोज भी चल रही है। हालांकि ओर्गेनिक फार्मिंग के लिये बनाये गये नियमों के तहत जेनेटिक इंजिनियरिंग के उपयोग को ओर्गेनिक फार्मिंग में पूर्णतया प्रतिबंधित किया हुआ है। लेकिन हमारा मानना है कि पाठक इस विषय के प्रारम्भिक ज्ञान एवं अपनी समझ के अनुसार अपने लिये सही फैसला कर सकते हैं। यहां हम जेनेटिक इंजिरियरिंग द्वारा खेती में जिस प्रकार के विकास की संभावनाऐं हैं, उनका संक्षिप्त विवरण दे रहे हैं।

1. सबसे पहले हाइब्रिड वैरायटी के विकास में दो पौधों की महत्वपूर्ण जीनों को मिलाकर नये पौधे तैयार किये गये। नये पौधे अपने मातृ पौधों से बेहतर साबित हुए। कई प्रकार के अनाज मसलन गेहूं, चावल इत्यादि तथा पशुओं में संकर नस्ल की गाय, भेड़ इत्यादि इस जेनेटिक इंजिनियरिंग का ही कमाल है।

2. आज एक प्रकार की काई स्पाइरूलिना से लड्डू,बट्टियां, बिस्किट इत्यादि बनाये जा रहे है। वैज्ञानिकों ने जौ की कई ऐसी किस्में विकसित कर ली हैं, जिनको खाने में लोग नाक भौं सिकोड़ना बन्द कर देंगे।

3. शुरूआती दौर में जीन मिलाप का यह काम वनस्पति जगत की जीनों की छेड़छाड़ से प्रारम्भ हुआ था, लेकिन अब यह वनस्पति और जंतु जगत की जीनों को मिलाकर किया जाने लगा है। उदाहरण के लिये मछली के एक जीन को निकाल कर गेहूं में मिला देने से उसमें प्रोटीन की मात्रा बढ़ा दी गई है। इस क्षेत्र में काम करने वाले वैज्ञानिकों का मानना है कि विभिन्न खाद्य पदार्थों में तरह–तरह के जीन डाल दिये जाएं तो उनकी पोष्टिकता बढ़ सकती है। एक ही जीन ताल में सारी जीन समाजाना ही परजीनी फसलों (जेनेटिकली मोडिफाइड) को जन्म देता है।

4. अकेले अमेरिका में पराजीनी फसलों का क्षेत्रफल 5 करोड़ एकड़ भूमि में फैल चुका है। चीन एवं कई अन्य देशों में सोयाबीन, मक्का, तिलहन, आलू आदि की पराजीनी फसलों का उत्पादन कई करोड़ एकड़ जमीन में होने लगा है। बी.टी. कोटन भी इसी जीनियागिरी का कमाल है। हालांकि भारत में अभी भी इस विषय पर कई अलग–अलग मत् हैं, और गुजरात में वर्ष 2001 से बी.टी. कोटन को लेकर अच्छा खासा बवेला मचा हुआ है।

5. जवाहर लाल नेहरू विश्वविद्यालय के कृषि वैज्ञानिकों ने रामदाने में से प्रोटीन बनाने वाला जीन निकाल कर आलू में डाल दिया है। रामदाना जंगली खाद्य है और प्रोटीन की इसमें बहुत अधिक मात्रा होती है। आलू में रामदाने के जीन अब सामान्य आलू को सुपर आलू बना रहे हैं।

6. भारतीय कृषि अनुसंधान परिषद के नेशनल प्लांट बायोटेक्नोलोजी सेंटर के वैज्ञानिकों ने जेली फिश की वह जीन ढूंढ़ निकाली जो चमक पैदा करती है। इस जीन को अरहर के पौधों में डाल दिया। जीन ने अरहर की कोशिकाओं में पहुंचते ही चमक दिखानी शुरू कर दी।

7. कैलिफोर्निया के वैज्ञानिकों ने बर्फीले पानी में सहज जीवन बिताने वाली एक मछली विंटर प्लाउंडर के शरीर से वह जीन ढूंढ निकाला जो उसे जमाव बिंदु पर भी सहज रखता है, अब इस जीन को टमाटर में डालकर नये टमाटरों को बहुत ठंडे एवं बर्फीले मौसम में उगाया जा रहा है।

8. पौधों में होने वाली पोषक तत्व की कमी को जानने के लिये ब्रिटेन के वैज्ञानिकों ने जेली फिश के शरीर से नीली रोशनी पैदा करने वाले जीन को निकाल कर आलू एवं तम्बाकू के पौधों में डाल दिया। परिक्षण में पाया गया कि जब इन पौधों में खाद पानी की कमी हुई तो उनमें से नीली रोशनी निकलने लग गई।

9. जीनियागिरी के दम पर सिंथेटिक फूड या बायोटिक फूड के नाम पर कई क्रांतिकारी खोजें हो रही हैं। वह दिन दूर नहीं जब जेनेटिक इंजीनियर मानव की भोजन की आवश्यकताओं को दूर करने के लिये हर प्रकार के कैप्सूल बना लेंगे। वैज्ञानिक जीनियागिरी क़ी बदौलत सैंकड़ों ऐसे पदार्थों, जिनको आज खाया ही नहीं जाता है, खाने लायक बनाने में जुटे हैं।

अब सवाल यह है कि यदि जेनेटिक इंजिनियरिंग इतनी फायदेमन्द है तो इसके खिलाफ एक लॉबी क्यों खड़ी होती जा रही है। कई लोगों का मत है कि व्यापारिक प्रतिष्ठानों द्वारा की गई खोज में वह फायदे तो बढ़ा चढ़ा कर बताते हैं और भविष्य में होने वाले नुकसानों की अव्वल तो जानकारी ही नहीं की जाती और यदि उनकी जानकारी में हो तो भी उनके बारे में वे मौन धारण कर लेते हैं। ऐसे में अब यह जिम्मेदारी उन कम्पनियों की है कि वह अपनी खोज के बारे में पूरी जानकारी दें और अपने आलोचकों को भी विश्वास में लें।

इस खण्ड में दी गई सूचना एवं विश्लेषण पाठक को इस विषय की और अधिक जानकारी प्राप्त करने के लिये प्रेरित करेगा। हमें आशा है कि किसानों को तकनीकी रूप से एक जागरूक उपभोक्ता बना देने से वह स्वयं अपने एवं देशहित में सही तकनीक के चयन का फैसला करने में सक्षम होगा।

इस पुस्तक में दी गई सभी जानकारीयां इस दिशा में हमारा एक छोटा सा प्रयास मात्र है। स्वयं लेखक एवं मोरारका फाउण्डेशन किसी एक प्रकार की विचारधारा को ही आगे बढ़ाने के हक में नहीं है।

WILL GOLDEN RICE ACTUALLY PREVENT BLINDNESS IN INDIA'S UNDERFED CHILDREN?

India opts for Frankenfoods, while others desist

By Rupa Chinai

MUMBAI: Where angels fear to tread, India's department of biotechnology seems to rush in. Even as countries across the globe have opposed the entry of genetically modified (GM) foods, India is going full steam ahead with its plans to develop and introduce genetically engineered rice (Golden Rice). Experts warn that GM foods could be dangerous as they could forever change the quality of our food, health and environment.

Many in India are unaware of the controversy surrounding the government's decision to develop and introduce Golden Rice. However, several international organisations like Greenpeace have vehemently protested against the entry of, what they call, Frankenfoods into Third World countries under the guise of mitigating vitamin A deficiency and malnutrition (Frankenfoods refers to the mythical Dr. Frankenstein who was reviled for defying nature while producing monsters).

India, however, seems determined to follow the genetically engineered trail. Manju Sharma, secretary, department of biotechnology, says, "Insertion of the modified genes into Indian rice will be done by the Tamil Nadu Agriculture University, Madurai Kamraj University and University of Delhi." Current efforts are geared at laboratory research to ascertain whether the gene "finds expression" in Indian rice strains.

The technology has been developed by the Zurich-based Institute of Plant Sciences, in association with the University of Freiburg, Germany, and is being offered free to India. According to Indian officials, Golden Rice presents a golden opportunity to prevent blindness in millions of Indian children who suffer from vitamin-A deficiency.

This is, however, a fallacious premise, argue those opposed to genetically engineered technology. Golden rice, they say, "is engineered to contain three new genes, drawn from the daffodil flower along with a certain class of bacteria. They cause rice to produce beta carotene, a nutrient which is the building block of vitamin A. However, to be able to absorb this beta carotene, the body needs a diet-rich in protein and fat. People whose diets lack these nutrients or who have intestinal diarrheal disease (common in developing countries) cannot obtain vitamin A from Golden Rice."

According to Greenpeace, a simple calculation based on the product developers' own figures show that an adult would have to eat at least 12 times the normal intake of 300 grams to get the daily recommended amount of provitamin-A. This amounts to 3.7 kilos of dry weight rice, or 9 kilos of cooked rice. Says Bill Bocock, a Canadian farmer, who was recently in India to attend a farmer's conference, "I think genetic engineering has three strikes against it. Power is taken from primary producers and captured in patents. The promise of alleviating hunger is a worthy goal, but in many cases it is caused by political problems, distribution barriers and general indifference; none of which can be cured by genetic engineering. If some of the massive capital and human investment in genetic engineering is used to explore alternatives for food production, both science and humanity would be better served."

Lucy Sharratt, coordinator of the Sierra Club of Canada's Safe Food, Sustainable Agriculture Campaign, says that genetic engineering is still an "immature and dangerous science".

According to Ms. Manju Sharma, the decision to go in for genetically modified rice is based on reasons of food security and economics. "It was done in consultation with scientists at a 'needs assessment workshop' held in Delhi".

THE ANTI-GM LOBBY

- Several West European countries and UK have banned the entry of genetically engineered food. Stung by incidents of tainted food, France, too, is hostile to US imports.
- Among the Asian countries, Thailand has put a stop to all genetically engineered food trials, while Sri Lanka has banned entry of GM foods. Philippines, which was to conduct the first field trials of 'Golden Rice', has shelved the project for another five years.

* *The Indian* **EXPRESS**
AHMEDABAD ■ SATURDAY ■ OCTOBER 20, 2001

Central order may shock cotton growers

■ Asks to destroy crop worth Rs 150 cr grown using GM seeds without approval

DARSHAN DESAI
GANDHINAGAR, OCT 19

THE Genetic Engineering Approval Committee (GEAC) of the Union Environment Ministry is learnt to have asked the state government to destroy cotton crop worth an estimated Rs 150 crore grown using genetically engineered seed without approval. The state government, however, says it is not aware of the directive.

Coming just ahead of the harvest, the directive could be a major jolt to cotton growers in Gujarat, who, after two consecutive drought years, are expecting a bumper crop of 40 lakh bales of cotton from 45 lakh acres.

GEAC issued the directive on Thursday after a meeting to review its surveys of cotton crop grown in Gujarat, which had found rampant use of BT-gene seed to grow cotton on hundreds of acres.

GEAC has allowed only the Indian Council of Agricultural Research (ICAR) and the Maharashtra Hybrid Seed Co to use genetically modified (GM) seed under strict experimental conditions.

Acting on complaints that the seed was being used without clearance in Gujarat, GEAC investigated and found the complaints were true. The seed is believed to have been obtained by farmers from Navbharat Seeds, Ahmedabad, but its CEO D.B. Desai could not be contacted on Friday for comment.

GEAC has not spelt out the acreage on which the seed was tested, but Gujarat Cotton Growers Cooperative Federation (GUJCOT) estimates the area is not more than 7,500 acres, and at Rs 2,000 per quintal, the total value of the crop Rs 150 crore.

Being of better quality, cotton from the modified seed can command a support price of Rs 2,000 per quintal, which is above that of regular cotton (Rs 1,840) and the market price (Rs 1,900).

It is unlikely that the state government will implement the order.

The new government certainly doesn't want to face the wrath of farmers, what with elections to some 9,000 gram panchayats round the corner.

Agriculture Minister Purshottam Rupala was away in his constituency and could not be contacted. But additional chief secretary (agriculture) A.W.P. David said he was not aware of any such directive.

He added: "There is no law that says genetically modified seeds mustn't be used. Besides, the use of such seeds is only in the experimental stage."

Agriculture commissioner Arvind Agrawal said he had only heard of such an order, and so had sought clarification from the Centre.

And GUJCOT managing director N.M. Sharma said GEAC could not order the government or farmers to have the crop destroyed: "If GEAC finds the seed is environmentally hazardous, it can at best share details with farmers."

Sharma said this could be a patents issue given environmental colour. He said, "Navbharat Seeds is a small company, which cannot on its own supply seed for 7,500 acres. The original supplier may be some multinational company."

THE TIMES OF INDIA

New Delhi, Saturday, January 5, 2002

Dolly's arthritis reopens cloning debate

LONDON: Dolly, the world's first cloned sheep, has developed arthritis, raising fears that the cloning process may have given her a genetic defect.

Prof Ian Wilmut of the Roslin Institute in Scotland said on Friday that Dolly, the first mammal cloned from a cell taken from an adult animal, had arthritis in her left hind leg.

Arthritis is not unknown in sheep but Dolly, born in 1996, has developed it at an unusually young age, suggesting it may be the result of a genetic defect, possibly caused by cloning.

"The fact that Dolly has arthritis at this comparatively young age suggests that there may be problems," Wilmut told BBC radio.

Wilmut said it was too early to draw conclusions from Dolly's case, and he urged biotech companies and research laboratories to share information about the health of their cloned animals to see if there was a common thread.

"We know already there is an unusual incidence of death in cloned animals around the time of birth. What we need to go on studying is whether

Reuters

diseases like arthritis, which tend to be associated with older age, occur in a normal way or whether the incidence is changed," he said.

Researchers at PPL Therapeutics Plc, which helped produce Dolly, and a US joint venture company set up by Novartis AG and BioTransplant Inc have both recently cloned pigs whose organs may be compatible with humans.

Wilmut said that apart from the arthritis, Dolly remained a healthy animal who has given birth to six lambs.

In 1999, scientists noticed that the cells in Dolly's body — cloned from a six-year-old sheep — had started to show signs of wear more typical of an older animal.

Some geneticists said the finding provided evidence that researchers could not manufacture copies of animals without the original genetic blueprint eventually wearing out.

Animal rights groups said the development showed that developments in cloning have outstripped scientific knowledge of its consequences. *(Agencies)*

अब आने वाला है वंशाणु संशोधित अनाज

नई दिल्ली, 6 जनवरी [प्रेट्र]। वंशाणु संशोधित [जेनेटिकली मॉडीफाइड] खाद्य-पदार्थ शीघ्र ही देश में एक वास्तविकता बनने वाले हैं। इस तरह के कई उत्पादों के परीक्षण जारी हैं। जानवरों पर इनके संभावित जहरीले प्रभाव के बारे में अध्ययन भी प्रगति पर है।

जैव प्रौद्योगिकी विभाग में सलाहकार डा. पी.के. घोष के अनुसार संभव है वंशाणु संशोधित कपास ऐसा प्रथम उत्पाद हो जो वाणिज्यिक उपयोग के लिए उपलब्ध हो। इस बात की भी संभावना है कि कपास ही पहला वंशाणु संशोधित खाद्य हो क्योंकि इसका तेल उपयोग के लिए उपलब्ध हो सकेगा। डा. घोष कहते हैं कि वंशाणु संशोधित कपास के रेशे का इस्तेमाल वस्त्र बनाने में किया जा सकेगा जबकि बिनौल का तेल निकाला जा सकेगा। इस तेल को इस्तेमाल किया जा सकेगा। उन्होंने कहा कि आनुवांशिकी अभियांत्रिकी समिति यदि मंजूरी दे देती है तो संभव है इसका इसी वर्ष वाणिज्यिक स्तर पर उपयोग होने लगे। डा. घोष ने बताया कि वंशाणु संशोधित सरसों के इस वर्ष उपलब्ध होने की संभावना नहीं है क्योंकि इसके जमीनी परीक्षण अभी तक पूरे नहीं हुए हैं। बेल्जियम के प्रो. एग्रो प्लांट जेनेटिक सिस्टम ने वंशाणु संशोधित सरसों का उत्पादन किया है। डा. घोष ने कहा, हमने प्रो. एग्रो को वंशाणु संशोधित सरसों के जमीनी परीक्षण के लिए अधिकृत किया है। वंशाणु संशोधित सरसों के जमीनी परीक्षण 1997 में शुरू हो गए थे। इस पर खाद्यान्न सुरक्षा सम्बन्धी अध्ययन 1998 में शुरू हुआ। माना जा रहा था कि इसके कुछ प्रोटीन जहरीले हो सकते हैं। इसकी जांच के लिए वंशाणु संशोधित सरसों को चूहों एवं गिनीपिग [दक्षिण अमरीका की एक चूहा प्रजाति] को खिलाया गया। अभी तक इसके अनुकूल नतीजे निकले हैं।

डा. घोष ने बताया कि वंशाणु संशोधित सरसों में एक विशेष 'जीन' होता है जो इसके संकर रूप को अंकुरण के लायक बनाता है। सरसों की उत्पादकता बढ़ाने के लिए इसके संकर बीजों की आवश्यकता है। वर्तमान में सरसों की उत्पादकता तीन क्विंटल प्रति एकड़ से लेकर 20 क्विंटल प्रति एकड तक है। बगैर वंशाणु संशोधित सरसों से तैयार संकर सरसों की उत्पादकता बेहतर नहीं है।

एक और वंशाणु संशोधित उत्पाद आने वाला है। वह वंशाणु संशोधित आलू है। वंशाणु संशोधित आलू का विकास जवाहरलाल नेहरू विश्वविद्यालय [जेएनयू] में किया गया है। इसमें प्रोटीन की मात्रा अधिक है। वंशाणु संशोधित आलू के जवाहरलाल नेहरू विश्वविद्यालय और भारतीय कृषि अनुसंधान परिषद के संयुक्त तत्वावधान में उत्तर प्रदेश में जमीनी परीक्षण किए जा रहे हैं। लेकिन पशुओं पर इसके प्रभाव पर अभी अध्ययन शुरू नहीं हुआ है। इसके अलावा भारतीय कृषि अनुसंधान परिषद वंशाणु संशोधित टमाटर, बैंगन, फूलगोभी, बंदगोभी व धान का भी परीक्षण कर रही है।

राजस्थान पत्रिका, 7.1.2002

परिशिष्ठ 6

EM TECHNOLOGY FOR ORGANIC FARMING

ई.एम. टेक्नोलोजी एक नई शुरूआत है। इस टेक्नोलोजी में माइक्रो ओर्गेनिज्म के द्वारा जमीन की उर्वरा शक्ति को विकसित किया जाता है। इस टेक्नोलोजी के विस्तृत उपयोग को बढ़ाने में हमें रसायन आधारित जांच के तरीकों से हट कर जैव आधारित विश्लेषण एवं प्लान्ट न्यूट्रियेंट मेनेजमेन्ट का तरीका अपनाना होगा।

The technology of Effective Microorganisms (EM) is known as EM technology. A distinguished professor of Horticulture, Prof. Teruo Higa, developed the technology of Effective Microorganisms at the university of Rykyns, Okinawa, Japan in the early 1980's.

EM is a liquid concentrate and acts as soil conditioner as well as microbial inoculants. It is produced from cultivation of over 80 stains of microorganisms, which are collected from the natural environment in India. Over 90 countries are using this technology successfully today. EM consists mainly of bacteria of Lactic Acid, Photosynthesis, Yeast, Filamentons fungi and Ray Fungi. The microorganisms are not imported or genetically engineered. EM included both aerobic and anaerobic species of microorganisms.

EM Technology can be used in following areas with specific formulations for each-

- Agriculture
- Orchard crops
- Nurseries
- Mushroom farming
- Poultry
- All animals
- Aqua culture
- Environment protection

EM cannot be applied directly in any of the above applications, for using EM technology, we need to make few products like

1. Extended or secondary EM
2. Compost
3. EM Bokashi
4. EM 5
5. EM FPE (Fermented Plant Extract)

1. Extended or secondary EM- In this process water, molasses and EM is mixed in the ratio of 20:1:1 respectively and seal the liquid in an airtight container so that there is no air left in the container. Seal the container and store at ambient temperature. The product is ready in 5-10 days when pH drops below 4.0. Joggery mixed in hot water can be used in place of molasses. No glass container should be used. Extended EM cannot be multiplied any further and must be used within 7 days. Extend EM is used for agriculture purpose.

2. Compost- EM technology is used to make organic compost. In this process make a heap of organic matter like plant or animal waste. Mix cowdung, molasses and extended EM in water in the ratio of 5:1:1:30 by volume respectively. This slurry is to be spread on the layer to make 30% moisture content. Another similar layer can be made on top of this layer so that the total height is about 2 meters. The heap is to be covered with gunny (jute) bags/straw so that it retains moisture necessary for increasing microbial activity. After 20 days, the heap is to be turned over and covered again. The compost is ready to use after 30 days. Compost can be used for agricultural purpose and also for orchards, nurseries etc.

3. EM-Bokashi- It is a rich fermented compost, which can be made as "Aerobic" or "Anaerobic" depending on the process used. Bokashi enhances the plant and root growth. Materials to be used for making Bokashi are rice, corn or wheat bran, maize flour, rice or bean husk, wheat or corn straw, any oil cake, cotton seed cake, press mud, chopped crop residue or weeds, sawdust, dried sea weed, coconut fiber and husk, post harvest residues etc. It is recommended for agriculture, orchard, nursery, use.

4. EM 5 – EM 5 is a non toxic chemical free insect repellant used to prevent pests and diseases in crops. In the process water, molasses, natural vinegar, distilled spirit/ethyl alcohol/whiskey and EM is mixed in the ratio of 6:1:1:1 respectively. Seal the container, release gas at regular intervals and reseal till the formation of gas has subsided. It should be used within 3 months. It has to be stored in a cool dark place.

5. EM FPE (Fermented Plant Extract) – To prepare mix freshly chopped weeds or leaves, water, molasses and EM in the ratio of 30:30:1:1 respectively in a containers. Place some weight on the liquid so that the leaves remain dipped in solution. Avoid any space between liquid and cover. Store the container in warm dark place for 5-10 days. Stir the liquid in container regularly to avoid gasses. FPE is ready when pH drops below 3.5, filter and store in bottles. Weeds with strong flavours like mint, rungwort and grasses having redicial values are found to be more effective. One could also use garlic, green papper, neem etc. to make good quality FPE. EM-FPE has a shelf life of 90 days.

Source:

MAPLE ORGANICS – A unit of Dehra Agro Tech (India) Pvt. Ltd.
35,Gandhi Road, Dehradun-248001.
Tel & Fax-0135-651119, 654447
Email: tanra@nde.vsnl.net.in

परिशिष्ठ 7

BIODYNAMICS FOR ORGANIC FARMING

विश्व के कई देशों में बायोडाइनेमिक पद्धति आधारित खेती अपनाई जा रही है। इस पद्धति को अपनाने वाले किसानों ने अपने संगठन भी बना लिये हैं। आज करीब–करीब सभी प्रकार की फसलों का उत्पादन इस पद्धति पर हो रहा है।

Biodynamic food is known worldwide for its superior quality as one of the experts (Rudolph Steiner) says "It contains not just the physical elements but the spiritual elements as well. Biodynamic agriculture seeks to bring a field or a farm back into balance and harmony with nature. Biodynamic preparations make the plant to grow and produce the way it is supposed to grow and produce. Biodynamic preparations or solutions also cause the plant to become more resistant. Many of its preparation are used to treat the diseased plants. Three most important component for various preparations of biodynamics are: 1. Horn clay 2.Horn manure 3.Horn quartz. "To give the plant what it needed so that it could do what it needed to do" is the biodynamic approach.

1. <u>Horn Clay</u>- It is a bentonite clay in powder form. Add a little water to it, stuff it in a cow horn and bury it in the ground at different times of the year for different lengths of time. It can be made in four different kinds. Two are buried for a year and two are buried for six months. Full year horns are buried spring-to-spring or fall-to-fall, six months horns are buried fall to spring or spring to fall. Only Bentonite clay has to be used for this preparation. Bentonite clay is like soft vanilla ice cream. It works every where on all crops.

2. <u>Horn Quartz</u>- This is referred to horn silica by most Biodynamic practitioners but it is preferable to call it by its source, rather than its component. This is used to add the silica element to the soil and the plants. Horn quartz is made in the summer time when the Life force energy comes out of the soil and up into the plants.

3. <u>Horn Manure</u>- Horn Manure activates the calcium needed by the plant of all the manures, cow manure has the highest amount of calcium. Because it passes through four stomachs in the cow. It's also fully digested before being excreted. Experts consider it the finest manure available. Horn manure is made in the wintertime when the life force energy goes out of the plants and down to the earth.

The clays are always sprayed after other manures. The spray of horn manure, enlivens the life forces and calcium in the soil. The spray of horn quartz, enlivens the life forces in the leaves, the stems and the shoots of the plants.

When the horn clay is sprayed it "connects" the energies of the other two preparations. Experts say that the life force from the cosmos goes deep into the earth where it's stored in siliceous rock. It is then released and drawn into the calcium near the surface of the soil and then back out through the plants and up into the cosmos. The clay acts to connect the forces between the silica deep in the ground and the lime stone element, the calcium, up near the surface.

So if we are going to be spraying horn manure and horn quartz in the springtime, we need the clay that was buried from spring-to-spring, because it would then be in tune with the two. It we spray in the fall, we use the fall-to fall clay.

In the biodynamic view, silica is related to light, warmth and the regeneration forces that cause plants to flower, fruit and bear seeds. Calcium is related to dark, the earth, water and formation forces that cause the plant to grow and thrive.

Rudolph Steiner, an expert on biodynamics, identified the two important elements in plant growth as being calcium and silica. Every plant is a combination of the two. Silica affects the upright growth of the plant, rice is a classic example of a plant, that's high in silica. Calcium affects the fleshy prostrate growth of a plant, as typified by most cacti.

To achieve balance of the calcium and silica elements is what's called "Influences" in biodynamics. The two influences are highly polarized. Silica works more in the reproductive area of the plant-"The regenerative forces". Calcium works more in the formation of the plant- "The formative forces." If the plant is tall & thin, it's predominantly silica. If the plant is short & fat, it's predominantly calcium.

So it's a matter of understanding how these forces in nature work and utilizing that knowledge to create a farming system that will be perfect for that particular plant. One cannot just go in blindly and add ammonium nitrate and expect everything to get green. We must consider the fact that every single thing we do is going to affect everything else. That's the biodynamic approach.

Source:
Mr.Greg Willis, Agri-synthesis Incorporation, California.
(Interview on www.winebusiness.com)

परिशिष्ठ 8

बेसिक रिकोर्ड के लिये नेशनल प्रोग्राम के फोर्मेटस्

NATIONAL PROGRAMME FOR ORGANIC PRODUCTION CONTAINING THE STANDARDS FOR THE ORGANIC PRODUCTS

FORMATS FOR BASIC RECORDS

Table of contents

Department of Commerce
Ministry of Commerce & Industry
Government of India

March 2000

1. ANNUAL QUESTIONNAIRE OF PROCESSING/FARMERS
(To be provided at Inspection)

1. Basic Data

		Remarks
Operator	a)	
Address	b)	
Closest Railway Station		
Closest Airport		
Telephone/Fax	c)	
Responsible person at Farm/Processing Unit		
Managing Director		

2. Information on Changes

There have been the following changes since the last questionnaire has been filled out:

Please mark where application			Please number the annexure accordingly	Remarks
	Change			
Branch	Yes	No		
Legal Form				
Structure of operator				
Changes in Responsibilities				
Changes of Construction				
Place of Production				
Variety of non-organic Production				
Suppliers				

Please mark where application			Please number the annexure accordingly	Remarks
	Change			
Branch	Yes	No		
Recipes				
Processing methods				
Label				
Licence contracts				
Book keeping				
Identification system				
Quality control				
Hygienic measures				
Distribution system				
Clientele/System of selling				
Purchase system				
Others				

3. Turnover

	Remarks
Please add the following figures of your company, regarding the last book keeping year	
Turnover total volume Year ended ---------- Rs.-------------	
Turnover organic products Year ended ---------- Rs.-------------	

4. Quality Control

	Remarks
Did you carry out any residue analysis since the last questionnaire? If so, what kind of, how many and by whom? (Please enclose copies of the results.)	

5. List of Annexures

		Remarks
Would you please list and number all documents which you enclosed to this questionnaire.		
Code	Title	
	Sample of labels Sample of promotion material Current price list	

The Operator

Represented by

Assures herewith, that all information given is true and up to date.

Place/Date Signature

Date........................ Operator........................ Period........................

Code		Product	Origin	Quality	Quantity	Supplier	Date	Invoice Number(s)
Product	Recipe							

Date........................ Operator........................ Period........................

Code		Product	Quality	Quantity	Day/Period of sale	Invoice number(s)	Stock on hand at: Date..........
Product	Recipe						

Product: ....

Procedure: ....

Location of Processing: ....

Date	Unfinished Product		Finished Product		Packing Unit	Labelling/Declaration
	Raw material or unit for recipe	Quantity Kg.	Specification	Quantity Kg.		

STOCK

Date		Operator
Code form sheet	B	Room

Date of inventory	Product code	Product	Quantity	Unit	Quality

Date:-.....................

Operator:...... ....
Period:...........................

We have taken measures for cleaning and pest control during past 12 months as follows.

Room		Measures	Purpose	Procedure		Follow up
Code No.	Name			Date	Auxiliary materials used (name, concentration)	

2. OFF FARM INPUT PERMISSION FORM

1. Operation

Name:		
Address:		
Phone/Fax:	Pin code:	Labels:

2. Fertilisation to be Approved

Fertilizer (Composition; Type, Name)	*Origin* (Address of supplier)	*Quantity* To be used	*Period of* Application

3. Area(s)

Field (Number, Name)	Crop	Fertilizer (Name, Type)	Time of Application

4. Soil Analysis

Date	Field	Laboratory	Result (Levels)				
			N	P	K	Mg	Ca

5. Confirmation

The undersigned herewith confirm to the best of his knowledge that the above given information is true:	
Consultant:	Operator:
Place, Date, Signature	Place, Date, Signature

6. Recommendation of the inspector

Consultant:	Label Scheme:
Recommendations (use additional sheets if necessary)	

7. Decision (to be filled in by inspection and certification agency)

Request received………..Decision to Operator……….. Decision to Inspector……………
- Request approved under following conditions: - Request not approved: - Request forwarded to the competent authority:
Certification Agency: Place, Date, Signature, Stamp

3. Format for request for issue of product certificate

From : The Producer
To : The Certifier

....
....
....
....

Dear Sir,

Sub: Request for issue of Product Certificate

1. Name and address of exporter/producer
2. Name and address of importer/buyer
3. Name and address of merchant exporter
4. Products – Invoice no. and date
5. Quality/Status (Organic/Organic under conversion – 1st or 2nd year)
6. Origin of produce
7. Net weight/Gross weight
8. Year of harvest
9. Internal Lot nos.
10. No. and kind of packing units
11. Remarks

Yours faithfully,

Signature of produce

4. Format for farm certificate

Accreditation no.
of the certifier

Certifier's name
and address

FARM CERTIFICATE NO.

Name and address
of farm

Product category
Area of farm
Size of processing unit

Based on the inspection conducted and Memorandum of Understanding, the certifier (name) herewith certifies that the above-mentioned operation produces according to the organic methods of NSOP

Date…………………… Signature………………..…..

Place………………….. Seal

Validity of certification

5. Format for product certificate

PRODUCT CERTIFICATE

No.

Product:

Quality:

Harvest:

Origin:

Packing Units:

Net Weight:

Invoice No:

Name and address of the seller:

Name and address of the buyer:

Declaration:

This is to certify that the productsw designed above have been otained in accordance with the rules of production and inspection of the organic production and operation of the organic production method, as set by the NSOP and monitored by ………….. (Name of the certifier)

Date………………… Signature………………..

Place……………….. Seal

परिशिष्ट 9

एग्रीकल्चर में प्राइवेट सेक्टर के कदम

गत् कई महिनों से प्राइवेट सेक्टर द्वारा खेती में अपनी नई भूमिका तलाशने के प्रयोग किये जा रहे हैं। हम यहां मीडिया रिपोर्टस के आधार पर उनमें से कुछ प्रमुख प्रयोगों की जानकारी दे रहे हैं। हालांकि इनमें से एक दो ही ऐसे हैं जिनमें ओर्गेनिक फार्मिंग मुख्य आधार है, लेकिन इस प्रकार के इनिशियेटिव चाहे वह किसी भी लक्ष्य को लेकर किये जायें, बहुत सराहनीय हैं।

◇ एक्सेल इंडस्ट्रीज लिमिटेड द्वारा कई वर्षों से एग्रो सर्विस सेन्टर गुजरात राज्य में चलाये जा रहे हैं।

◇ गुजरात के कच्छ जिले में पैदा होने वाली मूंगफली में एफलाटोक्सिन की मात्रा कम करने के प्रयोग में नेशनल रिसर्च सेन्टर फॉर ग्राउण्डनट, इंडियन ऑइलसीड एण्ड प्रोड्यूस एक्सपोर्टर एसोसियेशन द्वारा 48 किसानों के साथ 2500 एकड़ में मूंगफली की खेती की गई। इस परियोजना के मुख्य वैज्ञानिक श्री एम.ए. बसु के अनुसान एफलाटोक्सिन की मात्रा में यूरोपिय यूनियन के स्टेण्डर्ड दो पार्टिकल पर बिलियन से भी कम 0.3 पार्टिकल प्रति बिलियन लाया गया तथा उत्पादन भी 25 क्विंटल प्रति हैक्टर मिला। इसमें पूर्णतया ओर्गेनिक पद्धति अपनाई गई और अब उपज को बेचने के लिये आई.टी.सी. तथा हिन्दुस्तान लीवर लिमिटेड से बात की जा रही है।

◇ स्पीक द्वारा ब्रान्डेड स्पीक एग्रो सर्विस सेन्टर की स्थापना की जा रही है।

◇ इण्डोगल्फ फर्टिलाइजर द्वारा शक्तिमान कृषि सेवा केन्द्रों की स्थापना की गई है।

◇ ननहेम प्रोएग्रो सीडस् द्वारा बड़े पैमाने पर सब्जी की खेती को बढ़ावा देने का कार्यक्रम चलाया जा रहा है।

◇ महेन्द्र शुभलाभ सर्विस लिमिटेड ने ई–नेट इंटीग्रेटेड एग्री बिजनेस इनिशियेटिव की शुरूआत की है। इनके द्वारा कृषि विहार की स्थापना की जा रही है। पहला केन्द्र मदुरई में खुल चुका है।

◇ रैलिस (टाटा ग्रुप कंपनी) ने पिपरिया, होशंगाबाद के पास गेहूं की खेती का एक कार्यक्रम लिया है। इसके उत्पादन को हिन्दुस्तान लीवर लिमिटेड द्वारा खरीदा जायेगा एवं क्रेडिट आई.सी.आई.सी.आई द्वारा दी जायेगी। रैलिस द्वारा एक केन्द्र पानीपत में चावल के लिये और चित्रदुर्ग में फलों के लिये खोला जा रहा है। नासिक में सब्जियों के लिये राधा कृष्ण फूड लेण्ड से मार्केटिंग टाई अप की भी शुरूआत की गई है।

◇ एस्कोर्ट किसानों के सुपर मार्केट खोलने जा रहा है।

◇ टाटा ग्रुप द्वारा कृषि मंत्रालय से देश के सभी कृषि विज्ञान केन्द्रों को उन्हें दे देने का प्रस्ताव किया गया है। वह इन कृषि विज्ञान केन्दों के द्वारा एग्रीकल्चर सेक्टर में महत्वपूर्ण भूमिका निभाना चाहते हैं।

परिशिष्ट 10

शब्दावली

एक्रेडिशन	–	प्रमाणित करने का अधिकार
एनेलिटिकल	–	विश्लेषणात्मक
एग्रो प्रोसेसिंग	–	कृषि प्रसंस्करण
एक्रीडिटेड सर्टिफाइड एजेन्सी	–	प्रमाणित करने हेतु अधिकृत संस्था
एपेंडिक्स	–	प्रपत्र
आर्टिफिशियल	–	कृत्रिम / बनावटी
एजेन्सी	–	संस्था
एग्री बिजनेस	–	कृषि आधारित व्यापार / व्यवसाय
एनिमल	–	पशु
ओटोमेटिक	–	अपने आप चलने वाला, स्वचालित
ब्रान्डनेम	–	किस्म का मार्का
बेसिक रिकार्ड	–	नेशनल ओर्गेनिक फार्मिंग प्रोग्राम के लिये रखा जाने वाला रिकार्ड
बायर–सेलर	–	क्रेता–विक्रेता
बायोडाइवर्सिटी	–	जैविक विविधता
बायोडायनेमिक	–	जमीन में पोषक तत्वों की वृद्धि की एक पद्धति
बारगेनिंग	–	सौदेबाजी
कन्ज़्यूमर	–	उपभोक्ता
कॉन्सेप्ट	–	विचार / संकल्पना
कार्पोरेट फार्मिंग	–	सामुहिक / निगम कृषि
सर्टिफाइड ओर्गेनिक प्रोड्यूस	–	प्रमाणित जैविक उत्पाद
कैश	–	नकद
केमिकल फ्री	–	रसायन विहीन
सर्टिफिकेशन	–	प्रमाणिकरण
सर्टिफिकेशन एजेन्सीज	–	प्रमाणित करने वाली संस्थाऐं
केस स्टडीज	–	विषय अध्ययन
कवर क्रोप	–	खेत को ढकने वाली फसल
क्रोप रोटेशन	–	फसल चक्र
केश	–	नकद
केटेगरी	–	श्रेणी
कम्पलीट रिकार्ड	–	पूर्ण विवरण
क्लोनिंग	–	सफाई
क्रोप	–	फसल

डाईवरसिटी	–	भिन्नता / विषमता
डिस्काउन्ट	–	छूट / बट्टा
एफीशियेन्सी	–	कार्यक्षमता
एक्स प्लोइटेशन	–	शोषण करना
एक्सक्लूडेड मेथड	–	वर्जित विधि
इकोलोजिकल बेलेन्स	–	पारिस्थितिकी सन्तुलन
इन्जीनियरिंग	–	अभियांत्रिकी
ई.एम. टेक्नोलोजी	–	सूक्ष्म जीव आधारित तकनीक
फर्मन्टेशन	–	सड़ना / खमीर उठाना
फुलटाइम	–	पूरे समय
फर्टिलाइजर	–	उर्वरक
फार्मर	–	कृषक
फार्मिंग	–	खेती
फ्रेश	–	ताजा
फूड	–	भोजन
ग्रेडिंग	–	श्रेणीकरण
जनरल	–	सामान्य
जेनेटिक	–	जीन संरचना
जेनेटिक इंजिरियरिंग	–	जीन संरचना आधारित
जेनेटिकली मोडीफाइड	–	आनुवांशिकी द्वारा रूपांतरित पदार्थ
ग्रासरूट लेवल	–	किसान के स्तर पर
गारंटी	–	सुनिश्चितता
ग्लोबल प्लेयर	–	विश्वस्तर के उत्पादक
जेनेटिक	–	आनुवांशिक
हाइब्रिडाइजेशन	–	वर्णसंकरीकरण
होलसेल	–	थोक व्यापार
हार्वेस्ट	–	अनाज काटने का समय
होमा फार्मिंग	–	वैदिक कृषि
हर्बीसाइड	–	खरपतवारनाशी दवाऐं
इंडिया ओर्गेनिक	–	भारत सरकार द्वारा प्रचलित लोगो
इंफोर्मेशन	–	सूचना
इंटरनेशनल	–	अन्तरराष्ट्रीय
इनपुट	–	आदान (कृषि के लिये)
आइफोम	–	ओर्गेनिक फार्मिंग की अन्तरराष्ट्रीय संस्था
इन्टरनेशनल स्टेण्डर्ड	–	अन्तरराष्ट्रीय मानदण्ड
इनपुट	–	आदान

इंटिग्रेटेड	–	समन्वित
इंफिरियर क्वालिटी	–	घटिया किस्म
इन्टेंसिव एग्रीकल्चर	–	सघन खेती
फोर्मेट	–	सूचना संकलन की रूपरेखा
लोगो	–	नामकरण चिन्ह
लेबर	–	मजदूरी
लिंकेज	–	जुड़ाव
लीडरशिप	--	नेतृत्व
लेग्यूम	–	दलहनी / फलीदार फसलें
मार्केटिंग	–	विपणन / बेचान
माइक्रो लेवल	–	निचले स्तर पर
मीडिया रिपोर्टस्	–	अखबारों की खबरें
मेकेनाइजेशन	–	मशीनीकरण
मल्टिपल	–	बहुत सारे
मेक्रो लेवल	–	बड़े स्तर पर
माइक्रो लेवल	–	लघुस्तर पर
मोनोक्रॉपिंग	–	एक फसली
मेकेनाइजेशन	–	मशीनीकरण
माइक्रो प्लानिंग	–	लघुयोजना बनाना
नियाम	–	राष्ट्रीय कृषि विपणन संस्थान
नाइट्रोजन फिक्सिंग बेक्टीरिया	–	नत्रजन स्थिरीकरण जीवाणु
न्यूट्रिशन	–	पोषण
नियाम	–	राष्ट्रीय कृषि विपणन संस्थान, भारत सरकार
ओर्गेनिक	–	जैविक
ओर्गेनिक मार्केटिंग	–	जैविक उत्पादों का विपणन
ओर्गेनिक मैटर	–	जैविक पदार्थ
ओटोमेटिक	–	स्वचलित
ओर्गेनिक इकोसिस्टम	–	जैविक पारिस्थितिकी तन्त्र
ओरियन्टेशन वर्कशॉप	–	कार्यशाला
पेस्टिसाइडस्	–	कीटनाशक
परभक्षी	–	दूसरे जीव को खाने वाला
पेरामीटर्स	–	मापदण्ड
प्रीमीयम	–	अतिरिक्त मूल्य
प्रोसेस	–	प्रक्रिया
प्रोडक्ट	–	उत्पाद / वस्तु
प्रोसेसिंग	–	प्रसंस्करण

प्राइवेट सेक्टर — निजी व्यापारिक संस्थान
पेस्टीसाइड — कीटनाशक दवाऐं
प्रोडयूसर — उत्पादक
प्लानिंग — योजना बनाना
प्रोसेस सर्टिफिकेशन — प्रसंस्करण प्रमाणीकरण
प्लान्टिंग मैटिरियल — पौध/वनस्पति सामग्री
प्रीमियम — लाभ/बढ़ोतरी
क्वालिटी — गुणवत्ता
रेसीडयू — अवशेष
रेडीमेड फास्टफूड — बना बनाया खाना
रोटेट — बारीबारी से
रजिस्ट्रेशन — पंजीकरण
रेंज — श्रेणीबद्ध करना
रिटेल — खुदरा
रजिस्ट्रेशन — पंजीकरण
रिसर्च — अनुसंधान
शोर्ट डयूरेशन क्रोप्स — कम समय लेने वाली फसलें
स्पाइस बोर्ड — मसाला मंडल
सरप्लस — अधिशेष/बचत
सीवेज स्लज — शहरी मैले का कीचड़
सीजन — ऋतु/मौसम
सब्सटीट्यूट — एवजी/प्रतिस्थापी/स्थानापन्न
सिन्थेटिक — कृत्रिम/बनावटी
सपोर्ट प्राइस — समर्थन मूल्य
स्टेण्डर्ड — मानक, गुणवत्ता स्तर
स्ट्रेटेजी — व्यूह रचना
स्पाइस — मसाले
ट्रेडीशनल — परम्परागत् रूप से
टाइअप — सम्बन्ध
टिशुकल्चर — पौधे उत्पन्न करने की एक विधि
ट्रेडिशनल वैरायटी — पारंपरिक किस्में
टेम्परेरी वेरियेन्स — अस्थायी अन्तर
टेक्स पेयर — कर देने वाला
वेस्टेज — व्यर्थ पड़ा हुआ
वेल्यू एडीशन — मूल्य बढ़ोतरी
वर्मीकल्चर — केंचुओं द्वारा खाद बनाने की विधि

परिशिष्ठ 11

सन्दर्भ सूची

1. ORGANIC NEWS LINE

www.organicts.com
Email: info@organicts.com
Organic trade services, is the organic industry portal on the web for weekly international news. The contents of the website are

1. General news
2. Companies and products
3. Events
4. Classifieds
5. Features
6. News in German
7. News in Italian
8. News in French
9. UK News- aimed at consumers
10. American news- aimed at consumers

To pass any, general news, events, products announcements etc. write to Neil Butler: news@organicts.com

2. WEBSITES OF CERTIFYING AGENCIES

- The Demeter Association, Inc. certifies farms of Biodynamic: www.demeter-usa.org
- Scientific Certification Systems – SCS verifies that a farming operation adheres to strict organic standards: www.scs1.com/organic1.shtml
- Organic Certifiers – A fully licensed company devoted to promptly assisting you to became a certified organic produce: www.organiccertifies.com
- Farm Verified Organic – An internationally recognized organic certification agency. www.ics-intl.com/fvo.html
- Details of Organic Certification and Standards: www.organic.org
- The COAB – Organic Product Certification System: www.coab.ca/orgcert.html
- Federal Organic Food Production Act of 1990: www.ams.usda.gov/nap/orgact.html
- ATTRA – Appropriate Technology Transfer for Rural Areas: www.attra.org

3. WEBSITES ON BIODYNAMICS

1. Agri-synthesis: www.agri-synthesis.com
2. American Biodynamics Association: www.biodynamics.org
3. Biodynamic Farming and Gardening Associations: www.biodynamics.com

4. Biodynamic and Organic Gardening Resource site: www.biodynamic.net
5. Jasephine Portes Institute for Applied Biodynamics: www.igg.com/bdnow/jpi/

4. WEBSITES ON ORGANIC FARMING (IMPORT & EXPORT)

- www.allorganiclinks.com
- www.indiamart.com
- www.organicpathways.co.nr
- www.newscientist.com
- www.intracen.org/mds/sectors/organics
- www.webfoodpros.com
- www.organicsnewszealand.org
- www.fas.usda.gov/info/agexporter
- www.agr.ca
- www.foodcontact.com
- www.nre.vic.gov.av
- www.ocia.org
- www.ecomall.com
- www.linksorganic.com
- www.gepa.org.ge